钓 愚
操纵与欺骗的经济学

PHISHING FOR PHOOLS
The Economics of Manipulation and Deception

[美] 乔治·阿克洛夫（George A. Akerlof） ◎著
罗伯特·席勒（Robert J. Shiller）

张军◎译

中信出版集团·CHINACITICPRESS·北京

图书在版编目（CIP）数据

钓愚：操纵与欺骗的经济学 /（美）阿克洛夫，（美）席勒著；张军译 . —北京：中信出版社，2016.2（2024.12重印）
书名原文：Phishing for Phools: The Economics of Manipulation and Deception
ISBN 978-7-5086-5743-1

I. ①钓… II. ①阿… ②席… ③张… III. ①经济学 –通俗读物 IV. ① F0-49

中国版本图书馆CIP数据核字（2015）第293420号

Copyright © 2015 by Princeton University Press
All rights reserved. No part of this book may be reproduced or transmitted in any form or by any means, electronic or mechanical, including photocopying, recording or by any information storage and retrieval system, without permission in writing from the Publisher.
Simplified Chinese translation copyright © 2016 by CITIC Press Corporation
本书仅限中国大陆地区发行销售

钓愚：操纵与欺骗的经济学

著　　者：[美]乔治·阿克洛夫　[美]罗伯特·席勒
译　　者：张军
策划推广：中信出版社（China CITIC Press）
出版发行：中信出版集团股份有限公司
　　　　　（北京市朝阳区东三环北路27号嘉铭中心　邮编　100020）

承　印　者：北京通州皇家印刷厂

开　　本：880mm×1230mm　1/32　　印　张：12.5　　字　数：426千字
版　　次：2016年2月第1版　　　　　印　次：2024年12月第16次印刷
京权图字：01-2015-7485
书　　号：ISBN 978-7-5086-5743-1 / F · 3551
定　　价：59.00元

版权所有·侵权必究
凡购本社图书，如有缺页、倒页、脱页，由发行公司负责退换。
服务热线：010-84849555　　服务传真：010-84849000
投稿邮箱：author@citicpub.com

信息不对称和消费者的非理性这两件事是经济学家论证市场机制失灵的重要例证，当属近40年来经济学最重要的研究成果。问题是普罗大众并不完全理解这些深奥复杂的经济学道理，于是，阿克洛夫和席勒两位经济学大家联袂为大众奉献了一本精彩绝伦的经济学通俗读本——《钓愚》。阿克洛夫和席勒的这部作品在中国经济改革的基本问题上能够点醒大众、启发学者，让我们更加实事求是地面对中国现实。

李稻葵

——清华大学中国与世界经济研究中心主任

PHISHING
FOR
PHOOLS

The
Economics
of
Manipulation
and
Deception

李扬 中国社会科学院原副院长、
国家金融与发展实验室理事长

本书突破了主流经济学完全自由市场的假设，通过对人们日常生活的细致入微的观察，发现处处存在"欺骗均衡"，从诸如资本如何操控市场、消费者和政策制定者等具象中，为重新思考市场的自我监管提供了极具启发性的观点。

....

陈志武 耶鲁大学金融经济学教授

说"市场是好东西"当然容易，但要把市场发展得好则是另一回事。市场参与者众，动机各异，德品多样，信息量与质千差万别，加上现代经济中经销的品种又错综复杂、五花八门，市场要运转得有条不紊、好人坏人都规规矩矩，谈何容易。席勒教授、阿克洛夫教授继续他们以前的风格，在新著《钓愚》中深入研究从信用卡到旧车行、从小卖部到医疗、从垃圾债到网上游戏都普遍存在的"上当消费"现象，商人通过各种迷惑误导把戏，使许多消费者特别是社会底层群体过多购买，或者加大本来就不必要，也无能力支付的消费。看了席勒和阿克洛夫的新著后，你会发现宋朝中国人"挂羊头卖狗肉"那种赤裸裸的欺骗还是过于原始、低级了，现代人的"钓愚"手段不仅更富有想象力，因此更有欺骗性，而且还能带来前所未有的系统性风险。如何在通过制度创新减少钓愚收益的同时，增加钓愚的成本，这是市场经济学者的新挑战。

....

张军 复旦大学经济学院院长、
中国经济研究中心主任

这是我看过的最有意思的一本经济学大众读物，即便是没有任何高等教育背景的读者也可以很轻松地读懂这本书，并获益匪浅。

....

李稻葵 清华大学中国与世界经济研究中心主任、
苏世民学者项目主任

《钓愚》在中国经济改革的基本问题上能够点醒大众、启发学者，让我们更加实事求是地面对中国现实。

黄海洲　中国国际金融有限公司董事总经理

一位行为经济学大师（席勒），一位信息经济学大师（阿克洛夫），这两位诺贝尔经济学奖得主的新作，从行为经济学和信息经济学的新视角，对现实中的欺骗行为做了既严肃认真又充满趣味的分析。虽然我们对书中描述的许多现象经常熟视无睹，但对这部大作却不能视而不读，尤其不能对书中的经济学大智慧视而不见。

....

向松祚　中国人民大学教授、国际货币研究所理事兼副所长

《钓愚》一书正是西方主流经济学界开始深刻反思西方经济学哲学基础、思维方式和政策理念的一个缩影。2010年，阿克洛夫和席勒就合作出版了《动物精神》一书，全面引入人们的非理性行为（动物精神）来解释宏观经济波动或金融危机。如果说《动物精神》是一部行为经济学或行为宏观经济学著作，那么《钓愚》则准备超越行为经济学范畴，重构西方经济学或创造新经济学。

....

巴曙松　研究员、中国银行业协会首席经济学家、
香港交易所首席中国经济学家、博士生导师

在经济学家津津乐道于自由市场的理性和均衡时，罗伯特·席勒和乔治·阿克洛夫的这本新书《钓愚》选择了另外一个角度，那就是：欺骗均衡。这种独具视角的研究实际上与他们一直以来的研究成果一脉相承，那就是对市场欺骗、人性缺陷的深刻洞察，同时，我也更认为这其实也体现了作者对席卷全球的金融危机的独具特色的理论反思，在传统的经济学对金融危机的爆发缺乏足够的预测能力和解释能力时，罗伯特·席勒和乔治·阿克洛夫冷静地告诉我们，实际上市场的欺骗是一种普遍现象，只要人们在信息或者心理方面存在可以被用来获取利润的弱点，欺骗就会存在。从这个逻辑出发，经济学家需要寻找并发现那些能在短期内导致经济崩溃的欺骗问题，从而增强我们对金融危机的预测和把握能力。显然，这是十分具有启发性和开创性的研究方向。

....

何帆　中国社会科学院世界经济与政治研究所研究员

两位诺贝尔经济学奖得主对市场经济和人性的深刻洞察。阅读这本书并不能够保证你以后永不上当，但既然你已经有了这么多上当受骗的经验，阅读《钓愚》能够让你明白，你为什么会上当。相信自己不会上当的人最容易上当，相信市场经济完美无缺的人可能恰恰是市场经济最大的敌人。

洪灝　特许金融分析师、交银国际控股有限公司研究部
董事总经理兼首席策略师

高估值、高量价势能股票在中国市场上的表现一直让传统经济学理论家汗颜。与传统经济学理论不一的是，在利伯维尔里，"人们自由地欺骗别人，也自由地被别人欺骗"。两位诺贝尔奖得主用丰富的数据和逸闻证明了这个观察有可能才是真相。他们甚至认为市场里强烈的价格势能本身就是一种"欺骗"。读过此书，我们将深谙人类被"欺骗"的历史和代价，并更理性地反思市场的真相——尤其是在经历了2015年夏天股市泡沫破灭之后。

约瑟夫·E·斯蒂格利茨　2001年诺贝尔经济学奖得主

通过生动活泼的笔法，阿克洛夫和席勒告诉我们：对利润的追求会给我们的生活带来富足，也会引来操纵与欺骗。近来的创新让公众更易受骗。这背后所包含的意义复杂而深刻。

艾伦·布林德　美联储前副主席、普林斯顿大学经济学教授

《钓愚》是一部极为出色的作品。它会改变你对"看不见的手"的印象，从此视其为总是想绊倒你的"看不见的脚"。读这本书可以感受其中风趣，汲取其中智慧。

劳拉·泰森　前美国白宫经济顾问委员会主席

本书深刻揭示了市场制度的内在矛盾。消费者和政策制定者都应该警醒：逐利的厂商虽然可以提高效率、推动创新，但也极倾向于利用形形色色的高级数据处理工具操纵和欺骗你。

丹尼·罗德里克　哈佛大学国际政治经济学教授

这本有趣而不失严谨的书告诉我们，自由市场的常规理论为什么在现实中会失灵。阿克洛夫和席勒认为，我们应该抛弃认为市场制度无所不能的幻想。他们通过有趣的案例传达思想，用最平实的语言阐述深刻的道理。本书面对的虽然是大众，但经济学家也会从中受益匪浅。

罗伯特·弗兰克　《牛奶可乐经济学》作者

正如阿克洛夫和席勒所提醒我们的那样，推动改进产品质量、降低成本的动因，同样可以让我们的世界为了利益而充满欺骗。这本可读性与深刻性俱佳的书可以让我们重新思考政府的职能。

专家与媒体热评

VII

南希·佛尔贝利 马萨诸塞大学阿姆赫斯特分校教授

阿克洛夫和席勒全面阐述了自由市场经济的缺陷,解释了这个旨在追求最大化利益的世界中存在的内在危机。

《经济学人》

本书的核心思想非常具有启发性。

《金融时报》

阿克洛夫和席勒突破性地提出"欺骗均衡"概念。本书保持了席勒作品的一贯风格:节奏紧凑、通俗易懂、引人入胜。

《华盛顿邮报》

在批判传统经济学理念方面,本书比《动物精神》更有力和全面,也更有社会责任感。

《泰晤士报》

(本书是)可读性极高的原创书籍,令人拍案叫绝……阿克洛夫和席勒笔下的案例和解释令人信服……两位经济学大家很有启发意义的作品……政策制定者和消费者(即所有人)必读……(本书)重要又客观。

《经济学人》证券业专栏

阿克洛夫和席勒的洞见极其有力。

《财富》

本书对自由市场提出有力质疑,也有助于消费者在做出重大购买决策时免于被宰。

《展望》

本书主旨非常重要,值得更多人关注。

《今日美国》

强烈推荐,即使你不赞成本书观点。他们所举的例子很有说服力,而关于市场如何运作的观点更是扣人心弦。

彭博新闻社

《钓愚》十分引人入胜,它剖析了市场经济所扮演的极富欺骗性的角色。本书阐述了卖家总是在企图骗你,而市场经济并非偶尔才骗骗你,欺骗是普遍存在的……本书旨在帮助读者知晓自己的心理弱点,以更好地避开钓愚者。

《华盛顿月刊》

本书为各种欺骗总结出了一个大理论,从经济角度上解释了为何欺骗无处不在。这个理论涵盖了许多关于人性盲点的概念——心理上的主观弱点,以及缺乏信息的客观缺陷——作者将这些概念融为一体,这个理论对盲信自由市场的人们是致命一击。

《明尼阿波利斯明星论坛报》

席勒和阿克洛夫通过朴实的语言与日常生活中的例子颠覆了原有的强有力的信念:市场只有一点小瑕疵(如扩大了贫富差距),所以只有傻子才会去干预市场。

Investing.com

《钓愚》通俗易读,经济学家圈子之外的普通消费者和政策制定者也能轻松阅读。这本书带领读者重新审视自由市场经济模式。

《图书馆期刊》

这本令人赞叹的书告诉我们如何预防被商业洗脑,如何预防被下套……没有几本书能教我们对付市场经济中的欺骗,这本是其中之一。

PHISHING FOR PHOOLS 目 录
The
Economics
of
Manipulation
and
Deception

推荐序 XV

译者序 XXIII

前　言 XXIX

　　自由市场的产品 XXX

　　市场的功过 XXXII

　　"欺骗"与"被欺骗者" XXXIV

　　我们凭什么这么说 XXXV

　　平静的绝望 XXXVI

　　本书的目的 XLI

导　论　做好被骗的准备：欺骗均衡 001

　　例一：肉桂卷 004

　　例二：健身房 005

　　例三：不良嗜好 006

　　自由市场均衡一定是最优的吗 008

　　心理学与人性的弱点 010

　　利用信息欺骗 011

　　理论与实践 012

　　本书概要 013

第一部分　　第一章　诱惑之路 019
未付的账单与金融崩溃
　　苏茜·欧曼与经济学常识 022

　　苏茜的建议 023

　　统计结果 024

　　其他视角 025

　　原因 026

第二章　信誉透支与金融危机 031

劣等或者变质的牛油果 033

7个问题 035

为什么投资银行最初是值得信任的 036

为什么那时的评级机构能对"牛油果"公正评级 038

信誉不再是投资银行业务的根基 038

这种动机的变化如何影响评级机构 041

为什么信誉透支能获利 042

为什么垃圾债（"牛油果"）的买家如此轻易上当 045

为什么金融系统在发现垃圾债的事实后如此脆弱 046

总结 048

附录：信用违约掉期插曲 049

第二部分
形形色色的欺骗

第三章　广告商知晓如何放大大众的弱点 059

大众的叙事性思维方式以及广告的作用 061

像讲故事一样做广告 063

欺骗傻瓜 070

市场营销的演变：过去及现在的总统竞选 072

附录：马航MH370 075

第四章　汽车、房地产和信用卡中的欺骗 079

汽车展厅里的欺骗 081

房地产交易中的欺骗 085

收银台上的欺骗 088

药丸的代价 091

第五章　政治欺骗 095

民主、金钱在政治中的角色以及欺骗行为 099

知情的选民与不知情的选民 101

游说与金钱 103

但是这真的有害吗 106

总结 109

第六章　食品欺诈、制药与舌尖上的欺骗 111

快进到 21 世纪 115
万络 116
博取审批 121
获得美国食品药品监督管理局审批 121
推广药品 124
总结 125
附录：药品和价格 126

第七章　创新：好的、坏的和丑的 129

经济增长的基础 131
索洛余值与欺骗行为 133
三项发明 135

第八章　烟草与酒精 141

吸烟与健康 143
酒精 151

第九章　为利润而破产 161

掠夺 164
一切是如何开始的 165
游戏开始了 166
引诱与掠夺 167
殃及房地产市场 169
被忽略的教训 170

第十章　米尔肯的骗局：以垃圾债为饵 173

北加州再现"黄金" 176
6 个观察结果 186

目录

XIII

第十一章 反制欺骗的英雄 191

质量标准先锋 194

商业英雄 199

政府的英雄 200

监管英雄和监管被俘问题 204

总结 206

第三部分
结论与后记

结　论　案例与经验 211

美国的新故事与后果 213

"钓愚"本身就是一个故事 214

改革的时代 215

新故事兴起 217

三个例子 218

社会保障及其改革 219

证券监管 223

联合公民 227

总结 230

后　记　理解欺骗均衡的意义 233

抗癌"战争"是一个错误 238

对欺骗行为的已有研究 239

新观点，新视角 243

均衡在竞争性市场中的作用 243

无可置疑的显示性偏好 245

故事嫁接 246

总结 248

致　谢 249

注　释 257

参考文献 321

PHISHING
FOR
PHOOLS

The
Economics
of
Manipulation
and
Deception

推荐序

如果说文学永恒的主题是人性，那么经济学永恒的主题是什么？

这个问题应该没有太多争议，答案是市场的本质，即：市场是否有效？什么情况下有效？何时需要政府的干预？

对这个核心主题的回答却是不同经济思潮和学派的分水岭。亚当·斯密作为"看不见的手"这一说法的提出者，一般被认为是支持"市场机制有效"这一观点的。其实，仔细阅读《国富论》及《道德情操论》，我们能够发现，斯密在这个问题上是相当谨慎、明智的，也进行了极其精巧的复杂的分析。比如说，他反复强调现代社会必须要有法制，否则市场会失灵，而法制体系不能由商人或其他利益集团左右，应该由女王设定。再比如说，他还着重强调，在很多问题上任凭自由市场自行发展会伤害国家利益，因此为英国及其殖民地运输贸易品的商船必须由英国制造。女王的这一法令从根本上保证了英国军舰的制造能力，从而从根本上保护了英国的国防，最终保护了英国庶民的财富。斯密在"市场是否失灵"这个问题上，看法是相当中庸的。不幸的是，绝大多数当代经济学家都误读了斯密。

斯密之后的马克思对市场的批判是极其严厉的。他认为，自由放任的市场经济注定会爆发周期性危机，这是因为市场经济中的投资者和资本所有者是非理性的，他们为了追逐剩余价值而不惜一切代价进行投资。因此，马克思的结论是，市场经济必然最终被更高级的制度安排所取代。马克思之后的大批古典经济学家似乎又回到了对市场经济坚定不移的教条式的信仰之中来。极端的场景是他们往往附和马克思早已痛批的供给学派的鼻祖——萨伊，萨伊的名言是供给创造需求，只要有企业家生产就一定有消费者购买，供给和需求永远是匹配的。其潜台词是生产者（企业家）与消费者都是理性的，一定能够在市场上通过价格机制出清产出，过剩产能是不可能出现的，因此，经济的基本问题是提升供给效率而不是提升需求。

发力于两次世界大战之中的英国经济学家凯恩斯，在"市场经济是否有效"这个问题上的基本观点是极其鲜明的。凯恩斯曾以各种精辟论述批判市场参与者。其基本看法是，市场参与者都是非理性的，投资者具有动物精神，时而亢奋，时而忧郁，投资忽高忽低；消费者也是非理性的，消费者，尤其是高储蓄者往往具有过分储蓄的倾向。因此，市场经济永远存在着有效需求不足的局面，呼唤外部干预。根据凯恩斯的分析，政府必须直接出手干预市场经济，不断采取各种办法来提升有效需求。

20世纪70年代末、80年代初，以美国芝加哥大学经济学家为领军人物的一大批西方经济学者开始反攻凯恩斯主义，他们的基本理论信条是市场参与者是理性的，市场机制总体上讲是有效的、出清的。米尔顿·弗里德曼反复提出，那些非理性的消费者和市场经济参与者一定是市场游戏的失败者，迟早会被市场游戏淘汰出局，因此留在市场中的参与者一定是理性的。一大批经济学者随之用巧妙的数学工具，描述市场的理性如何让市场永远高效。在金融领域，芝加哥大学金融学教授尤金·法玛再三强调，股票市场及其他金融市场是有效的，在这个有效市场上，投资者是不可能长期获得超额回报的。一个闭上眼睛随机买股票的投资者和一个精打细算、煞费苦心的股票投资者在长期来看回报是一致的，股票市场价格已经反映了到目前为止关于股票的所有重要消息，股市中不存在套利空间。这些80年代的理论催生了宏观经济领域的理性预期学派，他们认为投资者和消费者是超级理性的，因此政府在宏观层面针对经济周期所做的任何政策都会被理性的市场参与者采取的各种措施所对冲。比如说，他们论证，如果政府发行债券提高财政赤字、扩大财政支出，这种做法在短期内达不到刺激经济的效果。因为消费者都知晓，政府今天多花钱而没有收税，未来迟早会收税，因此他们必须攒钱以应对未来政府针对自己甚至自己的后代所采取的征税行为。因此消费者削减消费的效果与政府扩大开支的作用正好对冲，这就是理性预期学派的经典例子。

尽管芝加哥学派在20世纪80年代到21世纪初风云一时，涌现了四五位诺贝尔经济学奖得主，但是经济学界关于市场有效性的争论始终没有平息。哈佛大学、麻省理工学院、加州大学伯克利分校、斯坦福大学等东西海岸的学术重镇的经济学者们，被戏称为"咸水学派"，他们与淡水湖畔的芝加哥"淡水学派"在哲学层面是完全不同的，他们在学术论证层面比较中庸，他们认为市场经济不一定是有效的，而且往往出现失灵。哈佛大学前校长，哈佛大学、麻省理工学院经济学的代表萨默斯在谈到坚持市场有效的芝加哥学派时说：我要是你们，我就不研究经济学了。他的潜台词是：既然市场是有效的，就没有必要人为干预了，还要经济学干什么呢？

70年代，哈佛大学、麻省理工学院、斯坦福大学、加州大学伯克利分校等"咸水学派"的英雄之一正是乔治·阿克洛夫。阿克洛夫认为，市场往往失灵，因为市场双方存在交易信息的不对称。他的一篇著名文章谈的是旧车市场：在旧车市场上，由于买卖双方信息不对称，买家不知道卖家的汽车是好是坏，因而不愿意出高价，因此汽车市场上往往出现交易的中断——当坏车的比重太高时，好车的车主卖不上价钱，宁肯不卖车，最终导致旧车市场中无好车。这一论文开始投稿于美国若干一流杂志，都被"枪毙"，最后终被哈佛大学经济系主办的《经济学季刊》接受。2001年，阿克洛夫与时任斯坦福大学教授迈克尔·斯宾塞以及约瑟夫·E·斯蒂格利茨一同获得诺贝尔经济学奖。他们三位的工作主题高度一致，都论证了市场失灵的一个根本机制是信息，即信息不对称往往使得市场交易失灵。三者的求学和学术发展都与哈佛大学、麻省理工学院有极深的渊源。

90年代以来，"咸水学派"又发起了另一场对"淡水学派"的"攻击"，就是基于心理学研究以及金融市场的实证研究，反复论证人往往是非理性的，经济学者习惯的"理性人假设"往往是不成立的。而且，由于非理性的人的存在，理性人在市场上往往也必须干出愚蠢的事情。罗伯特·席勒和阿克洛夫一样，也是毕业于麻省理工学院的博士高才生，之后长期在耶鲁大学任教。席勒在80年代就论证股票价格的波动远远超过股票盈利的波动，以此证明股票市场是非理性的、无效的。后来，他又根据美国股市和房地产市场的数据，写出了具有旷日持久影响力的名著《非理性繁荣》，说的是在投资市场上非理性投资者往往过分乐观，这导致资产价格持续上涨。萨默斯以及我本人的博士生导师施莱弗教授也写过一篇著名的文章，说明在股市上如果非理性人足够多，那么理性人将被迫按照非理性人的投资方式进行投资。其中的道理是，如果绝大部分人都错误地认为股市在上涨，则将买入股票，推高股价，这个时候头脑再清晰的人也必须跟着买入，否则将丧失价格上涨的投资良机。这就是股票市场上"笨蛋"领着"聪明人"走得很好的例子。席勒于2013年获得了诺贝尔经济学奖。

信息不对称和消费者的非理性这两件事是经济学家论证市场机制失灵的重要例证，当属近40年来经济学最重要的研究成果。问题是普罗大众并不完全理解这些深奥复杂的经济学道理，于是，阿克洛夫和席勒两位经济学大家联袂为大众奉献了一本精彩绝伦的经济学通俗读本，就是摆在我们面前的《钓愚》这本书。《钓愚》这本书着重阐释由于非理性，美国的消费者往往过高估计自己的消费能力或自制能力。这种人性的弱点往往被厂商利用，小至健身房的老板卖给消费者"并不划算"的健身卡，大至华尔街的从业人员长时间、大规模地欺骗投资者，又或者在健康医疗市场上由于信息的高度不对称，以及人在失去健康情况下的非理性，大量的资金浪费在没有效果的治疗上。这两位经济学巨子用一个又一个通俗的例子告诉大家,人性有缺陷,因此普通人在参与市场经济游戏的过程中,往往会输给超级精明的商人。他们也通过例子说明,在西方的民主政治中,不够精明、天真的投票者也会被政治家所左右,这也导致了西方选举民主的种种悲剧。

这一巨著对于中国读者而言也是有启发意义的。改革开放伊始,中国经济学界和政策界就有大量争论。在我看来,核心的争论可以归结为争论各方对两个基本假设的认知完全不同:第一,中国市场经济的参与者在多大程度上是理性的;第二,政府的能力到底有多强。所谓的"右派"经济学家往往认为市场经济的参与者是充分理性的,不需要外部力量参与,市场经济就能够高效地自我运行。基于这个理念,许多学者建议医疗市场要完全放开,政府不用过分干预,只要在医疗保险市场上有充分的竞争,病人的福利就能得到保证。再比如,只要确定农民的土地所有权,再让农民完全自由地转让土地,农民就可以完全获得土地的收益、可以进城、脱离土地,中国的城镇化进程就会加快,农业用地也能够更加连片,农业产业化则随之而来。所谓"左派"学者往往认为消费者是非理性的,政府的能力是超强的。在医疗问题上,他们认为病人掌握的信息远远不如医药代表和医生多,因此,医药代表、医院和医生往往过度治疗、过度用药,最后受到伤害的还是患者。在农村土地问题上,他们认为农民是非理性的,一旦完全把土地所有权交给农民,就会出现大量农民转让土地之后挥霍掉转让所得,成为无地、无业、无家的"三无"流民,造成社会动荡。同时,政府有能力解决信息不对称问题,也能够帮助农民更好地管理好自己的土地所有权。

这两派观点在我看来都比较极端。中国经济学家的使命是推动实实在在的改革试验，认真总结经验，真正甄别不同地区、不同领域消费者的实际理性程度，也不断判断政府的实际操控能力。比如在江浙一带，市场参与者的能力极强，市场的效率比较高，但是在西部或内陆地区，几千年来拥有土地的农民不见得拥有沿海地区农民的理性程度，在土地以及其他金融问题上往往会被欺骗。当然政府的能力高低既是一个实证问题，也是一个政治问题。学者们往往凭着笔杆子和话筒子彼此争论，争不出结果。中国所需要的是积极实践，在实践中找出基本的规律，在实践中发现到底哪些地区的哪些市场是有效的，以及哪些地区的市场是无效的，在多大程度上政府可以采取措施加以干预来帮助市场的受害者。

正所谓他山之石可以攻玉，阿克洛夫和席勒的这部作品在中国经济改革的基本问题上能够点醒大众、启发学者，让我们更加实事求是地面对中国现实。

李稻葵

2016 年 1 月 4 日

PHISHING FOR PHOOLS

The Economics of Manipulation and Deception

译者序

自由市场机制是组织人类生产活动的理想方式吗？在这本书中，诺贝尔经济学奖得主乔治·阿克洛夫与罗伯特·席勒给出了他们的回答。

实际上，自亚当·斯密以来，对于上面这个有趣且无比重要的问题，几乎每一个经济学家都有自己的答案，包括亚当·斯密在内的大部分经济学家的回答是肯定的。这些崇尚自由市场制度的主流经济学家（即便承认市场有不完美之处）认为，总体而言，通过自由市场来配置经济资源能够最大程度地满足每一个人的需要。此外，少数经济学家（比如马克思）怀疑市场机制的有效性，并提出了计划经济的构想。在20世纪，这些少数派经济学家的构想与人类追求平等的朴素理想结合在了一起，显示了惊人的爆发力——引导着共产主义革命者在东起东经38º线、西至易北河的广阔的欧亚大陆上发起了一场空前绝后的社会实验。

当然，最后的事实表明，这种构

想因为从一开始就低估了人性的弱点，从而带来了灾难性的后果。虽然在总体上（平均的意义上），少数派很可能错了，但在边际上（虽然少数派痛恨"边际"这个概念），他们对人类经济思想的贡献是巨大的——发现并系统地阐释了自由市场机制的缺陷。

在这本书中，两位作者试图从一个新角度阐述市场机制的缺陷：传统的理性人假设在现实中并不成立。人的非理性特征会体现在经济决策上，而市场会捕捉并放大这种特征，从而产生对个人或者社会来说不理想的经济结果。比如，书中引用了一项最近对美国波士顿地区健身房收费方案的研究。通常，新的健身者会面临三种付费方案：（1）按次计费；（2）按月支付固定费用并自动顺延合约；（3）支付固定年费。显然，如果健身频率足够高，理性的新健身者应该选择后两个方案。但研究表明，有80%的健身者根本达不到采用第二种方案应有的健身频率，却依然选择了第二种方案。换言之，这些低频健身者其实采取按次计费更划算。对此，一个可能的解释是，人的偏好存在不一致性：选择付费方案时，顾客的大脑被自己不畏艰难的高大形象所占据，等到了真正决定某天下午是否去健身的时候，这个顾客的大脑却更多地被即将到来的健身会产生的疲劳感所占据。换言之，前者是"理想之我"，而后者是"真实之我"。显然，顾客在选择付费方案的时候把自己幻想成了"理想之我"。

这种对自己意志力的过度自信给消费者个人带来了经济上的损失。据估算，一开始选择按月自动付费的健身者每年在健身上的平均花费为1 400美元，而如果他们一开始选择的是按次计费，则每年可以节省600美元。毫无疑问，所有的健身房老板都发现了这一点：帮助新顾客沉浸在"理想之我"的幻觉中,并阻止他们在醒悟过来后反悔是一个巨大的利润点。为此,大多数健身房都给顾客更换付费方式设置了重重障碍。

也许有读者会说,虽然那些选择了错误付费方式的健身者每年损失了 600 美元,但健身房老板却因此多挣了 600 美元。从全社会的角度看,不过是"楚人失弓,楚人得之",又有什么关系呢?对此,经济学的竞争均衡原理告诉我们,这 600 美元无法构成健身房老板的长期利润。这是因为,长期而言,利润的存在只会吸引更多人投资于健身房,由此导致健身行业竞争加剧,直至利润彻底消失。因此,消费者的错误选择最终只会导致社会上出现很多我们原本不需要的健身房,而这就是社会经济资源的浪费。

这种由于人的非理性特征而导致的市场失灵不胜枚举:我们难以抗拒高热量食物的诱惑,市场上就会有人热衷于售卖这种食物,使肥胖成为严重的社会健康问题;我们总是相信自己的运气会比别人的更好,市场上就会有人开设赌场,引诱我们来玩根本赢不了的游戏;我们会高估自己未来的能力和收入,市场上就会有人售卖豪宅,并引诱我们去贷我们根本还不起的房贷……的确,市场最大化地满足了我们的需要,至少在决策那一瞬间是这样,但这是一种真正对我们有利的理性需要吗?

答案显然是否定的。不过,需要注意的是,与那些从根本上否定市场作用的少数经济学家不同,这两位作者是自由市场制度的"忠诚的反对派":他们依然认为市场机制是组织人类生产活动唯一可行的制度,但他们推崇的是得到良好监管的市场,而非自由放任的市场。在一个具有良好监管的市场上,没有人可以利用他人的心理弱点获利。

有一点可以被预见，那就是关于这本书不会没有争议。至少在理论上，一个监管良好的市场不会是最有效率的市场。这是因为监管也是有成本的——监管者在人性的弱点上一点也不比被监管者的少。但我个人认为，即便我们再退一步，承认这是事实，市场监管依然有其存在的理由——在心理上，人们倾向于把自己遭受的一切痛苦归咎于自己之外的因素。所以，如果监管者不存在，在市场上失落的人很可能会轻易相信这样一种说法：自由市场机制是导致疾病、贫困、犯罪、自杀、信用崩溃等人类所有痛苦的源泉。如果这种说法复活，人们对市场机制的信心就会再次动摇，20世纪人类所经历的热战、冷战、饥荒与内乱等毁灭性的灾难就有可能会重新降临。在这个意义上，这些"忠诚的反对派"才是市场制度真正的保卫者，因为他们把人类对市场制度的不信任转移到了监管者身上。

毫无疑问，如果这本书是一本讨论人类心理特点、经济决策与市场监管的学术专著，那一定是严谨而晦涩的。但实际上，这是我看过的最有意思的一本经济学大众读物，即便是没有任何高等教育背景的读者也可以很轻松地读懂这本书，并获益匪浅。两位作者通过一系列研究案例，以平易近人的笔法，深入浅出地向社会大众展示了最近20年来经济学家在行为经济学领域所取得的丰硕成果。毫不夸张地讲，本书是为他们所写：为消费者，他们须时刻警惕可能遭遇的骗局；为生意人，他们有可能因为诚信经营而招同行冷嘲热讽，甚至为生计所迫而随波逐流；为公务员，他们为监管不辞辛劳，却无人认同；为志愿者、慈善家、意见领袖，他们为社会诚信不懈努力；也为年轻人，为他们终生的职业生涯和如何实现个人价值。

作为这两位作者的同行,我非常感谢他们及时向社会普及了经济学的研究进展。不可否认的是,至少在二三十年前,如果翻开当时的学术期刊,人们会发现很多现在看来奇葩的经济学观点在那时可能"连个错误都算不上"。如果当时有人问我某个经济问题该如何解决,有相当大的可能性,我只能回答他说要"合理"解决。但是经济学发展到了现在,得益于众多开创性的基础性研究,如果遇到类似的问题,我已经可以比较有把握地告诉他这个"合理"的区间是什么,并解释原因。

当然,科学研究的价值并不在于其有用性。1969年,费米实验室的首任所长、宇宙微波背景辐射的发现者罗伯特·威尔逊(Robert Wilson)被要求向美国国会报告费米实验室在加强国防中的作用。这位诚实的物理学家向议员坦言:"我们的新发现将给国家带来荣誉,但不可能对国防有任何直接益处,除了使这个国家更值得保卫。"因此,无论这本书对您是否有直接益处,我都希望您在读完这本书之后可以继续关注经济学领域的新发现,并在条件允许的情况下支持中国经济学家的研究工作,让世界看到这个大国的崛起不仅仅在于贡献了国内生产总值(GDP)。

最后,我相信,通过阅读这本书,读者可以感受到那些致力于使经济学成为一门精确科学的杰出学者的巨大努力,体验到他们从未知到确定的那一瞬间拨云见日的快乐。

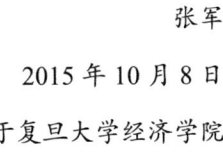

张军

2015年10月8日

于复旦大学经济学院

PHISHING FOR PHOOLS

The Economics of Manipulation and Deception

前　言

1992年，詹姆斯·卡维利（James Carville）出任比尔·克林顿（Bill Clinton）的美国总统大选顾问。他为克林顿设计的竞选口号是"笨蛋，关键是经济"。这一口号针对的是时任美国总统老布什（George H. W. Bush）。在老布什任期内，美国经济出现了衰退，很多经济问题随之而来。对于卡维利的这个口号，我们可以有一个不同的更深层次的理解：我们遇到的很多经济问题源于经济制度本身。如果商家信奉的是"利益至上"这一经济学假定，自由市场经济就会充斥着操纵与欺骗行为。这并不是因为世界上有太多的奸商，绝大多数人都在遵守社会规则的前提下努力改善自己的生活。然而，市场竞争的压力会迫使他们以设局和欺骗为手段，诱导顾客花冤枉钱购买自己原本不需要的东西，让员工做毫无意义的工作，使我们的生活最终变得一团糟。

我们（乔治和罗伯特）是自由市场制度的推崇者，但正所谓"爱之深，责之切"，我们需要正视市场的缺陷，以帮助人们更好地解决在市场中遇到的麻烦。在经济制度中，骗局无处不在，每个人都需要对此有所认识。只有清楚地认识到市场的缺陷，我们才能正确引导市场经济，保有自己的正直与尊严，有勇气直面无数危机。本书是为他们所写：为消费者，他们须时刻警惕可能遭遇的骗局；为生意人，他们有可能因为诚信经营而招同行冷嘲热讽，甚至为生计所迫而随波逐流；为公务员，他们为监管不辞辛劳，却无人认同；为志愿者、慈善家、意见领袖，他们为社会诚信不懈努力；也为年轻人，为他们终生的职业生涯和如何实现个人价值。总之，所有人都会因为理解本书中的欺骗均衡这一概念、了解经济力量所带来的陷阱与欺骗而受益匪浅。如果我们不奋起抗争，这种陷阱与欺骗将大行其道。为此，我们的书中也收录了英雄的故事。正是这些英雄人物不计个人得失地抗争，才使得经济制度中的各种丑恶行为得到了遏制。

自由市场的产品

19世纪末是发明家大放异彩的年代：汽车、电话、自行车、电灯等，不一而足。但有一项发明很少引起人们的注意：老虎机。老虎机在其刚出现的时候并不是现在的样子，只是一款自动售货机：把硬币投入投币口，然后就可以打开货柜。直到19世纪90年代，老虎机还只是主要用于销售小包口香糖、雪茄、香烟、观剧望远镜、巧克力棒，甚至还可用来快速查询城市电话号码。这种售货装置唯一的创新之处体现在可以通过投币打开货柜。

不过，很快就有人发现了这种装置的新用处，那就是可以把它变成赌博机器。这种现代意义上具有赌博功能的老虎机第一次被报道是在1893年。[1] 这些早期带有赌博功能的老虎机中有相当一部分用的是水果糖而不是金钱来奖励赢家。在此之后没多久，所有人都知道了以极小概率同时出现三个樱桃的图案意味着什么。

19世纪90年代还没结束，对老虎机的沉迷就已经成为普遍的社会问题。据《洛杉矶时报》1899年的报道，"几乎所有的沙龙都有几台老虎机。在这些老虎机前，一天到晚都围着一帮赌徒……这种玩老虎机的习惯显然已经成为一种难以割舍的嗜好。年轻人在这种机器前一玩就是好几个小时，不把钱输光不罢休"。[2]

不久，监管部门开始介入。老虎机毁掉了太多人的生活，就算不立法禁止，也至少要加以管制。同时，其他博彩类娱乐也受到了监管。之后，老虎机开始从公众视野中淡出，仅仅在特定的地方才能看到，比如赌场或者管制较松的内华达州。在内华达州，老虎机遍布超市、加油站和机场。平均每个成年人在赌博上的开销占个人收入的4%，是全美平均值的9倍。[3] 即便如此，内华达州对老虎机还是有所限制：2010年，内华达州赌博委员会否决了用信用卡而非硬币来玩老虎机的提议。[4]

在进入计算机时代后，老虎机也与时俱进。麻省理工学院的娜塔莎·舒尔（Natasha Schüll）在2012年出版了一本书，书名一针见血地点出老虎机的设计令人上瘾。[5] 舒尔讲述了她在拉斯韦加斯的赌博戒除所遇到的莫拉女士的故事。莫拉向她讲述了一个赌博成瘾者的生活。[6] 她平时主要去6个地方：一个是她的工作地点MGM大

前言

XXXI

酒店，三个是她经常去的赌场[7]，一个是赌博戒除所，最后一个是药店，她在那里购买治疗焦虑性障碍的药品。莫拉很清楚根本无法指望靠玩老虎机赢钱。[8] 但即便是这样，她还是乐此不疲，因为她很难控制自己。一旦坐到老虎机前，她就浑然忘我，只知道不停地投币，一遍又一遍地按红色按钮，周围的灯光亮了又灭，表演开始又结束，她时输时赢。而她唯一关心的就是那个红色按钮，一次一次又一次，直到输光所有钱。其实在拉斯韦加斯，莫拉这样的人有不少。10年前，在玩老虎机时，有不少人因心脏骤停而死亡。当时医院的急救人员很难在这种情况下及时赶到。最后，赌场自己组建了受过专门训练的急救队。通过赌场的监控录像，我们可以看到为什么这样的急救队是必需的。录像显示，赌场的急救队及时赶到现场，抢救了一位倒下的玩家，而附近其他玩家依然专注于游戏，完全不为自己身旁发生的一切所动。[9]

市场的功过

从19世纪90年代到现在，老虎机在历史上发挥的积极和消极作用其实和市场本身很类似。总体而言，我们是市场的支持者。自由市场制度源自自由与和谐的社会。只有那些可以使人们免于恐惧的和平社会才能催生出繁荣的市场。但是，逐利心理不仅会催生能向我们兜售产品的售货机，还能催生那些吞噬金钱并让我们难以自拔的老虎机。在本书的大部分章节，我们将关注这些老虎机而非售货机。这是因为身为改革家，我们需要从经济理论、经济实操出发，我们更要去寻找尚未解决的问题，而不是对正确的事横加指责。不过，在此之前，可以先从整体上评价一下市场制度。

为此，我们不妨回到19世纪末、20世纪初，从一个更广阔的历史视角观察市场经济。1900年12月，土木工程师小约翰·艾尔弗里茨·沃特金斯（John Elfreth Watkins Jr.）参与了《家庭妇女期刊》（Ladies' Home Journal）对100年后人们如何生活的预测。他预言，我们将通过"从管道里喷出的暖气和冷气调节室温"；船只航行速度将快到"只要两天就能到达英国"；将出现主要用于军事的飞行器，但也可以搭载旅客和货物；"可以在家中欣赏歌剧表演，真实得就像在歌剧院的包间里听"。[10] 诸如此类。

沃特金斯认为自己的预测似乎过于"前卫，几乎不大可能实现"。但令人惊讶的是，人们的逐利之心通过市场激发了无穷的创造力，使得他的预言不仅完全实现，甚至还被现实超越了。

然而，市场带来的并非都是美好的事物。它同样刺激了企业操纵和误导我们的判断，从而给经济带来了诸多问题。这些问题就像顽疾一样，让人痛苦却无可奈何。老虎机的出现就是个显而易见的例子。在被管制和被取缔前，老虎机在市场上大行其道并非偶然现象。研究表明，我们往往并不清楚自己真正需要的是什么，而这个弱点常常会被逐利的商家抓住，并加以充分利用。这就是他们的欺骗行为。

"欺骗"与"被欺骗者"

根据《牛津英语词典》(*Oxford English Dictionary*)的释义,"欺骗"("phish")这个词是出现于1996年的网络用语,其本意是指"互联网上一种专门套取个人信息的诈骗行为。比如,诈骗者假冒一家大公司套出与之往来的网民的私人信息,并以此获利"。[11]在本书中,我们赋予"欺骗"这个词更新、更广泛的含义,即描述一般性欺骗行为而非计算机领域特有的现象。此外,我们也不仅仅将其定义局限于非法活动,而是看成一种设局使他人达成自己而非他人的意愿的行为。在历史上,这种行为比比皆是。这种欺骗行为很像人们钓鱼,把鱼饵挂在钩上,放进水里,拿着钓竿等待,鱼一咬饵就提竿。在社会中,拿着钓竿坐等鱼上钩的精明人不计其数。根据简单的概率原理,无论我们如何警觉,迟早都会被人"钓"到。无人幸免。

欺骗行为的受害者显然就是被欺骗者("phool")了。被欺骗者可分为两种类型:心理型的与信息型的。心理型的也可以再分为两种:一种是感性超越了理性,另一种是在对现实的认知上存在障碍,就像在错觉的引导下行动。[12]前面提到的莫拉就是典型的感性超越理性的类型。她对于在老虎机前会发生什么事完全清楚,只是一坐在老虎机前,她就难以自拔。

信息型的被欺骗者纯粹是因为有人故意设圈套误导他们,所以才干了蠢事。安然公司的股东就是典型的例子。安然公司发家靠的是发布有误导性(后来演变为有欺骗性)的会计信息,通过采用市值计价会计方法,在财务报表中将预期利润也计入利润总额。[13] 1995~2000年,

《财富》（*Fortune*）杂志把安然公司称为世界上最具创造力的企业。[14] 其实，《财富》杂志的编辑说得一点都没错，他只是误解了什么才是真正的创造力。

尽管有关联，但评价企业的道德水平并不是本书的主题。我们关注的是市场竞争的压力如何改变企业的行为底线。的确，市场竞争一方面会极大地刺激并鼓励企业进行对社会有利的创新活动；另一方面，缺乏良好监管的自由市场也会刺激企业选择对社会不利的旁门左道，比如利用消费者的心理弱点和信息不对称获取利润。在缺乏良好监管的市场中，那些道德底线更低的企业最终会战胜那些有良知的企业。尽管基本的社会伦理规范可以在一定程度上遏制这种趋势，但是最终也无法抵御来自市场竞争的压力。这是因为一旦存在欺骗获利的机会，那些坚守底线的企业往往不得不随波逐流，否则就难以保持市场竞争力，生存下去。

我们凭什么这么说

我们可以预料到，在那些认为人类总是可以做出对自己最有利的决策的人来看，本书写得实在不怎么样。他们会质问，这两个家伙凭什么认定人们未必会做出对自己最有利的选择？这一质疑在主流经济学家眼中是非常重要的。但是，只要我们稍微仔细研究一下每一个个体究竟是如何做出决策的（就像本书中做的那样），我们就可以发现，人们是多么容易上当受骗。对于这一点，任何有一点社会常识的人都会承认。

前言

我们并不是将自己的结论强加于人。之所以这么说，是因为我们亲眼看到很多人选择了没有人希望得到的结果。150年前，梭罗曾说过，"大多数人都生活在平静的绝望中"。[15] 在如今的美国，在这个世界上最富裕的国家，依然还有很多人生活在平静的绝望中，就像拉斯韦加斯的莫拉女士一样。

平静的绝望

下面，我们从4个方面来看看人们究竟是如何做出错误选择的：个人财务安全、宏观经济稳定性、个人健康以及政府治理水平。在每一方面，我们都可以看到欺骗行为究竟是如何影响我们的生活的。

个人财务的入不敷出。经济学教科书一直忽略了一个经济生活领域的重要事实，那就是，即使是在发达国家，大多数成年人在晚上睡觉前都会为能否支付月底账单而感到忧虑。经济学家认为，对个人而言，学会在财务上量入为出是很简单的事情。然而，他们忘记了，即便在99%的时间里我们都很谨慎，只要在1%的时间里挥金如土，之前一切也就付诸东流。而商家会非常敏锐地捕捉到这1%的机会。它们会重点关注我们在生活中因为情感因素（主要是爱）疏忽大意而超支的可能。比如，圣诞节的宴席、婚礼（一场婚礼的平均花费相当于美国人均GDP的50%）[16]、葬礼（策划丧葬仪式的商家会引诱顾客选择昂贵的棺材，棺材的表面是摩纳哥海盐喷雾上漆，棺材内是优质浅绿色天鹅绒，柔软并带有褶皱）[17]、出生庆典（玩具反斗城会为婴儿提供一位私人顾问）。[18]

显然，如果顾客在这些有纪念意义的仪式上严格遵循量入为出的原则，就会被其他人看作小气鬼。不过顾客的过度消费并不仅仅体现在这些面子工程上。即便在美国这样富裕的国家里，相对于以前，现在大多数成年人都会因为担心自己付不起账单而在晚上辗转反侧。商家总是会有各种办法让我们觉得自己的需求没有得到满足，从而诱使我们不断地买买买。没有人愿意在入睡时还担心自己会入不敷出，但大多数人的确在发愁这个问题。[19]

让我们揪心的是，这些账单往往就是商家设局欺骗的结果。作为消费者，我们会购买少量高价物品。[20] 在这种情况下，我们往往会被商家欺骗到严重超支。比如在购买房屋时，在高达30%的房屋交易中，总的交易费用（买家和卖家交易费用的总和）居然比买家支付的首付款的一半还高。[21] 汽车销售商欺骗顾客的技能也到了炉火纯青的地步。它们总是可以把超出顾客实际需求的汽车卖给顾客，从而大赚一笔。没有人愿意被这些商家欺骗，但无论我们多么谨慎小心都难逃上当受骗的下场。

金融与宏观经济的不稳定。金融市场上的欺骗行为是导致金融危机并引起经济衰退的罪魁祸首。关于金融危机，一个最热门的词就是"前所未有"。这个说法既是对的，也是错的。[22] 在危机之前的繁荣期，金融圈的欺骗者会劝说顾客购买他们的资产。他们声称这次繁荣"前所未有"。例如，20世纪20年代瑞典的火柴公司、20世纪90年代的网络公司、21世纪头10年的次贷售卖机构。的确，每次情况都"前所未有":谎言前所未有,企业前所未有,交易前所未有。但有一点从未改变,那就是商家通过欺骗顾客牟利。当这些骗局[经济学家约翰·肯尼斯·加尔布雷斯(John Kenneth Galbraith)称之为"资产侵占"[23]]最终被识破时,资产价格一落千丈。那些购买了金融产品的投资经理全然没有料到他们会在2008年遭受如此重创。当骗局暴露,可怕的连带效应就出现了:人们对经济丧失了信心,股价暴跌,人们纷纷失业,失业者找不到工作。长期失业率之高是自"大萧条"以来"前所未有"的。

个人健康问题。即使吃得好、穿得好、住得好,健康对我们来说也可能是最大的需求。这种情况下,人们就难以逃脱医药公司的欺骗。19世纪80年代,纽约的丹尼尔·平克汉姆(Daniel Pinkham)发现当时的女性很担心自己的肾出问题。为此,他"发明"了平克汉姆药丸,声称可以治愈肾病。[24] 大家居然都相信了。今天,要干同样的事情就不那么容易了。医药经销商需要通过两关考验:其一,要取得美国食品药品监督管理局的许可证,而这需要通过药品疗效的随机对照临床试验;其二,必须说服医生使用这种药品。但是,通过100多年的研究,医药经销商显然已经精于此道。一些成功通过这两关考验的药品疗效根本不显著,甚至对人体有害。例如,关节炎止痛药万络与激素替代疗法。据估计,在其投入使用的1999~2004年,万络造成了2.6万~5.6万名美国人因心血管疾病死亡。[25] 医生和制药公司都没有告知患者,激素替代疗法对于女性的潜在危险,因此导致约9.4万名女性患上了乳腺癌。[26] 显然,没有人希望遭遇如此厄运。

影响健康的绝对不只是糟糕的药品。我们再来看看食品是如何损害健康的。大约有69%的美国成年人超重,其中又有一半以上(占全美人口36%)的人肥胖。[27] 一项针对12万人的研究有了惊人的发现。[28] 这些研究对象都是在职护士。从20世纪70年代末到2006年,每隔4年调查一次。在这4年里,他们每个人的体重平均增长3.35磅①(或者说在20年内平均增重16.75磅)。这些增加的体重主要源于薯片(1.69磅)、薯条(1.28磅)和汽水(1磅)。护士们难以抗拒薯片(盐和脂肪)、薯条(脂肪和盐)、可乐(糖)。有实验室用科学方法研究了如何最大程度地满足人们对糖、盐和脂肪的渴求。[29] 显然没有人真的喜欢自己变胖。

烟草和酒精也会损害我们的健康。不过,这两者其实存在很大的差异。现在,很少有人还认为吸烟很酷。我(乔治)在撰写这个部分时正在华盛顿的一栋大厦(国际货币基金组织的一号总部)里工作。这个办公楼里是禁烟的,但我上班时总能看到一些人在大厦外吸烟。所有吸烟者都有意避开我的目光。毫无疑问,他们都知道吸烟有害健康,而且这种对健康的损害完全不能被吸烟时的短暂快乐补偿。由于社会对吸烟的排斥以及烟民自己对吸烟的态度,美国当前的烟民在人口中的占比已经比过去的高峰期下降了50%。在过去的吸烟高峰期,社会上居然流行吸烟有益健康的说法[30]:吸烟可减肥。[31]

和吸烟相比,或许还有其他东西对健康的危害要严重得多,但是

---

① 1磅≈0.45千克。——编者注

社会似乎宽容得多。英国的戴维·纳特（David Nutt）与他的同事、荷兰的扬·范·阿姆斯特丹（Jan van Amsterdam）和威尔姆·范·邓·布林克（Willem van den Brink）分别研究了他们所在国的各类药物成分对健康的损害情况。[32] 戴维·纳特与他的同事发现，饮酒对健康的威胁最大。不仅仅对饮酒者自己来说如此，对相关的不饮酒的人也一样。布林克等人则将酒精以微弱的劣势排在第二位。[33] 我们（通过对饮酒者终生健康的研究）会看到，饮酒其实已经成为对美国人生活影响最大的不良行为。尽管如此，在酒吧、餐馆以及朋友聚会时，我们都会被鼓动多喝一点，一杯接一杯。没有人去想再喝一杯会产生什么恶果。显然，没有人真的希望自己嗜酒成瘾，但周围人就是只怂恿、不劝阻。

糟糕的政府。和自由市场制度类似，民主制度在理想的条件下也会有不错的结果。但是选民往往要为自己的生活奔忙，因此也就不可能知道当选者是不是忠实地履行了他们竞选时的承诺。此外，因为我们人性中的弱点，我们也更倾向于选择那些巧舌如簧的人。因此，政治领域是一个更容易发生欺骗行为的地方。政客从利益集团那里拿钱，并用这笔钱来欺骗我们，让我们相信他在替我们说话。在第五章中，我们将向大家讲述艾奥瓦州的查尔斯·格拉斯雷（Charles Grassley）的选战。此人当时是美国参议院财政委员会主席。在筹集了数百万美元的选战资金后，斥巨资在电视上做广告，宣传他代表了我们中的普通一员：回到家中，修剪院子里的草坪。我们选择这个例子不是因为这是个特例，而是因为这种情况在选战中太普遍了。但是，显然没有人（或者很少人）希望这就是我们的民主政治。

本书的目的

在本书中,我们会通过一系列案例来展示欺骗行为是如何影响我们生活的,或者说,如何影响我们的行为、想法和目标的。这其中有很多案例非常贴近日常生活,比如,购买汽车、购买食品、选择药品,以及售卖房屋。还有一些案例更复杂些,比如金融市场的例子。但是总的来说,所有这些案例都和我们的社会政策相关,包括如何才能使政府和自由市场制度相辅相成,而非相克,就像计算机需要杀毒软件一样,面对市场上形形色色的欺骗行为,我们需要保护自己。

PHISHING
FOR
PHOOLS

导 论

做好被骗的准备：欺骗均衡

The
Economics of Manipulation
and Deception

从西格蒙德·弗洛伊德（Sigmund Freud）到丹尼尔·卡尼曼（Daniel Kahneman），近一个世纪以来，心理学家们一直在以各种方式告诉我们这样一个事实——人们经常会干一些不符合自身利益的蠢事。更直白地讲，人们往往不去做那些真正对自己有益的事情，或者说不会选择那些他们真正想要的东西。由于经常会做出错误的决策，每一个人都很有可能被他人蒙蔽。《圣经》的第一个故事就是讲人类是如何被蒙蔽的：一条毒蛇引诱夏娃做出了一个愚蠢的足以让她悔恨终身的决定。[1]

然而，经济学的基本概念——市场均衡，与此截然不同。[2]让我们用超市收银台的例子来解释这个概念。[3]当来到超市的收银区准备结账付款时，我们要花几秒钟决定在哪个收银台前排队。我们通常会有所迟疑。这是因为在均衡的状态下，每一个收银台前的队伍长度几乎相同。出现这种情况恰恰是因为一个简单且显而易见的道理：每个人都选择排在人数最少的队伍后面。

收银台这个例子所体现的均衡原理在经济学中无处不在。比如，公司需要选择开展哪项业务，以及决定是否要扩张或者收缩自己的业务，它们（就像消费者选择在哪个付款队伍后面排队一样）需要选择最佳的商业机会。这种逐利行为同样产生了一种均衡。在这种均衡中，任何能获得超额利润的商业机会都会被一抢而光，从而使得这样的机会千载难逢。这种关于均衡的原理就是经济学的核心概念。

这个原理同样适用于欺骗行为。这意味着，如果我们身上存在某个可以被人利用的弱点，从而能给欺骗者带来超额利润，那么在欺骗均衡中，一定会有某个欺骗者利用这个弱点获得这种利润。那些追逐利润的生意人四处打探，寻找最短的结账队伍。这其中隐藏着一些欺骗者，一旦发现人们的弱点，则迅速采取欺骗行动，把超额利润装入自己的口袋。

任何经济体都存在欺骗均衡。在这一均衡机制的影响下，所有能获得超额利润的欺骗机会都不会被放过。为了加深读者对这个概念的理解，我们在下面举三个现实生活中的例子来展示这种欺骗均衡的运用。

例一：肉桂卷

让我们把日历翻回到1985年。西雅图的柯曼父子开了一家肉桂卷店Cinnabon，宣称出售"世界上味道最棒的肉桂卷"，并采取了多点销售、连锁经营的营销战略。[4]他们的肉桂卷让消费者趋之若鹜，就像蛾子嗅到了异性身上发出的寻求交配的信息素。他们还宣称，肉桂卷里的肉桂是从印度尼西亚运来的上等货色。[5]实际上，他们的肉桂卷是用人造黄油烘烤而成的，热量高达880卡路里，并且加入了大量糖霜。"让我们的生活更甜蜜"是这家企业的宣传语。他们精心挑选连锁店的位置，看准了机场和商场里的人都没有太多时间花在吃饭上,并贴出大量海报和宣传语,引诱那些难以抵挡肉桂卷香味,以及那些相信这是全世界最棒的肉桂卷的人。当然,食品包装上还是标注了卡路里,但是印得很不起眼。最终,这家企业获得了前所未有的成功。显然,成功不仅仅因为食品本身,还有营销战略。这种战略被反复使用,最终使得这家企业在全世界30多个国家拥有超过750家连锁店。[6]大多数人也许从来不会想一想自己为什么会在等待延误航班的时候吃到肉桂卷,但实际上这源于一个投入了大量人力与脑力的精心设计的商业计划。这个商业计划就是为了抓住并充分利用我们的弱点以获取商业利润。

大多数人很难意识到这种肉桂卷对饮食健康造成的威胁,而这种威胁就是自由市场均衡的结果。但问题在于,即使柯曼父子不开Cinnabon,迟早也会有其他人售卖类似的食品。总之,自由市场中总会有人来发现并利用我们的弱点。

例二:健身房

现在,让我们回到2000年的春天。当时,斯特法诺·德拉维格纳(Stefano DellaVigna)和乌尔丽克·马尔门迪尔(Ulrike Malmendier)还是哈佛大学的研究生。[7]他们一起旁听了麻省理工学院开设的心理学与经济学课程,并展开了讨论。当时人们是否会做出糟糕的经济决策还是一个新的学术话题。为此,他们决定寻找例证,健身房就是一个好例子。在这里,我们将把健身房作为很好地展示商家欺骗行为的案例。但对其他很多人而言,健身房具有更积极的意义。2012年，美国健身房的产值高达220亿美元，客户多达5 000万。[8]

德拉维格纳和马尔门迪尔利用波士顿地区7 500多家健身房的信息构建了一个数据库。[9]他们发现，当顾客第一次加入健身房时，往往会高估自己执行健身计划的能力，从而支付过多的健身费用。一般而言，这些新人会面对三种付费方案：（1）按次计费；（2）通过信用卡按月自动支付固定费用，除非人工取消；（3）支付固定年费。大多数（不享受外部补贴）的消费者会选择按月自动支付，但其中80%的顾客实际上如果选择按次计费的话会更划算。新人的这种错误选择造成的损失是惊人的：他们平均每年花费1 400美元在健身上，但其中600美元纯属浪费。[10]此外，雪上加霜的是，健身房往往会让取消自动按月支付变得不那么容易。在德拉维格纳和马尔门迪尔的样本中，有83家健身房会自动续约扣款。所有这些健身房都同意顾客到店取消续约，但仅有7家接受电话取消，仅有54家接受信件取消，且后者中的25家需要顾客提供公证材料。[11]

当然，健身房之所以能让顾客为自己没购买的产品埋单，绝非偶然。[12]既然有顾客相信自己选择按月自动支付比按次计费更加合算，在欺骗均衡中，我们就一定能看到有商家提供这样的选择。否则，那就是让机会白白溜走。

例三：不良嗜好

下面这个故事能让人更好地理解自由市场中欺骗均衡的存在。经济学家基思·陈（Keith Chen）和心理学家范凯特·拉克希米纳瑞亚南（Venkat Lakshminarayanan）以及劳里·桑托斯（Laurie Santos）已经成功地教会了僧帽猴用货币来交易。[13]这些猴子能够给商品估价并交易，这正是自由市场经济的开端。它们甚至学会了通过性交易赚钱。[14]

现在让我们大胆设想，这些猴子可以和人类进行交易。刚开始，我们给一大群僧帽猴一大笔钱，让它们成为追求利润的人类商家的顾客，而且对交易不加任何管制。你可以想象在这样的自由市场经济下，逐利行为必然导致商家向这些猴子出售它们乐于购买的产品。显然，在最终的市场均衡中，我们可以发现猴子的偏好。在这样的经济环境中，猴子们被赋予了自由选择的权利，但实际选择的结果却可能对它们的福祉无益。根据陈、拉克希米纳瑞亚南和桑托斯的研究，猴子最喜爱的物品是糖浆水果卷。[15]僧帽猴很难抵挡这种食品的诱惑。但它们极易沉迷于此，最终导致营养不良、萎靡不振、体弱多病。

现在来看看这个故事背后的寓意究竟是什么。我们认为，猴子有两种经济学意义上的口味：第一种口味体现为理想情况下，僧帽猴出于自身考虑的最佳选择；第二种口味——就像糖浆水果卷——体现为它们实际上的最终选择。毫无疑问，人类要比猴子聪明，但我们也存在和僧帽猴一样的问题。可以想象，人类其实也有两种口味：第一种口味是真正对我们有利的偏好，第二种口味是我们实际上选择的不良嗜好。

这两种口味的区别以及僧帽猴的选择给我们这样的启示：当我们在购物或者做与经济有关的决策时，内心深处都存在一只僧帽猴。这只僧帽猴代表了人性中的弱点，而所有的营销人员都试图抓住别人心中的这只僧帽猴以获利。由于这些弱点的存在，我们会做出很多对自身不利的选择，却不自知。所以，如果没有良好的市场管制，每个人内心里的僧帽猴就会随时跳出来主宰我们的选择，市场中也必将充斥着各种满足不良嗜好的产品。

自由市场均衡一定是最优的吗

经济学领域有一个被广泛接受的惊人结论，就是"经济学之父"亚当·斯密在其于1776年出版的《国富论》中所说的，自由市场就像一只"看不见的手"，指挥着每一个追求个人利益的人去实现最大的公共利益。[16]

一个多世纪后，人们才理解了这个结论的精髓。根据现代初级经济学教材，这个结论可以表述为，竞争性的自由市场均衡是"帕累托最优"的。[17]这也就是说，在自由市场均衡下，没有人的福利能进一步得到提升。换言之，任何对均衡结果的干预必然影响一部分人的福利。对经济学专业的研究生而言，这个结论可以被更好地表述为一个数学定理，从而把自由市场均衡的最优性包装为一项科学成就。[18]

当然，这种市场理论也承认，存在一些阻碍自由市场机制实现社会福利最大化的因素。这些因素包括，一个人的经济行为会直接影响另一个人的利益（这被称为"外部性"）；另外，市场均衡可能最终会导致非常不均等的收入分配格局。排除这两个因素，经济学家普遍认为，只有傻子才会去干预市场的自由运作。[19]当然，经济学家也很早就意识到，如果企业的规模过大，那么就会影响到市场的竞争性。

但是这个关于市场经济最优性的结论实际上忽略了本书中所考虑的一些重要因素：在完全自由的市场经济中，人们不仅可以自由选择，还可以自由地设局欺骗交易对象。在亚当·斯密的世界里，这样的均衡依然是最优的。只是这样的最优是基于对我们不良嗜好的最大程度的满足，而不是对那些真正有利的口味的满足。因此，这样的均衡无论对人类还是僧帽猴来说都会带来很多麻烦。

主流经济学往往假定每个人都知道自己想要什么，从而忽略这两种口味的区别。换言之，我们内心的僧帽猴与我们真正的需求并没有什么不同。但是，如果我们关注一下心理学领域的相关研究，就可以知道每个人心中的那只猴子的影响力有多大。

当然，经济学领域的研究也有例外，那就是行为经济学。在过去的40年里，行为经济学一直致力于将心理学和经济学研究结合起来。这意味着，我们内心深处的那只猴子终于可以成为经济学研究者关注的重点。但奇怪的是，就我们现在所知的研究而言，还没有一位这方面的学者试图利用自己的研究成果来挑战亚当·斯密关于"看不见的手"的结论。也许是因为这种研究的含义太显而易见了，以至于妇孺皆知，毫无提出的必要。但我们认为，尽管其含义浅显直白，却有显著的经济影响力。这是因为亚当·斯密所说的"看不见的手"正在指挥着逐利者最大程度地满足人们的不良嗜好。

因此，尽管我们只是对主流经济学的假设做出一点小小的修正（通过区分对我们真正有利的偏好与不良嗜好），但是这种修正包含了重要的经济学含义：让人们去"自由选择"会产生很糟糕的经济后果，这是米尔顿·弗里德曼（Milton Friedman）与罗斯·弗里德曼（Rose Friedman）所认为的最佳公共政策。[20]

心理学与人性的弱点

并不是所有的心理学研究都关注为什么人们会做出荒谬的决定。一些研究关注的是人类的正常思维，但的确有大量研究表明，人们只是想得到他们觉得自己应该得到的东西，而不是他们真正想要的东西。让我们回到20世纪中叶心理学的一个应用上。当时的心理学主要是基于弗洛伊德的理论，从而强调潜意识在决策中的作用。现在，这个理论的结论得到了大量实验的论证。万斯·帕卡德（Vance Packard）曾把营销人员和广告商称为"隐形的说客"（这也是他于1957年出版的那本书的书名）。他认为这些人其实就是利用消费者的潜意识操纵他们。比如，在50多年前，蛋糕配料的生产商会毫无必要地要求消费者在使用时加入鸡蛋，从而吸引那些喜爱别具特色的家庭主妇。又比如，保险公司为了迎合客户追求长寿的愿望，会在广告中呈现病后痊愈的父亲重新和家人站在一起的画面。[21]

社会心理学家、市场营销专家罗伯特·西奥迪尼（Robert Cialdini）著有一本书，其中罗列了很多令人印象深刻的心理偏向。[22]根据他的说法，人类是非常容易被欺骗的，很大程度上是因为我们推崇礼尚往来，习惯于对自己喜欢的人表现出友善，不想挑战权威，喜欢随大流，喜欢从一而终，以及我们讨厌得而复失（人类有损失厌恶倾向）。[23]对于这样的人类弱点，西奥迪尼给出了若干利用这些弱点的计谋。其中一个例子是关于他的弟弟理查德是如何利用顾客的弱点挣到大学学费和生活费的。每个星期，理查德都会浏览当地报纸上的二手车广告，并买下两三辆车，再把这些车清洗干净后重新出售。理查德充分利用了消费者损失厌恶的心理弱点。与大多数汽车销售员不同，理查德不会安排不同的有购车意向的人在完全错开的时间段看车，而是故意让不同的潜在客户在同一时间段看车。这样，每一个来看车的人都会和其他看车人相遇，由此产生一种"不马上买下就会被其他人买走"的紧迫感，从而不再纠结于车子本身的质量。[24]

利用信息欺骗

除了利用人性的弱点，欺骗者还可以利用具有误导性乃至错误的信息行骗。这种情况下，那些欺骗顾客的商家靠的是在产品上搞障眼法，让顾客以为物有所值。通常，有两种挣钱的方式。一种是诚实的方式，把价值一美元的产品卖给消费者，但以更低的成本生产该产品；另一种是误导消费者，从而让他们觉得产品值一美元，但实际上根本不值。

本书包含大量这样的案例，尤其在金融领域里。金融界的乐观派认为，复杂的金融交易无非是把具有不同风险和期望回报的资产做成各种最优组合，再出售给偏好不同的人，类似于孩子们互换弹珠或卡片。他们认为，在金融市场上，人们都很聪明，市场近乎完美。因此，最好的金融市场监管方式就是让市场自我监管。在公共政策领域，这方面最突出的例子就是2000年发布的《商品期货现代化法案》。因为人们相信市场会自我监管，该法案的基本精神就是要把对复杂金融产品交易的外部监管控制在最低限度。

但问题是，"看不见的手"并没有人们想象的那么完美。现实中，在金融市场上还有一种获利的办法，就是把顾客本不愿意接受的金融产品卖给他们。我们来看看魔术师是如何表演的：他把一枚硬币扣在三个罐子中的一个里，然后不断地变换三个罐子的位置，最后把罐子都拿开的时候，硬币已经消失了。[25] 那么，硬币在哪里呢？答案是，它在魔术师的手掌里。复杂的金融市场中发生的故事与此非常类似。比如说，我们购买了某个金融产品，并和商家约定在罐子被拿开的时候可以取回原来的硬币。但在复杂的金融市场中，就像魔术师不断变换罐子的位置时，那枚硬币就会神不知鬼不觉地被魔术师弄走，我们最终一无所得。在本书中，我们将用三章的篇幅讲述金融市场中的操纵行为。在每一章里，我们都会介绍魔术师取走硬币的诸多技巧。具体而言，就是如何通过改动会计报表并操纵信用评级使得顾客高估金融产品价值。在这种情况下，顾客的确清楚自己想要什么，但错误的信息让他们误认为得到了自己想要的，而实际上却相去甚远。最后，我们发现，只要通过这种障眼法能挣到钱，那么市场中的魔术师就不会消失，这是由经济均衡的本质决定的。这也是必须对金融市场加以严格监管的重要原因。不过，这个留待之后再说吧。

理论与实践

到目前为止，我们已经给出了一个关于欺骗均衡的理论和多个相关的例子。根据我们的理论，在现实的经济均衡中一定存在大量的欺骗行为。这种均衡产生的机制和使超市里各收银台前队伍长度大致相同的机制是类似的：每个顾客都希望站在最短的付款队伍中。同理，在竞争性市场中，只要通过欺骗来获利是可能的，那么一定会有人抓住这种机会。现在，我们将简要地介绍一下本书余下的内容，并通过多个案例来展现这个一般性原理对我们生活的重大影响。

本书概要

本书主要包括导论和三个部分。

导论　做好被骗的准备：欺骗均衡。导论的作用在于介绍欺骗均衡的概念，并解释为什么这种欺骗行为在经济中不可避免。在肉桂卷的例子中，这种不可避免性指的是，就算没有柯曼父子，也会有其他人向不计其数的消费者出售这类食品。显然，这个逻辑适用于其他任何欺骗均衡：如果一个人不抓住获利的机会，那么一定会有其他人把握这个机会。

第一部分　未付的账单与金融崩溃。向读者揭示我们内心中的那只猴子是一回事，给这种心理冠上"欺骗"的名头是另一回事，揭示那只猴子对我们生活的重大影响又是另一回事。在本书第一部分的两章中，我们将开始着重讨论人性的弱点是如何影响我们的生活的。第一章将阐述为什么大多数消费者会在周末或月底为该如何支付账单这个问题而头疼，且常囊中羞涩。我们所有人都会犯错误，而其中很多错误是因为我们被欺骗了。第二章则阐述了在2008年金融危机中，商家是如何欺骗我们的，以及这种行为在世界范围内带来的灾难性后果。这其中的故事我们可以称为厂商与广告商的信誉透支：商家为了在危机中自保，或多或少置顾客的利益于不顾，把来之不易的商业声誉变现为利润。在撰写本书的时候，我们尚未从这场金融危机中恢复过来，而导致这场危机的因素依然存在。我们必须对这种难以掌控的因素有所认识。只有这样才能防患于未然，降低危机卷土重来的可能性，同时也能够在危机真正来临时有所应对。

第二部分　形形色色的欺骗。这部分将在具体的情境下给出欺骗行为的例子：广告与营销、房地产、汽车销售、信用卡、游说与政治、食品与药品、创新与经济增长、酒精与烟草，以及两个特定的金融市场。我们在讨论这部分的问题时会给出内容梗概。

这部分进一步介绍了欺骗行为对我们生活的影响，更多的是总结经验教训，这将非常有助于我们看穿现实社会中的欺骗行为。这一部分介绍了两个新的欺骗均衡的案例。通过这些案例，我们可以看到，欺骗行为的不可避免性未必源于那些品质恶劣的人，而是很可能源于经济体制的自然运作。此外，更重要的是，通过这些欺骗行为的例证，我们可以知道在不同的情境下，欺骗行为的不同表现形态和方式。从广告商和营销人员推销行为案例开始，我们可以让读者更清楚地看到，这些人是通过什么办法（这些办法是西奥迪尼的列表上没有的，当前的行为经济学也没有介绍过这些办法）让我们上当受骗的。人们往往在某个故事情境下思考当前的问题。因此，最有效的欺骗办法就是把顾客引入一个新的（更有利于欺骗者的）故事情境中去。(顺便说一下，从弗洛伊德到卡尼曼，心理学家的任务就是引导别人说出他们内心讲给自己听的故事。心理学家有两个专门的术语来表述这种故事：心理框架和剧本。)[26]

第三部分 结论与后记。我们将在这一部分总结本书。第一部分与第二部分从一般原理到具体案例，详细讨论了欺骗均衡。其中，对一般性原理的讨论包括了对消费者消费行为和金融市场的分析，具体的案例分析则包括了国会选举，以及制药厂规避监管机构、欺骗医生的绝招。通过这些千差万别的案例和欺骗均衡理论，本书将带给你一些全新的经济学理念，并让你清楚欺骗行为将在何时何地发生。在结论部分的"美国的新故事与后果"一节，我们将通过三个例证分析本书中的新观点会如何改变美国当前的社会经济政策。

最后是本书的后记。我们将在这里回应本书潜在的批评者。我们可以预料到，批评者肯定会问：所谓的欺骗均衡有何创新之处？后记部分专门回答这个问题。我们将阐明本书有哪些新的观点，以及这些观点对经济学有什么贡献。

我们希望本书是一本严肃读物，同时也希望它是一本有趣的书。我们希望读者在读完后感到受益匪浅，而不是发现自己其实是被作者欺骗了。

PHISHING
FOR
PHOOLS

第一部分

未付的账单与金融崩溃

The Economics of Manipulation and Deception

PHISHING
FOR
PHOOLS

第一章
诱惑之路

The
Economics of Manipulation
and Deception

几乎每个美国人都认识苏茜·欧曼（Suze Orman）。当乔治向一名经济学家问起她时，这位经济学家的反应完全在乔治的意料之中：他只看过苏茜10秒钟的节目。我们的经济学家朋友们往往受不了她自以为是的论调。他们发现她会提出一些非常粗浅的投资建议。而且，尽管任何与投资有关的话题都会令经济学家感兴趣，但他们觉得她在节目中给出的建议太拜金了。

但并不是所有人对她的节目都有这样的看法。我们认识的最聪明的人之一，特奥多拉·比利亚格拉（Teodora Villagra），她是国际货币基金组织餐厅里的一名收银员。她曾是来自尼加拉瓜的难民，现在已经在国会山安家。她的儿子以电子工程专业学士身份从大学毕业时没有拖欠学费。更令人啧啧称奇的是，她每天都可以和几百个老顾客聊家常，对每一个人的情况都了如指掌，清楚他们的近期变化。特奥多拉的看法是，"苏茜·欧曼其实没有谈论金钱，她谈论的是人性"。特奥多拉不仅自己买了一本苏茜·欧曼的理财书，还送了同事一本。

通过倾听特奥多拉的看法和观看苏茜·欧曼的节目，我们可以解释原本不可思议的谜团：为什么苏茜的听众会相信她说的每一个字。在解开这个谜团的过程中，我们可以揭示一个重大的、关乎亿万人生活的全球性经济学问题。

苏茜·欧曼与经济学常识

欧曼最畅销的书（销量超过 300 万册）是《九步达到财务自由》（*The 9 Steps to Financial Freedom*）。[1] 她对消费者支出和储蓄方式的描述与经济学的论述完全不同。经典的经济学教科书是这样论述消费者在超市中的行为的：消费者先确定好买苹果和橙子的总预算。在这两种水果价格发生改变时，我们会调整消费组合，从而使得效用最大化。也就是说，我们需要在给定价格下确定自己买多少苹果和橙子——这种价格和购买量之间的联系就是我们对苹果和橙子的"需求"。[2]

这种看似无奇的超市小故事其实和现实出入很大。它并非经过科学检验的真理，而只是一个假设。初级的经济学教科书告诉读者（大学本科新生），我们所有的经济决策都是基于类似的模式：决策者先确定自己的消费预算，然后确定给自己带来最大满足的消费组合。这种假说大行其道是因为在超市选购水果的情境下，似乎人人都是这样做的。

这种经典假说之所以令人信服还有其他原因。作为一个大学新生，他很难想到这个买苹果和橙子的故事背后的逻辑会贯穿初级经济学教科书，或者贯穿其他经济学课程。如果他打算成为经济学家，这个逻辑还会贯穿研究生课程。所以，当他第一次看到这个假说时，他往往会毫不犹豫地接受。但问题是，这是人类思考问题、做出经济决策的普遍模式吗？当然，也许人们在超市里买水果时确实是这样的。但如果是一位新娘在翻阅《婚礼杂志》（*Wedding Magazine*）并筹划她一生中最重要的一天的活动，那么，预算和价格就成了她考虑的次要因素了。此时，我们就要回到苏茜·欧曼的例子，不仅仅是为了理解为什么她会有那么多铁杆粉丝，还要理解为什么那些粉丝的行为其实一点都不难理解。

苏茜的建议

为什么消费者不像教科书里描述的那样行事呢？苏茜告诉我们，人们对待金钱和消费的态度是情绪化的，而非教科书里那样理想化。人们在决定如何花钱的时候甚至会欺骗自己，一点都不理性。苏茜是如何知道这一点的呢？这是因为她是财务顾问，在她的职业生涯中，这一点早有验证。她让新客户计算他们总的支出，但这些客户总是会低估实际的支出。[3] 比如，在超市购物的时候，消费者会在水果上超支，结果到了需要购买鸡蛋和牛奶的时候钱就不够了。在实际生活中，这种对预算控制能力的不足会导致人们每到月底就入不敷出。更糟糕的是，这意味着当经济危机到来时，人们根本没有积蓄渡过难关。在当代，这意味着即便利率达到了12%[4]，甚至在几年前曾达到更高的水平，很多人还是要靠信用卡度日。

苏茜认为，人们在金钱上的情绪化行为和认知偏差会导致过度消费。而她的任务就是让客户控制消费，从而使得他们不用为那些无法支付的账单彻夜难眠。这时候，她这个顾问扮演的是母亲的角色，所以她需要在电视上用母亲教育子女的那种听上去喋喋不休的语气说话。需要注意的是，其实很多家庭理财方面的书籍关注的问题和苏茜所关注的完全一样，但在经济学教科书里却从来对此闭口不提。

统计结果

如果欧曼的言论不足为信，我们还可以从统计数据来看消费者的入不敷出是多么严重的问题。一个直接的观察来自经济学家安娜玛利亚·卢萨迪（Annamaria Lusardi）和彼得·图法诺（Peter Tufano），以及社会学家丹尼尔·施耐德（Daniel Schneider）。他们的调查问卷上的问题是："如果在下个月有一笔2 000美元的意外支出，你有多大的信心来应对这笔支出？"[5]在美国，有50%的受访者认为他们无法或者很可能无法筹集到2 000美元。在最近的一次访谈中，卢萨迪进一步强调，她给了这些受访者一整个月的时间去筹钱。这段时间足够让受访者通过房产抵押贷款、申请新的信用卡，或者从亲朋好友那里借到钱。

关于消费者财务方面的统计解释了为什么这些受访者无力应对2 000美元的意外支出。最近一篇名为"月光族的消费"的文章指出，2010年，一个普通美国家庭的储蓄，包括现金、支票、银行存款等，不超过家庭月收入。但在意料之中的是，这些家庭几乎不持有债券和股票。[6]一项关于英国人日常消费的研究也表明，很多英国人也是在"拆东墙补西墙"。对于那些靠每月固定工资生活的人，发工资前一星期的支出与发工资后一星期的相比要少18%。[7]

我们还知道有很多住房拥有者处于入不敷出的状态。有大约30%的住房拥有者在过去的5年里至少借过一次利率极高的贷款，比如通过当铺，抵押汽车贷款，或者抵押工资的短期借款。[8]根据2009年的调查，有2.5%的住房拥有者在过去的两年里破产过。[9] 2.5%看上去很少，但这意味着一个人在他的一生中很可能破产。没有人知道重复破产的概率有多大，但假如每个人的成年阶段是50年，那么在这50年里，有20%多的美国人在其一生中至少会破产一次。[10]

如果真的无法偿还债务，还有一种可能就是被勒令搬离住宅。社会学家马修·德斯蒙德（Matthew Desmond）的调查佐证了这一可能性。2003~2007年——金融危机之前——居民被勒令搬离住宅的比例为2.7%。[11]破产和被勒令搬离住宅仅仅是自由市场经济中潜在问题的冰山一角。即使是在当今的美国，在这个大多数人具有前所未有的消费能力的国家里，大多数人也在担心如何支付账单，甚至有一些人濒临破产或者被勒令搬离住宅的危机边缘。

其他视角

还有一些论文从不同的角度解释苏茜·欧曼给出的难题。大多数人认为，只要我们的收入是原来的5倍或者更高，日子就不会紧巴巴的，我们在生活中遇到的财务困难就会迎刃而解。实际上，有史以来最具智慧的经济学家凯恩斯，在1930年展望未来时就曾思考过这个问题。在其一篇公开发表但未引起广泛关注的文章中，凯恩斯就试图推测他的后辈在100年后的2030年的生活是怎样的。[12]其中有一点他预测得非常准确：他认为100年后的生活标准会比当时高出8倍多。在2010年，美国的人均收入确实比当时高出了5.6倍。[13]如果在未来的20年里，美国的人均收入增长率以1.5%~2%的比例增长，那么，凯恩斯的预测就会非常接近实际值。

但是在另一个方面，凯恩斯并没有猜对。正如你所想的，凯恩斯认为他的后辈不会为如何支付账单而夜不能寐，而是会为不知道如何打发过多的闲暇时光而发愁。凯恩斯认为，那个时候每星期的工作时间会减至15个小时[14]，而且"在英国和美国的小康之家，妻子们除了无聊的家务，比如做饭、打扫卫生和缝缝补补，再也没有什么其他更有意思的事情可做了"。[15]〔现在看来这个引述政治立场是不正确的，因为有贬低女性之嫌。不过，因《女性的奥秘》(*The Feminine Mystique*)而兴起的女权主义运动是凯恩斯这篇文章发表30年后的事情了。〕尽管美国在收入水平上确实已经提高了5倍多，但充裕的闲暇却从来没有出现过。恰恰相反，家庭主妇忙得不可开交，没有一点闲工夫。[16]

凯恩斯的预测确实可能和现实相去甚远，但却代表了几乎所有经济学家（而非苏茜·欧曼）对消费和闲暇的认识。除此之外，凯恩斯还有一个预测也同样不正确：凯恩斯认为人们在未来不仅会享有足够的闲暇，还会把很大一部分收入用于储蓄，从而使得他们可以预付账单而非拖欠账单。但正如我们所见，这简直是无稽之谈。

原因

之所以会出现劳累的家庭主妇和积蓄短缺的情况，都是因为存在一个本书中强调的核心问题，那就是自由市场经济不仅会带来我们真正需要的东西，也会带来那些迎合人性弱点的东西。在美国，几乎所有生意人（除了那些我们之后会谈到的股票和证券经纪人）的目标都是让消费者心甘情愿掏腰包。自由市场上会不停地涌现充满诱惑力的东西，而消费者就像是在寻找停车位时，经过一个又一个空闲的残疾人停车位。

当你走在大街上，商家精心布置好的橱窗会吸引你进店消费。在我们（乔治和罗伯特）还年轻的时候，附近的购物街上往往会有一家宠物店，在橱窗里展示萌萌的小狗。有一名年轻的妇女还为此编了一首后来家喻户晓的歌：

> 橱窗里的小狗多少钱？（汪，汪）
> 一只小狗尾巴摇。
> 橱窗里的小狗多少钱？（汪，汪）
> 我真希望能买下。[17]

这些小狗当然不是偶然出现在橱窗里的。店家放在那里是为了吸引你进店消费。但你也可以把"橱窗里的小狗"看成一个关于自由市场的一般意义上的隐喻，而那条"不停摇晃的尾巴"代表无处不在的诱惑。商场、超市、4S店①以及房产中介门店，到处充斥着诱惑。举一个例子，鸡蛋和牛奶通常会被刻意放在超市的最里面。这是

---

① 4S店是一种以"四位一体"为核心的汽车特许经营模式。——编者注

因为这两样东西是人们最普遍的购买需求，如此一来，你就不得不穿过整个超市。当你穿过超市的时候，看到周围货架上的商品，没准就会想起那些同样需要但忘记了的商品。[18] 当你回到收银台准备结账的时候，收银台旁边还会有出售糖果和杂志的货柜。这个地方原是专门用来放香烟的，那样布置也是为了让等候付款的吸烟顾客买几包烟再走。

这些就是引诱你购买糖果和香烟的伎俩。类似的伎俩在超市中数以千计。琳琅满目的货架上，到处留有它们的印记，它们是营销专家和广告宣传的产物，是经过了大量市场实验才确定的最优方案。这种诱惑伎俩在超市以外的地方也得到了广泛运用。伊丽莎白·沃伦（Elizabeth Warren）曾指出信用卡的诱惑伎俩。[19] 我们深表赞同，将在后面的章节中具体阐述这个问题。不过，千方百计骗别人花钱可能是自由市场的必然结果。事情远不只是一张信用卡，销售员不会帮你看住钱包，或是帮你计算是不是买了太多的苹果和橙子以至于付不起月底的账单。正如欧曼所认为的，要让消费者控制预算，需要消费者有惊人的自制力——需要内心的声音不停地呼喊：别买了，别买了，要付不起账单了。

这就解释了为什么凯恩斯的预测会出错。相比 1930 年，我们的收入增长了 5.5 倍，但是自由市场给我们创造了更多"需求"，以及更多的满足这些需求的方式。我们很难抵挡这些诱惑，所以我们的钱永远都不够花。尽管大多数人有足够的理智控制自己不买橱窗里的小狗，但人们并非永远能如此理智，尤其是当整条购物街、超市和商场，甚至网络都在致力于引诱消费者时，人们往往难以招架。

有人说我们的预测实际上是现代社会消费主义盛行的必然结果。他们认为，我们的分析过于物质主义，只考虑到了人性的"阴暗面"。但是在我们看来，问题的关键在于市场均衡。在自由市场的均衡中，只要人性有弱点，市场就会利用这些弱点。就算人均国内生产总值再增长5.5倍，我们依然会面对同样的困境。

PHISHING FOR PHOOLS

第二章

信誉透支与金融危机

The
Economics of Manipulation
and Deception

2008~2009年的金融危机已经被人研究过无数次了。很多研究报告被写成了书，重点关注公司和政府，比如J·P·摩根、高盛、贝尔斯登、雷曼兄弟、美林证券、美国银行、美联储或者房利美和房地美。书中明确指出，"我们的制度"是酿成危机的罪魁祸首。[1] 金融危机的爆发带来了金融新闻领域的繁荣。但是我们不打算像别的书一样用500多页的篇幅描述金融危机发生的细节，而是概要地讨论欺骗行为在金融危机中的主要作用。这种欺骗被称为"信誉透支"。

劣等或者变质的牛油果

如果我出售的牛油果以质优味美著称，我就有了欺骗你的机会。我可以卖给你劣等的牛油果，但是按照优等牛油果的价格要价。这样我就透支了自己的信誉，也利用信任欺骗了你。

类似的例子除了买牛油果还有很多，欺骗行为的存在是导致持续性金融危机爆发的罪魁祸首。信誉透支损害了很多金融机构的信誉，尤其破坏了固定收益证券评级系统。美国信用评级机构在债券评级市场上的信誉是几乎花了一个世纪才建立起来的。公众们用这些评级作为评估违约率的参考。20世纪末、21世纪初，评级机构开始从事新的业务——它们不仅给债券评级，也为更复杂的新型金融衍生品评级。用此前打的比方来说,市场上有了很多新式牛油果。由于衍生品是新兴的,并且很复杂,投资者很难判断其评级的正确性。但是因为评级机构用过去的优等牛油果(原有的简单证券)赢得了信任,因此投资者没有理由不继续相信这些评级机构以及它们对新型复杂证券的评级。

但是牛油果的买家(证券投资者们)显然没有理解欺骗均衡。如果他们自身不能区分优等牛油果和劣等甚至变质的牛油果,那么新牛油果的生产者(新型金融证券的设计者)就没有动力去生产优等的新牛油果。生产者更可能以低成本生产劣等新牛油果(把违约率高的证券与复杂金融衍生品打包),并让信用评级机构为其评定AAA的信用等级,进而透支评级机构的信誉。实际上,资产抵押证券就发生了例子中的情况。

资产抵押证券出现的信誉透支情况正是我们预料到的欺骗均衡。在均衡情况下,优等牛油果的生产者将无法赢得竞争。他将不得不按照虚假评级的劣等牛油果的价格出售自己的优等牛油果。如果生产优等牛油果的成本比劣等牛油果的成本高,优等牛油果的生产者就将开发果园的其他用途,以带来更多利润。优等牛油果生产者的果园可能被劣等牛油果生产者收购,或者干脆就破产了。经济学家卡尔·夏皮罗(Carl Shapiro)在1982年描述了欺骗均衡,并且提出了欺骗均衡使得劣等品生产者在自由竞争市场里普遍存在的观点。[2] 比如金融危机前,劣质的金融产品被大量出售。

有人也许会问为什么持续增长的被错误评级的新牛油果(被错误评级的新型衍生证券)能导致普遍的金融危机。答案很简单,大型金融机构，比如商业银行、对冲基金、投资银行以及类似机构等都依赖于借贷。实际上，投资银行借贷总额对自身总资产的比重可能达到 95%，这些资产包括新牛油果（复杂的抵押支持衍生品）。[3] 但是后来当新牛油果被发现里面实际上臭不可闻的时候，它们的价值就会大幅下降。这样一来，很明显，这些金融机构的负债将超过其拥有的资产的价值。2008 年（除秋季外，衍生抵押支持证券的价值下跌），从法兰克福、伦敦到纽约，甚至很小的雷克雅未克都出现了这种情况。美联储和欧洲央行为美国和欧洲的"问题资产"提供了紧急贷款以及大量财政支持，以避免世界范围内金融系统崩溃和大萧条重现。[4]

利用信任来欺骗是这次金融泡沫和萧条出现的重要因素。毫无疑问，2008 年的悲剧必然会发生，就像我们一旦在网络欺诈中被骗，就要承担由此而来的糟糕后果。

7 个问题

我们接下来将细致探讨金融危机中的欺骗。在此之前，我们首先要寻找下面 7 个问题的答案。

1. 首先，为什么投资银行在 20 世纪 50 年代、60 年代、70 年代承销的正确评级的证券（牛油果）是令人信任的？

2. 为什么信用评级机构在当时对牛油果的评级是正确的？

3. 投资银行的动机是怎么改变的，以至于信誉不再是它们业务的根基？

4. 改变后的动机是如何传递到信用评级机构，并促使它们进行虚假评级的？

5. 为什么信誉透支能获利？

6. 为什么垃圾债（劣等牛油果）的买家会轻易上当？

7. 为什么金融系统在发现垃圾债的事实后会变得如此脆弱？

为什么投资银行最初是值得信任的

在1970~2005年，美国和全球的证券发行机构发生了变革。假设一名投资银行家在1970年昏迷并在2005年奇迹般复苏，那么他将感到非常惊讶——金融系统已经发生了翻天覆地的变化。他会发现他所在的金融机构的规模已经扩张了很多。如果他曾在高盛工作，现在高盛的资本增长超过500倍（后面会多次提到高盛这个例子）。1970年，高盛有5 000万美元的资本[5]；2005年，其资本超过了280亿美元（总资产超过了7 000亿美元）。[6] 与此对比，同时期的美国国内生产总值（不考虑通货膨胀的因素）仅增长了12倍。[7]

如果回顾金融产品更简单的时代，世界将是另一个样子，投资银行的表现也与其在金融危机中的表现不同。证券的正确评级与那时投资银行的利益直接挂钩。追溯到1970年，典型的投资银行（如高盛、雷曼兄弟等）是为大企业服务的银行，其目的就是为企业提供建议。银行的代理人了解华尔街的运作方式，其工作内容是让客户了解相关的财务状况。在华尔街工作的银行代理人都是"值得信任的朋友"，是企业财务人员的高中或者大学好友。他们会在诸如怎样利用金融避税和规避监管等法律问题上给出中肯的意见。

对于银行代理人来说,"值得信任的朋友"有耐心,但并不是完全无私的。他们希望自己被选为承销商来启动股票或债券的发行,以此作为回报。福特汽车集团在亨利·福特去世后,于1956年让高盛承销其IPO(首次公开发行股票)的事件就足以证明这一点。[8] 由于税收原因,并且经纪人需要对福特家族和福特基金会之间的利益进行分配,福特公司股票的IPO变得非常复杂。福特家族拥有所有投票权但只有少数股份,而基金会没有投票权但拥有大部分股份。[9] 高盛的高级合伙人西德尼·温伯格(Sidney Weinberg)花了两年时间解决这些问题,仅得到了25万美元的报酬。[10] 不过,他和福特公司的合作得到了非常大的回报,因为高盛承销了福特公司IPO。

在20世纪70年代,高盛联席高级合伙人约翰·怀特黑德(John Whitehead)担心,随着业务的发展,高盛将不再是"值得信任的朋友"。为此,他确立了14条合作原则作为未来发展的指导原则。第一条原则以"客户利益至上"开篇,并随后解释了为什么要善待客户:"因为经验告诉我们,如果我们服务好客户,成功就会随之而来。"[11] 福特公司IPO就表明了银行代理人为何能成功。不幸的是,正如怀特黑德所担心的那样,这些原则现在似乎已经成了过去时代的象征,而不是像他所期望的那样成为未来的导向标。

对那时的投资银行来说,在吸引客户方面,信誉非常重要。信誉也在投资银行相互间的关系中起到了重要作用。投资银行在发行债券或股票时,可能需要与其他投资银行组成财团共同承销。这种合作是必要的,因为主承销商需要财团中其他投资银行的销售网络。[12] 和投资银行与客户间"值得信任的朋友"关系一样，这种合作关系也建立在礼尚往来之上。那时是"关系银行"的时代，信誉非常重要。

为什么那时的评级机构能对"牛油果"公正评级

在简单金融产品的时代，不仅投资银行有动力去发行优质的证券产品，评级机构也有动力对证券公正地评级。评级机构，比如穆迪，在过去会最大程度地照顾客户的利益。穆迪家族最初靠卖书和其他小额收入生活，贫穷而简朴。[13]

就像我们看到的，信誉在当时对大承销商来说非常重要。高盛的另一个事件说明了这一点。1969年，高盛承销了8 700万美元的宾州中铁债券。[14] 然而，宾州中铁在一年内就破产了。所有合伙人都面临以自己的个人资产进行赔付的威胁。诉讼称，高盛拥有关于铁路风险的内幕消息但未公开。但是高盛表示虽然它知道铁路运营亏损，但同样认为这些亏损对宾州中铁来说不足为惧。高盛只赔偿了不到3 000万美元就顺利脱身。如若不然，可能所有合伙人都会赔个底儿掉。[15] 这次事件提醒每家投资银行做业务要干干净净，和评级机构的关系也应如此。

信誉不再是投资银行业务的根基

但是后来整个系统发生了变化——不仅是投资银行，我们后面将讲到的评级机构也是如此。这就是那个昏迷的银行家在2005年苏醒后看到的情景。再拿高盛举个例子。追溯到 1970 年，高盛的所有资本是属于合伙人的。1999 年高盛上市，大部分合伙人不再害怕一次诉讼会使他们以大部分个人资产赔付。[16]高盛过去的大部分业务是承销，如今其开设很多不同的业务，从自营账户交易（在足球场大小的交易室）到管理对冲基金，再到设计打包新型复杂金融衍生证券。高盛不再是布罗德街 20 号那个拥挤不堪的小公司，不再是那个拥有 1 920 根私人电话线的公司。[17]如今，它已经在全球范围内扩张，不仅在纽约、伦敦和东京有办事处，在如班加罗尔、多哈、上海等金融中心，甚至是新泽西州普林斯顿也有办事处。[18]所有这些改变在其 2009 年建成的"豪华"新总部得到了体现[19]：高 43 层，长两个街区，被建筑学评论家保罗·戈德伯格（Paul Goldberger）誉为"低调的宫殿"。高盛已经成为一个帝国。[20]

从金融角度讲，现在高盛和其他投资银行一样是"影子银行"。其负债中优质的部分每晚被收回并重新投资。高盛从拥有大量流动性资产并寻找避风港的大型投资者那里吸收"存款"。这些投资者可能是商业银行、货币市场基金、对冲基金、养老基金、保险公司或者其他大型企业。每晚它们借出（或者说存款）数十亿美元，投资银行承诺第二天还款。这种协定也被称为"购销回购协议"（回购合同）。存款者受到双重保护。它们可以要求投资银行第二天还款，但如果高盛不能还款，它们也不会太过紧张。为什么？因为这些回购有抵押品作为担保，而抵押品是价值和存款相当的资产。在回购失败的情况下，如果投资者不能收回存款，它们还可以收回抵押品。

这种新的协定对投资银行来说很常见，因为持有大额存款的投资者担心把钱存在普通商业银行不安全。他们害怕如果银行破产，自己将遭受巨大损失。[21]加利福尼亚州帕萨迪纳市的印地麦克银行（IndyMac Bank）所发生的事就印证了这种担心并非空穴来风。该银行在2008年7月倒闭时，存款不到10万美元的存款人从联邦存款保险公司得到了全额赔付。但是超过10万美元的存款就面临风险，联邦存款保险公司最初只答应赔付50%。[22]因此，持有大量流动资产的人把钱存到投资银行更安全，他们知道即使不能还款，他们还可以占有抵押品。

投资银行吸收过夜存款还有另一个原因。高盛的历史再次说明了这个问题。20世纪70年代，投资银行开始发现能通过借款然后进行自营账户交易获得巨额利润。投资银行（如高盛等）成为国家和世界金融交易的中心。华尔街上信息的流动赋予投资银行独特的优势。它们不仅能探听到通过公开或非公开的途径获得的消息，并且能理解消息的含义。但只有深刻理解这些没有违背内幕交易法的消息才能让其发挥作用。精明的年轻人对何时提供或者获取这类消息有类似"初吻"的第六感。

继续拿高盛举例，在20世纪60年代末、70年代初，格斯·利维（Gus Levy）当时接任西德尼·温伯格成为高级合伙人，他发现成为机构投资者大宗股票交易间的做市商能获取巨额利润。[23]作为大部分机构投资者的"银行"，高盛能够找到潜在的交易方，并通过关系找到反方向交易的机构投资者。高盛可以暂时持有这些巨额资产以期在日后转售。通过这种方式，高盛开始进行自营账户交易。但是以这种方式成为做市商产生了潜在的利益冲突：作为做市商，高盛自己应该拿多少费用呢？当买卖方的差价利润由高盛独享时，买家和卖家又应该分别支付多少呢？

约翰·怀特黑德正是为此种潜在利益冲突感到不安而提出了那些原则。他担心高盛会失去原有的为客户服务的道德标准，而这个标准是从马库斯·戈德曼在1869年创立高盛时就一直秉持的。马库斯会借款给曼哈顿下城的犹太珠宝商和皮革商，由此收到承诺连本付息的白条。他把白条装进帽檐，再卖给银行家赚取少量利润，而买白条的银行家相信马库斯会关照他们的利益。[24]

然而，在21世纪，"客户利益至上"的理念不再是真理。威廉·科汉（William Cohan）在其著作《金钱与力量》（*Money and Power*）里引用一名对冲基金经理对高盛现行做法的评价："高盛会考虑第一条路还是第二条路能带来更大的现值，并不愿选择现值更低的路。"[25] 以前的高盛是为客户提供财务建议，然后偶尔承销证券以获得回报的"值得信任的朋友"，但现在的高盛与以前大不同了，不再被认为是以客户利益为重的。

这种动机的变化如何影响评级机构

不只投资银行变得不像原来的好朋友那般，投资银行和评级机构之间的关系也发生了改变。在金融危机前的繁盛期，评级机构有动力为新证券发行者评级，尽管不一定公正。这一切在20世纪70年代，穆迪家族首次向投资银行收取评级费用时发生了改变。[26] 这种做法在当时并没有引起注意，后来，就像我们知道的，在那个银行家就像朋友一样主要靠信誉的时代，给银行所发行的证券评级是十分谨慎的。

然而，在此之后，动机改变了。由于现在面对客户，投资银行可以选择第一条路或者是第二条路，那些要发行证券的公司要反过来巴结投资银行了。竞争性市场的机制就是如此。那么，客户想从这笔交易中获得什么呢？它们特别想让自己的证券产品获得高信用评级，因为评级决定了它们之后将付的利息。如此，这样的高评级就成了投资银行不得不提供的信息，否则客户将去别的地方办理业务。反过来，投资银行又将压力施加给评级机构。基于同样的类似"初吻"的商业直觉，不需要太多话语甚至完全不需要交流，评级机构就懂得满足投资银行的需求。它们现在清楚：给出低评级就不会再有生意了（这一点对既设计又发行证券产品的投资银行来说同样适用）。[27]

自此，时运发生了逆转。投资银行不再是评级机构的监督者，不再监督评级机构是否尽职评级。相反，投资银行在一笔笔交易中为其推销的证券寻找尽可能高的评级，评级机构也知道自己不配合的后果。

为什么信誉透支能获利

接下来，我们看看复杂金融结构的真正奥秘。其中一部分是真实的，但也有一部分是具有欺骗性的，并且欺骗的确起到了作用。在现代金融衍生品出现之前，公司通常把利润在债券持有者以及股东（有可能留在公司的"留存收益"里）之间进行分配。债券持有者取得固定收益，股东获得剩下的利润。现代金融业意识到，具有不同风险的收益应该用不同的方式进行分配。这种新的分配方式如果能把收益在承担低风险投资者（比如债券持有者）和承担更高风险投资者（比如股票持有者）之间均衡分配，则非常有用。但是这种分配也可能被滥用，因为它也可以用来迷惑投资者。假设一家银行或者投资银行或者其他金融机构，把一堆不良资产用非常复杂的方式打包，以致信用评级机构可能会错误地高估其信用等级，那么这些不良资产将变成"黄金"。金融魔术师的道具是资产打包。而信用评级机构在错误的时间关注了错误的方向，可能是金融魔术师演出成功的原因。

这正是我们所看到的情况。在次级债券市场，我们发现了很多这样的情况。在银行业早期，抵押贷款业务基本都是由银行操作的。一旦放出贷款，当地评估抵押贷款的专家就能享受随之而来的福利：抵押贷款将进入他们的资产组合。但是后来人们发现单独持有某个地域的债券的风险可以被冲抵。抵押贷款可以汇集为一个大的资产包，而且可以按份额出售。然后，风险可以随之分散。特拉华州的银行将不再只持有来自特拉华州内的抵押贷款，同样，艾奥瓦州的银行也将不再仅持有艾奥瓦州内的抵押贷款，而是各自持有艾奥瓦州和特拉华州的抵押贷款组合。更宽泛地讲，所有银行都能持有来自全美的抵押贷款组合。现在发放贷款的银行不再自己持有贷款，而是将这笔初始贷款打包放在抵押贷款组合中出售。抵押贷款组合类似于马库斯·戈德曼存放自己放款后拿到的白条所用的帽子。

从共担风险中获取利润仅仅是从大型抵押贷款中获利的开端。如果抵押贷款组合能包装得如此巧妙，以至于信用评级机构不会发现其中猫腻，那么甚至连无收入、无工作和无固定资产的"三无"人员的房产抵押贷款都能产生利润。银行家如何将贷款打包得如此完美？他们如何隐藏不良贷款？这就要靠金融伎俩，使评级机构的注意力从可能出现不良贷款的地方转移。相对于直接出售证券组合，他们把组合分成不同的部分出售。购买不同部分或者不同"等级"的投资者将获得不同收益。这些抵押贷款分级可能非常复杂，我们举个简单的例子，某一级产品可能获得抵押贷款组合的利息，而另一级产品可能收回的是本金。上述例子只是给出了一种可能的套路。就像儿童可以把彩纸剪成各种形状和大小一样，抵押贷款组合的收益也同样可以按照多种方式分配。

此时，从最初的抵押贷款到最终组合包有很多中间环节，所谓的抵押支持证券很难被监督。抵押贷款被过度包装，其收益以复杂的方式被分配，其回报和月供也形式多样。这些复杂因素使评级机构不得不放弃对基本抵押贷款的充分检验。[28]

现代统计技术作为商学院的标准课程，进一步解释了为何评级机构无法彻底进行检验。统计学往往根据历史记录和过去抵押贷款的违约情况估算违约率。抵押支持证券的高评级使得抵押贷款更抢手，这反过来促使房价前所未有地上涨。随着房价上涨，就业率全面上升，抵押贷款违约率突破历史最低点。[29]

用来估计违约率的数据序列只包含了房价开始上涨的时期，所以抵押贷款少见违约，这并不重要；这些所谓的"金融产品"被制造出低违约率的假象，这也不重要；这些虚假的评级实际上在一段时间内成了房价上涨的主要原因，因为其极大地促进了市场对房屋的需求，这也并不重要。这些方面都不重要的原因在于，信用评级机构的动力不再主要是做出正确的评级，它们的动力是做出承销商想要购买的评级。这种业务开始透支它们之前的信誉，业务依靠原有的信任行骗。

怎么知道这些评级"通货膨胀"会不会出现呢？2000~2007年，仅穆迪一个评级机构就给4.5万相关抵押证券评出了AAA级，与2010年仅6家美国公司的抵押支持证券被评为AAA级相比，这种做法简直太过慷慨。[30] 评级"通货膨胀"也被穆迪总经理惊人而坦率的言语证实。他在企业员工会议之后意识到了危机，提出"为什么我们没有想到信贷在扩张之后将会紧缩，房价在上涨之后也将会下降……两者结合起来，这些错误使我们看起来要么在信用分析上不称职，要么像是为了赚钱出卖了灵魂"。[31]

为什么垃圾债（"牛油果"）的买家如此轻易上当

美国人和更多国家的人乐而忘忧，没有理由去质疑这些证券。他们知晓自由市场的奇妙作用，但没有意识到仰赖信任的欺骗行为的存在及其后果。他们很久之后才意识到衍生品组合中包含变质的牛油果。但是正如之前所提到的，无论对衍生组合魔术师般的创造者，还是信用评级机构来说，它们都没有动力去拆穿金融骗局。利益的冲突导致评估的偏差。衍生组合的创造者（一般是投资银行）从其发行证券时的高评级获得回报。而评级机构如果不能给投资银行其想要的高评级，就会被抛弃。对投资银行和评级机构来讲，不遵循原来的方式是有利的，按原来的方式"打开"衍生组合，研究其内部结构则非常困难，甚至是不现实的。

对于那些成功弄清抵押贷款组合真相的人，比如极少数精明且独特的人，则成了迈克尔·刘易斯（Michael Lewis）的著作《大空头》（Big Short）中的主角。通过做空抵押支持证券组合能带来巨大的潜在利润（也就是赌这些组合的价值将下跌）。[32]但是组合内部的真相被故意隐藏起来。因此，分级证券被打包，贴上不错的评级标签。刘易斯笔下的做空者只是个例，不成气候。

再回到高盛的例子。惊人的是在2006年夏，一位聪明的从事抵押证券交易的金融专家乔希·伯恩鲍姆（Josh Birnbaum）识破了魔术伎俩，也看到了高盛的脆弱。[33]他很早就预料到违约率的上升，并私下获悉一些包括必要细节的财务模型，以便于理解抵押贷款违约风险。伯恩鲍姆说服了他的上司和最高层领导，然后高盛迅速改变其证券组合，从做多证券变成做空，这为公司赚取了数十亿美元。2009年10月末，伯恩鲍姆的做空市场小组的利润达到了37亿美元。[34]这足以抵销公司在抵押证券上的24亿美元的损失。第二年，据说伯恩鲍姆在收到1 000万美元的报酬后离开了高盛。"我想这取决于你对公平的看法，对么？"他解释道，"如果你是一名钢铁工人，你可能会觉得报酬不菲，但如果你是对冲基金的管理者，你大概就不会这样想了。"[35]

为什么金融系统在发现垃圾债的事实后如此脆弱

无论过去还是现在，金融系统本身都非常容易受这种仰赖信任的欺骗行为的伤害。金融系统在崩溃之前都是脆弱的，因为拥有数万亿美元资产的投资银行每天对其很大一部分账面资产进行再融资。如果投资银行的资产价值少于其杠杆，一夜之间其融资就会出现巨大缺口，投资银行就可能会破产。

一般的公司都要承担长期义务。举个例子，当美国联合航空在2002年秋发现自身资不抵债时，申请了法定破产程序。随后就是破产保护。破产的美国联合航空和其工会多次协商，因为每年要削减超过30亿美元的工资支出；无担保债权人不得不接受原有的1美元贷款仅收回4~8美分的现实；美国联合航空和美国养老金担保公司签订的固定收益养老金计划也中止了。美国联合航空在各个方面削减运营成本。很多措施非常严苛，但大部分员工选择留下来工作。预定的航班没有被取消，十多年后的今天，《蓝色狂想曲》①仍然在天空中响起。[36]

但是投资银行不能像美国联合航空那样进入破产保护，继续经营，因为它们的财务情况是不同的。投资银行要连夜筹集相当于其数万亿美元负债的大部分金额。回想一下，这些隔夜协议规定，如果银行第二天不能还款，其抵押品将用来抵债。假设这类借款是一天3 000亿美元，投资银行的资本和资产不够时，投资银行不能像美国联合航空一样通过破产保护维持生存。为什么呢？因为相比等待破产法庭来分配财产份额，银行的短期债务人有更好的选择：他们可以拿走抵押品以了结债务。但是银行第二天早上无法继续营业，因为其仍然缺乏资金。没有人愚蠢到借钱给银行维持运营。

---

① 美国联合航空常播放《蓝色狂想曲》，已成其标识之一。——编者注

这就告诉了我们，为什么新的金融系统如此依赖于短期借贷，当人们发现很多资产被过高评级且是垃圾资产的事实后，金融系统就处于全面崩溃的边缘。抵押支持证券的信用级别可能被定得很高，但它们中的大部分由高违约率的次级债券担保。当这些证券被发现其价值比此前认为的要低很多的时候，投资银行就破产了。

在金融危机爆发之前，经济学家们认为大型证券的购买者会保护自己。他们认为这些购买者会面临西德尼·温伯格年轻时在美国尼亚加拉瀑布购买纪念品时提出的问题。西德尼·温伯格把一块小石头放在办公室，他买的时候一小袋售价50美分，出售者声称只有他一个人知道怎么从尼亚加拉瀑布下面挑到钻石。[37]但是如果他想卖给我在瀑布下面捡到的钻石，我应该买吗？依靠别人的信任行骗的一个重要方面是避开这类尴尬的问题。新经济中有这样一个神话：复杂的抵押支持证券设计得如此合适，以至于风险已经不存在了。评级机构的高评级为这个神话提供了庇护。当神话没有被揭穿时，依靠别人的信任来行骗就与之前一样有利可图。

总结

正如实践证明的那样，只要绝大部分购买债券的公众愿意完全相信神话，欺骗均衡就会存在，投资银行就有动力去创造变质的牛油果，并从信用评级机构那里获得高评级来加以掩饰。不幸的是，这就是现实。

2008年，时任纽约总检察长安德鲁·库默（Andrew Cuomo）调查了评级机构,强制其实施"42个月协议",并公布尽职调查报告和住宅抵押支持证券评级标准。为了打击旨在给出好评级的"评级交易",协议还规定无论评级被采用与否,申请评级的机构都要付费。[38] 2010年,《多德—弗兰克法案》进一步改变了现状,其增加了信用评级机构关于错误评级的责任。[39]"库默协议"现在已经过期,而信用评级问题是否会随着住宅抵押支持证券市场的复苏而重现,目前仍不清楚。然而,证券发行者为评级付费而导致的利益冲突仍然存在。

本书第二部分将回到金融市场依靠信任的欺骗行为上。我们将介绍同样扭曲的美国金融史上的两个例子,还将介绍公司的金融"抢劫"概念,即它如何为了利益而生,以及进一步地探讨相当不起眼的"抢劫"利润机会为何会给金融系统带来巨大风险。

附录:信用违约掉期插曲

如果去马戏团,你和孩子们可能会发现,最好的魔术表演都不在大帐篷里,而在旁边的小帐篷里。现在让我们去信用违约掉期产品的"帐篷"看看。

在我们之前描述的"大帐篷"里,银行已发现它们有能力创造抵押贷款,并在评级机构的帮助下,把抵押贷款点石成金。它们通过设计相当复杂的资产组合使得评级机构"无法"注意到实情,从而给出高评级。如果衍生资产的全部价值远远高于银行为了创造抵押贷款组合而放出去的贷款,钱就滚滚而来了。

新型衍生合约——信用违约掉期的出现极大地推动了这种魔法的

发明。这种衍生品可以被设计成任何能够固定支付的资产，比如国债或者任何抵押支持资产。在违约的情况下，持有信用违约掉期的人收到资产的账面价值，然后将资产让与信用违约掉期合约的出售者（也就是他用了"掉期"）。信用违约掉期是一种保险。就像发生火灾（类似支付违约）的情况下，你得到了相当于房屋价值的赔付，房屋里其他东西的损失则由保险公司赔付。

有人也许会认为出售信用违约掉期是一项风险极高的业务，保险人不得不接受可能几乎一文不值的资产。你可能会认为很少有人愿意冒这样的风险。但是在2008年金融危机之前，人们乐意这样做，甚至为了很低的回报。在那些非理性时期，他们认为违约的可能性如此之低，甚至会无本万利。

AIG（美国国际集团）是全球知名的保险公司。[40] 其位于伦敦的金融产品公司出售信用违约掉期就是这样一个例子。在21世纪初，该子公司的负责人约瑟夫·卡萨诺（Joseph Cassano）发现他可以在销售信用违约掉期保险合同的同时，创立一个非常小的风险组合来支撑该合同。他借助计量经济模型发现，对于顶级评级（所谓的超高级）分级的抵押支持证券，即使在如整个战后最糟糕的经济衰退期，其造成重大损失的概率也不超过0.15%。[41] AIG的审计师赞同卡萨诺的这个发现及结论，卡萨诺认为AIG可以安全出售信用违约掉期，而无须担任何风险。[42] 这意味着出售这样的掉期获利就像白捡钱一样。所以，他积极出售，哪怕只有0.12%的溢价。[43] 直到2007年，AIG在账面上有5 330亿美元的信用违约掉期负债。[44]

无论卡萨诺是否真的相信所谓无本万利，真正的愚者（卡萨诺在

2002~2007年年薪超过3 800万美元[45]）是AIG总部，AIG不愿杀掉这只下金蛋的鹅。此外，即便卡萨诺拒不赔偿的做法是正确的，这些负债还是有可能搞垮AIG。因为这些合同有一些附属细则，尤其是给高盛的合同。[46]附属细则限定了当信用违约掉期的价值低于给定值时，AIG需要提供抵押品以证明其有能力承担掉期的义务。只要运气好，这些附属细则不值得担心：未被稀释过的信用违约掉期的价值以及AIG的AAA评级足以保证财务安全了。AIG总部对利润前景很乐观，然而甚至连其首席风险官都不清楚附属细则。[47]但是后来在2008年9月雷曼兄弟倒闭后的金融动荡中，AIG不能提供所需的抵押品来提升信誉。由于清楚如果AIG申请破产，关于如何解决这些信用违约掉期的问题在法律上仍是一片空白，所以财政部和美联储相继介入。[48]它们为AIG注入了1 820亿美元。值得注意的是，由于2 050亿美元被收回，所以纳税人在此项交易中是赢利的。[49]这只是一出侥幸落得美好结局的悲剧：从21世纪的大萧条起，必要的干预是拯救世界至关重要的一项举措。

信用违约掉期在金融危机中有很大的影响。AIG的控股公司很大，仍占有57万亿美元的整个市场规模的约1%的份额。[50]这些大量潜在的负债导致公众对金融危机中的市场丧失信心。毕竟，即使是完美对冲，例如1万亿美元的违约事件，反过来还欠1万亿美元，对欠款的银行而言，这1万亿美元仍然是让人头痛的事情。即使它全额支付，其可能仍然需要申请破产法律程序挽回欠款。[51]

信用违约掉期除了带来这种"交易对手风险"外，还有其他作用。如果你持有抵押贷款支持证券，并用信用违约掉期来支持它，以

AIG为例，只要其本身有偿付能力，你就可以将极有可能是垃圾的证券变成完全安全的证券。AIG和其他公司以低价的条款为这些抵押贷款支持证券的购买者和发行者增强信心。捆着合适的安全绳从桥上跳下是安全的，卡萨诺和其他很多人所提供的却是成本极低的安全绳，但跳者甚众。

PHISHING FOR PHOOLS

第二部分

形形色色的欺骗

The Economics of Manipulation and Deception

第二部分共有9章，每章都描述了特定情境下的欺骗行为。大家可能会认为这部分是探索"钓愚"的微观经济学。这些章节描述了欺骗行为对其他大多数现代发达国家相对富足的人们的生活的不利影响。在这些章节中，大家将会看到欺骗行为总体上可能对我们的福利造成不利影响。这种不利影响的规模与宏观经济中储蓄不足和金融危机的破坏力相当。

但累计的破坏力影响仅仅是这部分的一个开始。因为我们（乔治和罗伯特）在过去的5年中一直在写作本书，我们一直在研究"钓愚"的相关资料。我们在一开始就对欺骗有微妙的见解。我们认为自己在写作中已经形成了一种对欺骗行为的第六感，就像狗对气味以及大象对声音的那种敏感。我们对人类的思考增强了我们的第六感，我们思考什么让大众如此容易受骗。读者在这部分会先看到关于广告和营销的特征描述，我们将讨论广告商和营销人员怎样通过操纵大众的心理活动来让大众接受他们的产品。

第三章　广告商知晓如何放大大众的弱点。如果说常见的、最纯粹形式的欺骗，那一定是在广告和营销中。大众将会看到，人们倾向于用置身故事情境的方式去思考，这种思维原则使人们更容易被操控。如果你把别人讲述的故事，以自己的风格而不是讲述者的风格去转述，你就被他欺骗了。这种转述自然成了广告和营销的主要技巧。这一章还将探索现代科学统计方法在广告和营销中的应用，列出了欺骗均衡的另一个例子。这样的技巧被证明是有用的，所以它们才会出现在广告和营销中。你的搜索栏弹出的广告似乎很懂你的心思，这并不是巧合。

第四章　汽车、房地产和信用卡中的欺骗。这一章介绍欺骗行为的三种场景，这些场景都是能看到欺骗者不同技巧的绝好场景。其中两个场景与消费者在生活中的最大消费（即房子和汽车）有关，因此它们非常重要。第三个场景与信用卡有关，它以相当高的代价提供了较小的便利。

第五章　政治欺骗。民主政治的理论与自由竞争市场理论相似。这并不是巧合。在民主国家，政客们在争夺你的选票，这就像自由市场里的卖方争夺消费者手里的美元一样。你们将看到这种欺骗行为是如何破坏民主的。

第六章　食品欺诈、制药与舌尖上的欺骗。食品行业通过让人们去吃他们销售的东西来赚钱，制药行业通过让人们服用他们生产的药品来赚钱。在这类业务中幸存下来的公司有很多手段。对欺骗行为的一种反制就是监管。本章将讨论在 20 世纪初，消费者运动最初怎样实现了对食品和药品的监管。本章也将描述欺骗者如今怎样规避监管，因为它们已经掌握了利用信任来欺骗监管者而非公众的方法。

第七章 创新：好的、坏的和丑的。经济学家现在普遍认为经济增长主要是技术变革和创新的结果。他们在这方面的看法基本没错。但是与大多数经济学家的看法相反，新的想法和技术创新并不总是带来进步，相反，其中一些创新给了欺骗者灵感。

第八章 烟草和酒精。前言以莫拉和她的赌瘾开始。赌博和毒品，尤其是烟草和酒精的滥用，是人类健康的巨大威胁。很多人已经意识到了其危害。

第九章 为利润而破产和**第十章 米尔肯的骗局：以垃圾债为饵**。我们将重新审视金融市场。大家将看到，自美国20世纪80年代末储蓄和贷款危机以来，看似与标准的财务会计报表数据相差甚微的数字（信息欺骗的一种形式）是如何演变成惊天骇浪的。

第十一章 反制欺骗的英雄。在第二部分的末尾，我们转而讨论一个可能会让读者感到厌烦的问题：为什么现代经济生活是合理而不出错的？如果有这么多潜在的欺骗，为什么自由市场均衡状态仍有价值呢？我们的答案是，许多经济学推论的前提和我们的一些理论假设一直是不准确的。我们的欺骗理论认为，人人都是以自我为中心的机会主义者，这并不准确。那些发现欺骗行为的理想主义者会发起社会运动，并与之抗争。

PHISHING
FOR
PHOOLS

第三章

广告商知晓如何放大大众的弱点

The
Economics of Manipulation
and Deception

现在，我们来谈谈广告。很多律师都会为自己的客户辩解，即使客户有罪；广告商们会促进客户公司的销售，即使某种销售会削减消费者的福利。所以说，广告其实是利用大众信任来欺骗的狩猎场。

本章将从广告的历史中采集样本数据，找出利用信任来欺骗的两个方面。其一，广告商以及营销人员能挖掘出人性的某个弱点，使得大众在心理上容易被欺骗。其二，我们将看到，随着广告商在20世纪制定了评估广告效果的科学统计方法，利用人性的弱点进行欺骗的系统性方法出现了。这意味着，即使广告商没有深入研究大众的反应，它们仍然可以放大大众容易被欺骗的弱点。正如托马斯·爱迪生测试了1 600多种材料来做灯泡的灯丝[1]，广告商系统地采用试错法来研究是什么原因促使我们想买它们所推销的商品。

大众的叙事性思维方式以及广告的作用

人们很自然地以叙事性思维进行思考。我们大部分的思想遵循类似的谈话模式。[2]在一场谈话中，第一个人先说话，然后其他人自然会对我们或者其他人可能做出的反应发表看法。交流自然地展开，话题到最后可能已偏离最初的轨道。人们的想法可能在交流中发生改变，人们不仅获得了新的信息，改变了看法，而且用新的方式理解信息。[3] 更重要的是，人们思维的演变意味着由此产生的观点和决定可能与原来的大相径庭。

人类思维以叙事方式或者类似叙事的方式活动，因此思维会自然地、不可避免地发生变化，这给了广告可乘之机。回到我们对思维和对话的类比，大部分广告可以被看作植入了人们叙事性思维的故事。[4] 这些思维移植的目的是让人们购买广告所推销的产品。

前文的歌曲"橱窗里的小狗多少钱"就佐证了这种情况。当歌手［真实身份是帕蒂·佩奇（Patti Page）］走近宠物店时，橱窗里的小狗吸引了她的目光。接下来她听到了熟悉的歌词，她决定买下那只小狗送给男朋友，然后前往加利福尼亚。[5] 就像故事一样，人们的思维容易发散，而其他人，比如把小狗摆放在橱窗里的宠物店老板，就会有意介入人们的精神生活。这就是广告商和营销人员更普遍的做法。当他们干预了人们的思维时，他们的需求得到满足，而大众的需求并没有被满足，大众已经被欺骗了。

在后文中，我们将继续回来讲故事。如果说讲故事是我们的思维模式，又或者说这只是对我们思维方式的一个比喻，那就很容易理解为什么其他人能按他们的目的来影响别人的思维活动。大家将看到讲故事确实能在竞选和游说活动中、在制药厂销售药品时，以及在销售烟草和抵制烟草中发挥作用，也在垃圾债的销售中起到作用。但正如每个人所了解的那样，人们互相讲述的故事远比这些例子更丰富。这是人性的本质。毕竟，正如《傲慢与偏见》(Pride and Prejudice) 里所讲，"人生在世，要不是让人家开开玩笑，回头来又取笑取笑别人，那还有什么意思？"[6]

像讲故事一样做广告

我们对广告经验的分析将从 20 世纪三位伟大的广告大师的人生经历入手。[7]透过他们的经历，大家会看到广告的发展就是叙事方式的发展。但大家也将看到广告的另一个方面：利用现代统计方法对故事进行加工，从头至尾就像在医学实验和经济学中充分利用数据一样"科学"。

阿尔伯特·拉斯克（Albert Lasker）。拉斯克的父亲莫里斯是 19 世纪的德国犹太移民，曾是流动摊贩，后来进入销售领域，通过百货店、面粉厂和房地产发了大财。[8]阿尔伯特生于 1880 年 5 月 1 日。高中时，他通过努力成为得克萨斯州加尔维斯顿市当地报社的一名记者。拉斯克的自传《美国遗产》（*American Heritage*）讲述了他年纪轻轻如何为报社争取到独家报道。[9]世纪之交的美国社会主义带头人尤金·德布斯（Eugene Debs）曾来到加尔维斯顿出席当地消防员兄弟会的年度会议。他打算回应对其不诚实的指责，这将是全国性新闻。拉斯克告诉我们他是如何假冒西联汇款职员，进入德布斯的住所的。只是他送的电报是一张纸条："我不是送信的。我是一个年轻的报社记者。既然你肯定会把首家采访的机会给某个人，为什么不把这个机会给我呢？它将开启我的职业生涯。"德布斯同意了。这也许是一个很好的故事，但拉斯克的自传里说的并非事实。《加尔维斯顿时代》（*Galveston Times*）中提到他和德布斯不过是短暂而普通的相遇——这一说法得到拉斯克认可。[10]拉斯克后来之所以那么说，大概是因为他是广告商，广告商喜欢宏大的故事。

有人可能会认为，无论是想象还是真实情况，这种机智和进取心都会让拉斯克成为优秀的广告大师。但他险些无法高中毕业。幸运的是，拉斯克的父亲知道如何培养这样的男孩。他利用自己在芝加哥的关系，在阿尔伯特18岁时将其送到芝加哥的罗德·汤姆斯广告公司。[11]

拉斯克早期的宣传活动向我们展现了处于发展初期的广告业。威尔逊鼓膜公司曾一度陷入了困境。只要看一下它的广告，就会明白其中的原因。广告一侧是一张耳朵（以及插入耳朵的设备）的图片。[12]广告宣传语是"使用威尔逊公认的耳鼓膜将缓解失聪和耳鸣"，接下来用很浅的字印着："全新科技发明，与其他仪器的构造完全不同"。拉斯克大胆地改写了广告："能治好失聪。路易斯维尔人发明了能立刻让人恢复听力的简单且小巧的仪器——佩戴完美、舒适且不显眼。190页的免费手册向您介绍全部内容。"下面跟着类似新闻的文字（拉斯克以前是记者）："由于路易斯维尔人的发明，任何失聪的人没必要再携带喇叭、管子或者其他任何老式仪器，因为任何人现在都可以借助放入耳朵里的简单发明清楚地听到声音，并且仪器也不显眼。荣誉属于路易斯维尔的乔治·威尔逊，他原本失聪，但他现在和其他人一样听得清清楚楚。"该广告除了改进后的宣传语和文字，还画了一幅一个人拿着杯子堵上耳朵的画，配图文字是："你所见过的失聪的人。"[13]逐渐衰败的威尔逊鼓膜公司复兴了。拉斯克的职业生涯开启了。他把新闻故事里使用的方式复制过来，以新的方式做广告。他通过展现人们应该对产品感兴趣的理由，来消除人们对广告的本能质疑。这被称为理性广告。这种广告听上去可能是好的：告诉了人们能从产品中获益的理由。但这种广告不可能成功诱惑真正聪明的人，而是专门引诱人们心中的不切实际的欲望。威尔逊鼓膜公司的例子非常好地体现了这个道理。1913年，《美国医学协会期刊》(*Journal of the American Medical Association*)声称，"作为一种治疗失聪的仪器，(一对威尔逊耳鼓)不值5美分"。[14]

克劳德·霍普金斯（Claude Hopkins）。三位广告"伟人"中的第二位。克劳德·霍普金斯将广告的应用范围极大地延伸到现代营销。他父亲是一家报社的编辑，在1876年克劳德10岁时去世。[15] 克劳德努力完成了学业，并在比塞尔地毯清洁公司找了一份图书管理员的工作。当时费城著名的撰稿人所写的广告语无非是"如果你选对了地毯清洁机，你就会无与伦比"[16]，而霍普金斯写的备选广告语被采用了。他接着说服他的老板梅尔维尔·比塞尔（Melville Bissell），把地毯清洁机作为圣诞礼物促销，为经销商们免费提供写有"圣诞礼物女王"的展板。霍普金斯还寄出5 000封信，推销地毯清洁机，之后他收到了1 000份订单。然后，他说服比塞尔用12种不同的名贵木材，包括浅色枫木和深色胡桃木，生产地毯清洁机。这款地毯清洁机在3个星期内就卖出了25万台。[17]

对比塞尔和密歇根州大急流城这样的小地方来说，这样的才华有些大材小用了。不久，霍普金斯前往芝加哥，为肉类加工公司斯威夫特工作。虽然路易斯·斯威夫特不愿意在广告上花钱，但霍普金斯在此方面取得了显著的成功。斯威夫特公司的人工合成猪油品牌康托苏特和其竞争对手的品牌康托林恩相比,既算不上更好,也算不上更差。然而,霍普金斯使其公司的品牌变得与众不同。他在罗斯柴尔德百货大楼[18]里用康托苏特做成了世界上最大的蛋糕。[19]购买康托苏特的人可参与抽奖,并且一尝大蛋糕。超过10.5万人挤在4层楼梯上参观康托苏特大蛋糕。这次促销活动风靡全美,康托苏特的销量由此猛增。

霍普金斯在一份又一份工作中都取得了很大的成功。1907年,他被拉斯克发掘并雇用,在短短几年内就成为罗德·汤姆斯公司的新星。拉斯克在一辆火车上偶然坐在《家庭妇女期刊》和《星期六晚报》(*The Saturday Evening*)的出版商塞勒斯·柯蒂斯(Cyrus Curtis)的对面。柯蒂斯一贯很少饮酒,但拉斯克注意到他这次起身去餐车上拿了啤酒。柯蒂斯解释说,他已经被霍普金斯给施乐兹啤酒写的广告语所吸引。[20]

这则广告沿用了拉斯克那种讲故事的理性广告风格,但采用了新的花样。广告宣传的是公认的优点。不过,施乐兹啤酒的主要竞争对手的做法也一样,比如突出酿酒的时间、无菌生产条件以及精挑细选原材料。霍普金斯和施乐兹啤酒则是另辟蹊径地大胆吹嘘其他酿酒师都会做的事。[21](顺带说一句,我们注意到所有广告中最令人厌烦的是安乃近的广告,它也采用了相似的欺骗手法。安乃近的广告包含"医生最推荐的止痛药"字样。稍差一点的品牌X也出现在了广告中,品牌X是单纯的阿司匹林。)[22]

看了施乐兹啤酒的广告,以及经过进一步的调查,拉斯克决定聘请霍普金斯。尽管霍普金斯已经步入小康,但拉斯克给出的条件还是让他动心了。霍普金斯的妻子想要一辆汽车，但他认为这过于奢侈。如果霍普金斯同意为拉斯克工作，拉斯克承诺会送给他这款汽车。或许汽车对霍普金斯来说太有吸引力了，此后不久，他全身心投入了拉斯克的公司。[23]

拉斯克和霍普金斯合作了几个广告，包括施乐兹啤酒的后续宣传。后来，约翰逊肥皂公司来到罗德·汤姆斯公司求助。该公司一种用棕榈油和橄榄油制成的棕榄皂销量不佳。拉斯克和霍普金斯推出"美容香皂"的概念，但仅仅使用这种香皂就会使女性更加美丽的宣传并不能服众。

他们先在小范围内小规模尝试。他们在密歇根州的本顿港分发可以免费兑换棕榄皂的兑换券，并提前知会该地区的零售商。这意味着，拿到兑换券的消费者很快就会来兑换棕榄皂。同时他们还给零售商每块棕榄皂10美分的补贴，这一补贴比棕榄皂的成本都多。几乎在一夜之间，这些地区几乎每家商店都陈列着棕榄皂。[24]

棕榄皂的兑换券活动还有另一个微妙的好处。通过在广告中附加兑换券，拉斯克和霍普金斯可以判断哪些广告起了作用，哪些广告没有，只要统计收回的兑换券就行。从表面上看，这个小测试可能是棕榄皂在本顿港推出的广告，但对于整个广告领域来说，霍普金斯和拉斯克使用的这种方法远远超过了其结果本身的意义。它示范了如何开展关于广告有效性的小规模试验，这些试验的结果可以推广到全美。[25]

接下来，大家再看一下拉斯克在霍普金斯影响下做的橙子广告，这进一步涉及品牌和营销方面的创新。罗德·汤姆斯公司发明了新奇士橙，商标是"太阳吻过的"（Sun Kissed）英文字母的缩写（Sunkist）。这个品牌名只是市场营销活动的开始，宣传活动包括在火车车厢上拉横条幅、在艾奥瓦州举办橙子周（加利福尼亚州都没有橙子周）、开展宣传橙子对身体健康的好处的讲座等。在20世纪初之前，橙汁是很罕见的，橙子通常被切成两半后用水果勺挖着吃。然而，当罗德·汤姆斯公司和加利福尼亚果农交易所研发并发放了电动和手动玻璃榨汁机后，橙汁成了美国人饮食中的重要组成部分。人们只要付16美分邮资，就能直接从新奇士公司得到玻璃榨汁机。[26] 在另一项营销活动中，12个新奇士橙包装纸和12美分的邮费就能兑换一个水果勺。这些活动非常受欢迎，以至于活动规模不断扩大，后来，这些包装纸可以兑换罗杰斯镀银餐具14件套装中的任何一个。

我们专门选择新奇士橙的例子，是因为其营销成果表明，即使是购买量不大的橙子，消费者也会被橙子是"太阳吻过的"这一故事所影响。因为他们也通过营销活动（收集包装纸，可得到水果勺；支付邮资，可获得榨汁机）参与故事。

经济学家通常把课本里描述的如何购买橙子与苹果作为所有经济决策的范式（如第一章所述），但是这样的描述完全没有考虑到购买一个廉价的橙子的行为是如何受叙事性思维影响的。这些叙事性思维甚至会影响人们的大部分重要决定：和谁结婚、在哪里上学、是否支持国务卿，甚至选择战争还是和平。

大卫·奥格威（David Ogilvy）。让我们在进一步探索总结或者进入现代之前再了解一个广告人。一些传记将拉斯克、霍普金斯和大卫·奥格威相提并论。奥格威曾就读于严格的苏格兰预科学校——费茨公学，但他在大学时荒废学业，大一时就被牛津大学劝退。[27] 1931年，他成为巴黎一家酒店的糕点师，一年以后他回到英国销售高档AGA炉具。他记录自己销售技巧的小册子现在仍被视为市场营销的经典，他的努力让他在伦敦的美瑟—克劳瑟广告公司谋得一个职位。[28] 几年后他去了美国，加入盖洛普民意调查公司。战争结束后的1948年，他以极少的本钱创立了自己的广告公司——奥美。[29] 在当时，他希望签下5个客户：通用食品、百时美施贵宝、金宝汤、利华兄弟和壳牌公司。后来，他将它们都拿下了。[30]

他的两个广告展现了他强调气氛和建议的广告风格。在他的劳斯莱斯广告中，一个年轻优雅的母亲坐在银云车的驾驶员座椅上，缓缓地转向两个正走向银云车的同样优雅的孩子，车外是一栋时尚的百货大楼。广告配以醒目的文字："在60英里①的时速下，新款劳斯莱斯最大的噪声来自电子钟。"[31]

奥格威最有名的广告是20世纪50~70年代"穿哈撒韦衬衫的男人"。一幅大型的彩色图片展现了一个温文尔雅的男人在不同的情况下总是戴着眼罩。[32] 多年来，《纽约客》杂志每个星期会拍摄不同着装、戴着眼罩的男人，他们或指挥交响乐团，或绘画，或演奏双簧管等，读者养成了翻阅哈撒韦广告的习惯，他们被戴眼罩的男人吸引，都想知道他这星期又有什么造型。[33]

我们有必要注意到奥格威自己对该广告的评论。他之前也不知道

---

① 1英里≈1.609千米。——编者注

这个广告是否有效。[34]但是在他尝试后，哈撒韦衬衫的销量猛增。他和霍普金斯一样按经验行事：先尝试一下，看看广告是否起作用。

欺骗傻瓜

从广告史上的三位广告大师身上，我们能看到广告界如何在自由市场中更自如地进行营销。人们对广告的反应也体现了购买者的动机和疑虑。消费者自然对广告商抱有怀疑，因为他们知道广告商只是为了自己的利益吸引消费者。消除这种质疑就是理性广告的基础。但这并不意味着没有欺骗。拉斯克和霍普金斯宣传橙子是"太阳亲吻过的"；施乐兹啤酒被吹嘘成"付出了双倍必要的成本"；奥格威时代的广告商通过营造一定的氛围标榜消费者身份，比如通过劳斯莱斯汽车里的年轻母亲、抽万宝路香烟的男人或者大众甲壳虫汽车的宣传语"想想还是小的好"。在大多数情况下，每个案例中的广告都是成功的，因为它促使消费者将自我代入广告情节中。

霍普金斯的自传表达了一个常理："我认为商业就是游戏，我把商业当游戏来玩。这就是为什么我在过去和现在都如此热爱它。"[35]但如果商业是一个游戏，它的规则是什么？广告商的目标是什么？关于首要目标，大卫·奥格威一语道破："如果不是为了销售，广告什么都不是。"[36]自由市场的竞争非常激烈。在广告大师的传记和自传中，广告商们无时不有的对失去客户的恐惧表明了这一点。广告商的作用就是满足这些客户的愿望，即利用影响顾客心理活动的技巧促进销售。

但是我们也看到了有些广告可能涉及欺骗行为。《隐藏的说客》(*Hidden Persuaders*)一书指出，在20世纪60年代，人们对广告商能无声无息地侵入人心的方式感到恐慌，但这种恐慌其实过于杞人忧天。尽管没那么吓人，但是广告商有更直接的实现目的的方式，即试错法。在奥格威的《一个广告人的自白》①(*Confessions of an Advertising Man*)里，他说他自己发现很难预测什么广告会起作用，什么不起作用。例如，奥格威确信那个眼罩广告能促进衬衫销售吗？他也不清楚。而且即使非常有技巧的广告也不能预测什么能让消费者做出购买决定；作为消费者，大家也不太了解什么会促使自己购买。奥格威自己对从盖洛普漂亮的广告文案上学到了统计检验的知识感到非常自豪。[37]

以现实中的钓鱼打个比方。选个位置，放下鱼钩，看看鱼儿是否会上钩。如果钓不到鱼，试试去上游或划向湖的另一边。像钓鱼者一样，广告商也只是有种预感——鱼今天可能在哪里。试错法能说明什么会奏效。在自由市场中，人们不需要靠近鱼群，通过试错，鱼儿会自动找过来。戴眼罩的男人的例子再次说明了这个道理。就像奥格威后来写的那样，他刚开始尝试这个广告的时候只是一时兴起。哈撒韦衬衫的销量直线上升后，他就接着做了下去。当然，这也反映了欺骗均衡潜在的秘密：如果存在能从低级趣味上赚到钱的方法，"钓鱼者"就会一直尝试，直到找到这种方法。

---

① 《一个广告人的自白》一书中文版已由中信出版社于2010年7月出版。——编者注

市场营销的演变：过去及现在的总统竞选

拉斯克、霍普金斯和奥格威的例子再现了当时广告和营销的情况。自那时起，广告商已经学会了更加精确地瞄准销售对象。事实上，当你浏览网页时，你有时可能会认为广告商能通过搜索栏知道你的喜好，它们的确能借助大数据做到这个地步。这种技巧的最佳应用体现在总统竞选活动中。相对于商业营销来说，大数据能更深入地揭示问题，它们包含的内容和信息更广泛。对比1920年哈定的竞选宣传和2012年奥巴马的竞选宣传，可以清晰地发现市场营销和广告变得更加普遍，这也体现了其发展趋势——从拉斯克、霍普金斯和奥格威时代一脉相承的欺骗变得更有说服力、更强大。我们将看到现代统计技术能从政治和私人生活方面告诉营销人员和广告商，从何入手以及如何进行欺骗，就像现代地质技术能告知石油和天然气公司，哪里有石油以及如何开采石油一样。[38]

我们先看哈定1920年的竞选攻势。我们将看到拉斯克和霍普金斯风格式的营销在竞选中的运用，特别是因为拉斯克本人是哈定竞选活动的策划者。人们都知道哈定在巡回演讲方面实力超群。因此，拉斯克为其制定了另一种策略：让他待在俄亥俄州的小镇马里昂，确切地讲，是待在有宽阔阳台的房间里。[39]这个阳台将成为专门满足共和党竞选目标的舞台，他们利用了公众对伍德罗·威尔逊的外交丑闻的厌烦情绪。他们试图让选民相信，选择哈定就是选择从"一战"后的1920~1921年的大萧条中"回到正常生活"。没有什么比一个高大而友好的人待在家里舒适的阳台上更让人感觉正常的了，至少在1920年，美国公众就是这样期盼的。那么，如何发挥阳台的作用呢？哈定在这个阳台上细致地阐述了反对民主党和支持共和党的理由，并发表了演讲。演讲中的一句"让我们结束动荡"后来成为竞选的口号，贴满全美各地。[40]

拉斯克当时通过媒体传播消息。新闻媒体进驻马里昂小镇，希望得到从这个阳台上不时透露的信息。竞选团队直接向媒体提供了数千张图画和照片。那时也引入了新媒体，拉斯克把竞选片送到了电影院，并采用技术手段，在电影放映之后调查电影观众的投票倾向。当民众对哈定打高尔夫球的电影反馈消极时，拉斯克迅速做出了回应。他邀请芝加哥小熊队到马里昂进行了一场表演赛，哈定在比赛中投进前三个球。看来，他实际上是个棒球迷。此后，关于高尔夫球的事，他们就避而不谈了。[41]

我们来看近来的广告发生了什么改变。奥巴马2012年的竞选说明了广告（"推销总统"）的春天已经到来。统计测试可能在本顿港发放橄榄皂兑换券时就已开始，在1920年的电影调查中以原始的方式得到运用，但到了2012年，奥巴马竞选活动赋予了其新的形式。竞选宣传活动的目标是登记支持者，把摇摆不定的选民拉到支持自己的阵营中，并呼吁支持者投票。传统的竞选宣传活动有附带损失问题，即把支持自己的选民登记为支持对手的选民。由于存在选民识别错误的可能，发送竞选信息不但可能会把摇摆不定的对方支持者拉到我方，也有可能会把摇摆不定的我方支持者推到对方那里。也就是说，竞选消息会被发送给错误的选民，这可能反而会为竞争对手而不是自己拉到选票。以往的解决方案并不完美：选择"支持我们"的选民占权重较大的选区。但即使在那些选区，附带损失问题也不会消失。

但是现代的竞选活动已经找到了通过瞄准选民个体来尽量减少附带损失的方法。凭借完美地瞄准目标选民，例如，在60/40选区中，只有60%的民主党人成为竞选活动目标，不包括40%的共和党人。运用现代统计技术、海量数据以及大量民意调查，奥巴马的竞选团队在2012年差不多做到了针对个人的精准营销。这项工作首先给超过100万潜在选民每人一个独特的身份编号。[42]个人信息被附在选民的文件里。这些信息的来源非常丰富，既可以从选民登记系统里公开获得（某些州选民按政党登记），也能从选举投票记录里得到。有用的是，这类信息也包括姓名、地址和投票选区。从商业途径还能得到其他1 000多条不同的项目，比如通过信用卡、杂志订阅和俱乐部会员信息等。该方法的第二步是要调查中型样本，测算被登记的可能性、支持奥巴马的可能性以及在选举中投票的可能性。[43]奥巴马在2012年的60/40选区里不用再"敲遍每一扇门"。现在只要敲那些可能是奥巴马支持者的门。这不仅节省了向不太可能支持奥巴马的选民宣传的费用，也避免了刺激支持罗姆尼而不是奥巴马的选民的附带损失。[44]

除了在最受支持的选区瞄准最有利的选民外，这种竞选活动还有其他好处。在以前，竞选活动绕开了那些不具有明显大多数优势的地方和地点。例如，在伊利诺伊州，民主党避开整个南部；在纽约，他们则放弃北部。但是现在可以接触到这些地方的少数选民，因为他们每个人都被准确地定位了。对于奥巴马2012年的竞选，这些民主党少数地区的选民不再被忽略。

广告和营销的世界仍然是得到正确的信息并打造完美的故事，它仍然是穿哈撒韦衬衫的男人以及棕榄皂让你变得美丽的故事。但奥巴马的竞选表明了知道谁是目标对象、何时发布信息以及哪些信息会引起共鸣，这非常重要。后来我们知道，给合适的人讲合适的故事非常重要，男生和女生都知道，如果搞错对象，麻烦就大了。像竞选人一样，广告商深谙此道，并将其在现代营销中发扬光大。

附录：马航MH370

新闻和广告之间有奇怪的相似性。它们都在讲故事。广告商希望你把自己的故事代入他们的故事中，所以你就会买他们想卖的东西；电视新闻想吸引你关注它们的故事，所以你将接受插播广告，新闻节目也就能存活了。如果你看电视广告，但是你认为这是在浪费时间，那么你就被欺骗了。有一个例子可以说明这个问题。

你肯定记得在2013年春，马来西亚航空公司的MH370飞机从吉隆坡飞往北京，但它并未抵达目的地。（这是马来西亚航空公司三架失事飞机中的第一架。）马航MH370消失了。之后电视新闻持续几个月每天报道这个故事。我们（乔治和罗伯特）都很好奇为什么这个从宏观角度来讲没有造成全球性重大危机的事情会被着重报道。我们有一个理论。罗纳德·托比亚斯（Ronald Tobias）在他的著作《经典情节20种》（Twenty Master Plots: And How to Build Them）中为作家提供了建议，他认为现在所有文化中的所有文学都是在20个基础的、影响深远的故事上演变而来的。马航的故事有第7个主情节：谜语，或者可称为谜。用托比亚斯的话来说,"在主人公的谜底解开之前,读者的挑战是解开谜底,这使得解开谜底成了比赛:如果主人公在你之前解开了谜底,你输了;如果你在主人公之前解开了谜底,那么你赢了"。[45]

奇怪的是,我们(乔治和罗伯特)像很多美国公众一样被吸引了。我们进入了解开谜底的模式。罗伯特甚至提出了自己的假设:飞行员可能分散了注意力,并误读某些仪器的信息,关掉了通信设备,从而导致事故。正如28年前,切尔诺贝利核电站的管理员关掉了应急堆芯冷却系统,然后反应堆爆炸了。

尽管我们对此事有兴趣,我们仍然感到被马航MH370的故事所欺骗。在我们(乔治和罗伯特)试图解开这个谜的过程中,我们有点像"老虎机前的莫拉"。理智告诉我们这是在浪费时间,但我们仍然参与其中。然而,不像生活陷入混乱的莫拉,我们轻微上瘾的直接成本可以忽略不计。但这并不意味着我们所有人对坏消息的沉迷没有付出高昂的代价:因为数百万计的其他本来可以被报道的故事,或者其他覆盖面更广的故事,很可能对公众的观点有相当大的有益影响。

马航的故事让我们进一步吸取教训。当我们听到一个新闻节目(或者阅读报纸等),我们往往想当然地认为我们听到(读到)的是"新闻",而不管它是什么。我们认为编辑们已经从他们的利益角度出发,挑选了最能代表新闻的故事,他们充当我们的"新闻受托人"。在许多方面,美国的新闻人的确是这样做的,他们有强烈的道德标准,以"这就是事实,夫人"为本。但在欺骗均衡中,只要提供新闻时的市场收益高于其成本，那些最具有竞争力的新闻媒体只会提供大众最想听的故事。

马航事故的处理进展只是牵动了人们的心弦。但另一种消息，比如散布仇恨的新闻，其后果更加严重。关注仇恨消息的人可能实际上并不是真的喜欢它，相反，他们收听这类新闻只是受自己人性中的弱点所驱使。但无论他们自己真正想要的是什么，这些弱点的存在使得关于仇恨的新闻出现在欺骗均衡中，并且那些以特殊技能散布仇恨新闻的人将从中获利。

PHISHING
FOR
PHOOLS

第四章
汽车、房地产和信用卡中的欺骗

The
Economics of Manipulation
and Deception

正如人类学家知道非洲大裂谷是发掘骨骼化石的好地方，而我们知道哪里利润高，哪里就容易发现欺骗（宰客）行为。[1]本章将讨论在汽车销售、房地产交易以及信用卡使用中存在的欺骗行为。在这些方面，消费者开销很大，但所得却甚少。我们将看到，我们为房子和汽车所支付的金额里包含了大量的欺骗成分，而房子和汽车是我们生活中最大的消费支出。利用信用卡进行的欺骗则使我们在日常生活中花费更多。

汽车展厅里的欺骗

所有人在去汽车展厅买车的时候，都至少有一点紧张。在很久以前的一个夏天，乔治在强生公司的一位继承人手下打暑期工。这位继承人讲述了他父亲的故事：他穿着工装裤去当地的劳斯莱斯4S店，销售员对他爱答不理，于是他在店里买了两辆劳斯莱斯，销售员的态度立即发生了转变。

我们大多数人没有这么多钱以这种方式让销售员对我们刮目相看。相反，当我们打算去买辆新车的时候，我们还是很关心丰田凯美瑞和本田雅阁的价格的。通常情况下，美国人每8年买一辆新车或者每3年买一辆二手车。[2]我们还会和经销商讨价还价，以使花费保持在预算之内。

有一些从难以置信的地方得到的数据很好地展示了欺骗行为给我们带来的损失。早在20世纪90年代，两名律师兼经济学家伊恩·艾瑞斯（Ian Ayres）和彼得·席格曼（Peter Siegelman）试图找出新车的价格是否存在由购车者的种族和性别引起的系统性差异。[3]他们雇来大学毕业生接受测试，受测群体包括黑人、白人、男性、女性。除了种族和性别，接受测试者的其他方面都尽可能相似，例如，年龄都在28~32岁，并且都接受过3~4年的高等教育。他们开着租来的相似的车去4S店，穿着相似的雅皮士风格的衣服，都表示不需要贷款，并提供了相同的家庭住址。此外，这些年轻人都是符合主流审美观的帅哥靓女。测试人员还详细地告诉他们应该如何给出特定车型的初始出价，以及之后怎么讨价还价，并确定最终价格。艾瑞斯和席格曼发现在最后的成交价上，白人女性比白人男性要高出246美元（经过通货膨胀调整后），黑人女性比白人男性要高出773美元，而黑人男性要比白人男性高出2 026美元。[4]相对于这辆车的价格，黑人女性被多收了3.7%，而黑人男性被多收了9%。[5]这是否违反了禁止种族歧视和性别歧视的法律，是身为律师的艾瑞斯和席格曼需要关注的，当然，他们通过实验确实发现了不同种族和性别的人受到的待遇有巨大差异。这是因为，该测试表明黑人男性和黑人女性更有可能以更高的价格成交。他们在超市里支付的是相同价格，但在其他对他们的财富水平影响更大的交易上，他们就没那么幸运了。比如买房时，或者对生活更具有决定性的事情——找工作和维持工作时。

为什么经销商对黑人和女性顾客的要价更高呢？艾瑞斯和席格曼考虑了几种可能性。一种可能性是由于单纯的内心厌恶：种族仇恨或性别偏见。但他们发现黑人销售员和白人销售员对黑人的报价同样高。因此，他们得出结论：由于不同种族和性别的人面对不利的交易条件时反应不同，销售员会利用这一点进行区别对待从而获利。例如，非洲裔美国人也许是"在选购新车的时候有车的可能性比白人更小（因此，前往多个经销商货比三家就可能存在更多的困难）"。[6] 换句话说，成交价格存在差别的原因是，销售员会根据购买者种族和性别的特点来增加他们欺骗获利的机会。

但实际发生的欺骗行为比艾瑞斯和席格曼发现的要多。他们仅仅关注了种族和性别所导致的差异，没有注意到表格中呈现的另一个问题。在剔除由于种族和性别造成的报价差异之后，报价之间仍然存在相当大的差异。这些差异非常重要，因为它们表明了购车者在何种程度上支付了更高或者更低的价格。根据一个相当可能的现实假设[7]，我们估计了购车者所支付的价格与经销商底价的差额。根据估计，差不多1/3的购车者的成交价比底价高了2 000美元（经过通货膨胀调整后）。这就解释了为什么去4S展厅参观的购车者会那么忐忑不安，因为我们中的一部分人将被商家痛宰。一些汽车经销商也证实了这个猜测。他们中有一些人告诉艾瑞斯和席格曼，他们从10%的傻瓜消费者那里赚到的利润相当于其总利润的一半。[8]

我们的研究助理戴安娜·李（Diana Li）进一步研究了这些发现。她研究了汽车销售员用来欺骗客户的"绝招"。她试图就销售中如何"要诈"的问题采访汽车推销员，但汽车推销员显然不会在采访时暴露本行业的黑幕。不过其中一个受访者非常坦率，他解释了销售员的三大招数。

第一点，他指出，大多数客户进入展厅时脑海中都有一个理想的车型。他们已经根据商业广告准备好了买什么：车应该是"四轮驱动、有倒车影像，或者有这样那样的功能"。当消费者发现这种升级版的车要比基本款车型的建议零售价高 10 000 美元，销售员的工作就是诱导客户不要放弃原先的理想配置。"你只需要强调这些东西的好处，至于消费者实际上是否需要，没人在乎。"

第二点，以旧换新。戴安娜的受访者说："在你谈妥价格前，千万不要提及以旧换新。因为如果你提及以旧换新的话，就会造成回收价高的假象，最后你就守不住最初的出价。"

第三点，欺骗技巧透露了另一个赢利的领域：分期付款。销售员再次拿出了魔术师（和扒手）的绝招：转移注意力。例如，如果推销员能够让购买者的注意力集中在每月支付的费用，那么购买者将不会留意合同的长度。而购买者分摊到每个月的额外费用就轻而易举地被经销商赚走了。

戴安娜还问到了艾瑞斯和席格曼所说的"从 10%的客户那里获得 50%的利润"的问题。她询问了一系列问题，以避免像她之前采访销售技巧时那样被拒绝。她以完全无关紧要的问题开始采访，但是她在问题中嵌入了她真实想问的问题。从 10%的客户那里获得 50%的利润的可能性有多大？她的大部分受访者认为这是完全有可能的。但他们在解释这个现象时增加了经销商欺骗行为的另一个维度，而戴安娜在研究销售技巧时忽略了这个维度，那就是售后服务。是售后服务的利润（养护定价远远高于在非 4S 店服务商处的价格），而不是销售汽车的利润，补充解释了为什么利润的 50% 来自销售额的 10%。

戴安娜的这一发现给我们敲响了警钟。我们都有沃尔沃汽车。在购买新车的时候，我们避开了通常的欺骗，我们当时已经知道制造商内部的建议零售价，所以买车时没有花冤枉钱，也没有以旧换新。并且我们都是现金支付的，所以没有分期费用。但因为我们都比较小心谨慎，所以一直委托4S店进行维护，这样就能保证汽车在整个保修期可以得到持续维护。我们曾对经销商尽职尽责地维护我们的旧的沃尔沃汽车而感到骄傲。但我们现在终于意识到，经销商已经通过每5 000英里一次的检查维护服务狠狠地宰了我们。我们一直认为我们的汽车购买得很谨慎，但多亏戴安娜的研究，我们才知道，我们就是那10%的消费者：在这个案例中，我们之所以上钩，恰恰就是因为我们小心谨慎。

房地产交易中的欺骗

我们现在来探讨购房问题，这是大多数人一生中的主要消费，所以很多金钱和情感待价而沽。[9] 与世俗的偏见相反，美国人并不是一直在搬家，而是居有定所。60岁的时候，超过80%的美国人拥有自己的房屋；平均而言，我们将在所拥有的房子里度过很长的时间。[10] 对于目前拥有房子的人，从他们搬进去的当天到将要搬走的那天，平均间隔大约是24年。[11] 这两个数字意味着绝大多数美国人在他们的一生中至少买一次房，但这也意味着，对于大多数人来说，他们不常进行房地产买卖。

但是购房者容易上当受骗不仅仅是因为缺乏经验。通过拍摄夫妻购买房屋的电视节目《购房人》，我们就能看出其中的好戏。在寻找房子时总是涉及人们梦想和现实预算之间的权衡。买房还涉及第二个问题，那就是偏好不同的夫妻怎么在买房的时候达成一致。

购房者很容易买错房子，但电视上并没有展示购房者是如何被商家通过房地产买卖的手续费这种方式痛宰的。一旦房产交易达成，购房者用于筹钱的时间不会很多：出售者会催促购房者按约定拿出这笔钱。这使得缺乏经验并且正忙于其他事的购房者特别容易被欺骗。

通常情况下，当我们考虑房产转让的交易费用时，我们会想到房地产中介费。在一个关于购房者的样本中（涉及美国联邦住房管理局贷款），标准的费率是6%，有29%的售房者按这个标准付费，约47%的售房者付的要少一些，但有24%的售房者会支付更多。[12]

一个仅为6%税率的费用看上去相当小，它就像在当地便利店销售一瓶泰诺（感冒药）所付的销售税。但是从另一个视角来看，这个费用是巨大的。购房者通常认为这个费用由售房者支付，与他们无关。但从经济学的角度来看，谁付费都一样：因为根据供需分析的标准逻辑，如果购房者（而不是售房者）支付这笔费用，房子的价格会相应下降。[13] 对于首次购房并使用非常典型的10%的首付的夫妇，那6%也相当于他们首付的60%。[14] 这些款项是否合理？我们不能肯定，但值得注意的是，这些费用在其他国家要低得多，并且那里的人似乎并没有抱怨糟糕的服务。[15]

但房地产中介费并不是交易费用的全部。根据美国联邦住房管理局贷款的一个大样本，平均而言，额外的交易费用大约是抵押贷款额度的4.4%以上。[16] 因此，对那些首付10%且首次购房的人来说，交易费用总额大约与他们自己所支付的首付款一样多。这些额外的交易费用以不同的名目存在，可以分为两类，对应于不同的目的：一个是交易房产，另一个是启动抵押贷款。在启动抵押贷款的收费方面，一项深入的研究揭示了其中的欺骗行为。这个欺骗行为持续了数年，直到最后被2010年《多德—弗兰克法案》禁止。[17]我们将掀开这个骗局的一角，看看其中的惊天黑幕。

一对普通夫妻在搬进新家后发现自己资金紧张。他们不仅要应付各种日常开支，还需要购买新家具，并重新粉刷粉红色的厨房。有一种方便的办法能使他们获得所需的现金：向银行贷款，条件是在抵押贷款的期限内支付比"标准利息"更高的利息。但是，贷款通常不是直接给购房者，而是给这项交易的中介——抵押贷款经纪人。这似乎是公平的，如果贷款银行支付给抵押贷款经纪人3 000美元贷款，用于比如利率为5.25%（而非4.25%的标准利率）的抵押贷款，那么，这3 000美元会被用于购房者身上。但是这种情况是真的吗？经济学家苏珊·伍德沃德（Susan Woodward）和罗伯特·霍尔（Robert Hall）获得了贷款从放款银行经抵押贷款经纪人中转后的折扣数据。[18]他们观察了两个样本，共有近9 000份抵押贷款。在第一个样本中，平均每1美元只有37美分最终到达购房者手上。在第二个样本中，购房者的情况变得更糟糕：抵押贷款经纪人每拿到1美元只会给购房者15美分。在伍德沃德—霍尔的样本中，此类骗局层出不穷：大约93%[19]的购房者都选择了溢价的抵押贷款。[20]有关抵押贷款骗局的研究与艾瑞斯—席格曼关于汽车经销的研究很类似：这两项研究虽然关注的交易物品不同，但是揭露的本质都是一样的。

另一方面，购房者也可以向抵押贷款经纪人支付低于票面利率的贷款。这些付款被称为点（points）。这里也存在欺骗的机会。抵押贷款经纪人、消费顾问卡罗琳·沃伦（Carolyn Warren）描述了一对老年夫妻的房产交易。妻子不愿支付19美元的水灾认证费，但他们被告知这笔费用是法定的。奇怪的是，这对夫妇忽略了395美元的手续费，这些手续费其实是不必要的。然后他们也没在意高达2 000美元的贷款费用。沃伦知道这些费用有问题。这是按照票面利率而非约定利率算的，他们本不应该支付这个点。[21] 这使乔治想起了他于1994年在马里兰州的切维蔡斯购买的房子。他的房产中介告诉他，他必须赶快下定决心购买，因为一对夫妇刚从阿拉斯加来，也即将出价。这位中介为了帮乔治搞到抵押贷款忙得不亦乐乎，乔治也按票面利率支付了点。现在想来，就算那对从阿拉斯加来的夫妻是存在的[22]，乔治所支付的点恐怕也是一个骗局。

收银台上的欺骗

信用卡的作用人尽皆知，而且因为用法简便而人人皆可无师自通。商场会在成本的基础上加价出售商品。这就像出租车司机，一天份子钱就要100美元。只有在他付清了份子钱和油钱之后，他才能够挣到用以养家糊口的那部分钱。对于商店而言，在成本上加价出售也是同样的道理。最起码，店主要付清商店租金、水电费和柜台员工薪水等固定成本。更理想的结果是，销售额超越了盈亏平衡点，这样，每增加一次销售额都会增加利润。奇妙的是，如果商店能发明一种药丸送给客户，这些药丸会让客户购买更多商品，那么对于增加利润而言，这种药丸是无价之宝。

也许你会感到奇怪，但是我要说，这种药丸已经被发明出来了，并且正在为商家所用。这种药丸的发明者垄断了其使用权，并以此向商店和其他人收费。这种神奇的药丸就是信用卡。我们吞下了这枚药丸，并将其放在我们的钱包里。

信用卡之所以那么神奇，是因为大部分人认为我们只购买自己需要的（或想要的）东西，而且不会受小广告影响，比如，我们不会纠结于使用信用卡支付还是现金支付。但我们完全错了。也许你会问，凭什么说信用卡会影响我们的支出？有间接证据表明，使用信用卡的人会花更多钱。心理学家理查德·芬博格（Richard Feinberg）发现，用信用卡支付的小费比用现金支付的小费要多出13%。[23] 另一项研究表明，在美国东北部，信用卡持有人在百货商店进行消费时会花更多钱。[24] 但这些支出的差异并不能证明是不是因为持卡消费导致人们花更多钱。信用卡持有人和非持有人是不同的，只有控制住了这些因素，我们才能确定信用卡是导致支出模式差异的原因。[25]

为了解决这个问题，芬博格进一步开展了两个实验。作为一个受过良好训练的心理学家，芬博格采用了在社会心理学中普遍运用的两个实验。在第一个实验中，他把一个用卡暗示给了一个实验组，并与对照组就花费意愿进行比较，对照组是没有得到用卡暗示的。为了暗示，他把万事达信用卡的符号与标识放在实验组使用的桌子角上。实验组被告知，这些标志也正用于另一个实验。然后实验组的人被询问起，对于7张图片中的物品，他们愿意支付多少钱：两条裙子、一顶帐篷、一件男士毛衣、一盏灯、一台电动打字机（实验是在20世纪80年代初进行的）和一副国际象棋。[26] 对于每一件物品所愿意支付的价格，实验组明显高于没有得到暗示的对照组。差异范围从愿意为帐篷多支付11%到愿意为每条裙子多支付50%。在另一个实验中，实验组的人同样被问到他们愿意支付多少钱，不过物品是在屏幕上展示的。当屏幕的角落里出现一张信用卡时，实验组的人愿意花更多的钱（甚至三倍的价钱去购买一个烤面包机：在考虑通货膨胀因素后，意愿价格为165.66美元，而不是52.90美元）。[27] 消费意愿上的巨大差异可以解释为什么即使信用卡公司向商家收取"手续费"，商店还是更愿意接受顾客用信用卡支付。

与芬博格的结果一样令人惊讶的是，另一对经济学家认为他们也发现了关键的证据。不过，他们并没有考察实际的花费。两位经济学家——德拉赞·普雷勒克（Drazen Prelec）和邓肯·西梅斯特（Duncan Simester）——进行了一个实验。在哈佛商学院的工商管理硕士研究生中，他们对三个奖品进行了一次拍卖。这些奖品各不相同，分别是凯尔特人队的比赛门票、红袜队的比赛门票，还有作为安慰奖的凯尔特人队和红袜队的旗帜。这些学生被随机分配选择信用卡支付或者现金支付。并且，他们还解决了现金支付会面临的微小不便（支付现金需要先去提现，不过自动取款机就在去付款的路上）。在使用信用卡的情况下，凯尔特人队的门票拍卖所得多出了两倍，红袜队门票拍卖所得多出了75%，旗帜拍卖所得多出了60%。这个实验似乎证实了芬博格的发现。[28]［我们的研究助理维多利亚·比勒（Victoria Buhler）对这一结果评论道：商学院的学生"更应该对消费方式差异带来的价差有所防备"。］

这两项研究并不仅仅表明了信用卡会让你花更多的钱，令人震惊的是，他们表明信用卡让我们多花的钱比我们想象的更多。它们是我们渴望得到的神奇药丸，但要得到药丸也是有代价的。

药丸的代价

这些商店是如何让我们得到信用卡并用其付款的呢？它们耍了一个很大的花招：免费使用。在美国，这曾经是联邦法律的规定。[29] 在1968年实施的《诚信借贷法》规定，如果客户用信用卡支付，商家要价不能比客户使用现金支付时的更高。该法律在1984年就无效了，但这种信用卡的免费使用规定现在已经开始重新被采用，却只有10个州实施，大约占美国人口的40%。尽管商家支付给维萨卡、万事达卡等手续费，但它们通常不会向客户收取信用卡使用费。而且，它们也不会给使用现金支付的顾客提供折扣。芬博格以及普雷勒克—西梅斯特的研究表明了商家这么做的动机。如果人们因为采取信用卡支付的方式而在不知不觉中消费更多，那么对于商家而言，提醒顾客使用现金支付会有折扣显然是不明智的。

让客户免费使用信用卡，就像商店提供了免费的小狗。那些信用卡用户可能真的需要买一些日常用品，但他们也会带一些其实不需要的东西回家。在下个月，这些物品的账单会出现在他们家门前的台阶上。这对于一个良好的信用卡持卡人而言没有什么不好。大约50%的美国人说他们总是全额支付信用卡账单。[30] 但是我们中的很大一部分人并不是那么谨慎小心。他们会变得入不敷出，从而支付很高的借贷成本。

信用卡的实际使用成本非常高。我们将从三个方面来看一看这些

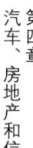

成本会有多高。第一个方面，这里有一个总体的统计数据。在2012年，我们对于信用卡行业收益的总体估计为1 500亿美元。[31]这就意味着，信用卡支付已经成为一种重要的支付形式，而我们大多数人仅仅将其视为一种便利的选择，认为其仅占相当小的份额。这1 500亿美元超过我们在房屋上所承担的住房抵押贷款利息总额的1/3[32]，超过我们在家庭食品上的花费的1/6，超过我们在汽车及其零部件上的花费的1/3。[33]

让我们再来看第二个方面：信用卡行业收入的组成结构。也就是，他们的收入来自哪些支付行为。我们认为信用卡收入主要来自三个方面：50%来自逾期账单应收利息；33%左右来自交易手续费；17%左右来自杂费，包括滞纳金等。这些信用卡公司的收入其实就是用卡人所支付的成本。[34]

一个活跃的博客撰写人肖恩·哈珀（Sean Harper），也就是《魔鬼经济学》（Freakonomics）的作者史蒂文·莱维特（Steven Levitt）以前的一个学生，向我们展示了第三个方面。他计算了如果顾客用花旗维萨奖励卡进行支付，商家所要支付的手续费。[35]在便利商店购买了售价1.5美元的口香糖，手续费是40美分；购买30美元的天然气，手续费为1.15美元；购买100美元的日常用品，手续费为2.05美元。哈珀列举了很多商品。衡量这些费用大小的一个标准就是将这些费用与商家的利润进行比较。对于便利店而言，这些手续费是其年度利润的2.25倍。从另一个角度来看，对于便利店而言，如果手续费的费率为2%，那么信用卡公司拿走了其日常用品销售的平均利润的1/5。[36]

加州大学圣地亚哥分校的经济学家米歇尔·怀特（Michelle

White）已经对信用卡的成本做了进一步描述：信用卡成本是个人破产的主要原因。一些比较常见的发现正暗示了这一点：那些破产的人通常背着大量的信用卡债务。但这并不能明确地指出信用卡滥用是导致破产的原因：因为对于那些负债累累的人而言，就算没有信用卡，也可能由于其他什么原因而破产。但直接的证据有力地指出，信用卡就是主要的罪魁祸首：它不仅导致了大量破产，还导致了在1980~2006年，伴随着信用卡数量增长了7倍，信用卡债务也有显著增长。在一项深入的调查中，1996年的收入动态调查研究小组对受访者进行了采访，询问他们是否曾经破产过；如果有，那又是什么原因导致的。在这些经历过破产的人之中，有33%的人认为"高负债/滥用信用卡"是主要原因[37]，而因为失业而导致破产的人的比重为21%，因为医疗而导致破产的人的比重为16%。[38] 随后在2006年对寻求过咨询的债务人的调查中也发现了类似的问题：2/3的债务人在咨询中称"糟糕的资金管理/支出过多"是问题的根源。[39] 芬博格以及普雷勒克—西梅斯特的实验告诉我们为什么信用卡容易导致支出管理不善。对于一些人来说，这种情况是完全可能的，信用卡就是一个陷阱。

这些案例把我们带回到本书所关注的欺骗行为上。正如我们所看到的那样，信用卡行业处处是陷阱。它向商家收取大量手续费。商家买了它们的神奇药丸，但是这不过是信用卡总的使用成本的1/3。接下来就轮到消费者了，他们快活地用向他们收取高利率的信用卡购买日常用品、鞋类和其他物品。而这些人对于将如何应对账单，有过于乐观的预期。之后，滞纳金和服务费也会让消费者背上大包袱。在上述的每一个阶段中，商家的逐利竞争就是看谁能最大程度地利用我们的弱点。

PHISHING
FOR
PHOOLS

第五章
政治欺骗

The
Economics of Manipulation
and Deception

我们都经历过很多事——也许是爱情,也许不是——回首往事,我们往往觉得好笑,因为现在看来,那时的我们其实什么都不懂。本书作者之一(乔治)就有过这么一段故事。2004年10月的最后一个星期,乔治去艾奥瓦州做小阿特·斯莫尔(Art Small Jr.)的代理人。那时候,小阿特·斯莫尔是美国联邦参议院艾奥瓦州民主党候选人,而他的儿子阿特·斯莫尔三世(Art Small Ⅲ)曾是乔治在伯克利的学生。阿特·斯莫尔三世邀请乔治做父亲的"经济顾问"。乔治回复说,他乐意去艾奥瓦州,帮一个星期的忙。[1]

竞选人阿特的职业生涯可谓"纵横驰骋",从英语教授到药剂师,再到国会助理和国会议员,随后又成为艾奥瓦州议会参议员(并任拨款委员会主席),同时还是律师和印刷商。[2]在艾奥瓦,阿特以正直和诚实闻名。他的竞选口号是"大胆比较,谨慎投票",竞选胸章和竞选海报的设计风格推崇黑白相间的低调,我们可以感受到这份谦逊和踏实。阿特竞选,既不接受PAC(美国政治教育委员会)基金的资助,也不要特殊利益集团的钱——因此,竞选开始至少一个星期了,他获得的捐款累计才103美元。阿特是在最后一刻宣布竞选的,因为那时他知道,如果他不参加竞选,民主党这边就没有人与时任艾奥瓦州联邦参议员、共和党的查尔斯·格拉斯雷争这个位子了。[3]在艾奥瓦州帮忙的那个星期里,乔治慢慢了解到,阿特之所以不情愿出来竞选也是事出有因。原来，竞选联邦参议员哪怕是一场"必败无疑"的竞选，也足以让人身心俱疲。而且，阿特还要照顾轮椅上的妻子。有一天，阿特邀请乔治来家里聚会，他们吃了一些黄油炒鸡蛋，饭后一起洗碗闲聊。乔治这才明白阿特的心情。

这次竞选的核心议题是格拉斯雷作为参议院财政委员会主席的作用，这个委员会是前总统小布什 2001 年和 2003 年减税计划执行机构。国会预算办公室的计算表明，由此减少的税收会让联邦赤字增加差不多 1.7 万亿美元。[4] 如果这笔钱能够上缴，并且被未雨绸缪地存起来，那么仅仅几年之后的 2008 年，这笔钱将能够极大地帮助美国走出大衰退的泥潭。我们的计算表明，如果真有这笔钱，那么在 2009~2012 年，足以让美国的年均失业率从 9% 下降到 7%。[5]

无论阿特和格拉斯雷各自的优缺点到底如何，有一点是明确的，那就是阿特始终处于劣势。原因很简单：艾奥瓦州出口培根，而格拉斯雷能够从华盛顿弄来更吸引人的"培根"——政府的生物燃料乙醇补贴，这正是格拉斯雷的拿手好戏之一。为了增加竞选筹码，格拉斯雷为艾奥瓦州做的直接贡献还不止于此。格拉斯雷已经积攒了 760 万美元之巨的竞选专项经费。[6] 不过这么多钱也只是化作得梅因市 KCCI 新闻台 8 频道上几分钟的竞选宣传片而已。格拉斯雷开着自己的除草拖拉机出现在竞选宣传片中，拖拉机灵巧地牵引着两个手推除草机，随着格拉斯雷一圈圈地开着，削平的草坪形成了一个个同心椭圆，慢慢浮现在他家美丽的大草坪上。这时，旁白语缓缓道出："绿草如茵。"懂了吗？格拉斯雷用一口地道的艾奥瓦口音说道："我非常热爱联邦参议院的这份工作，但是有时候我也要远离尘世烦扰。所以，一到周末我就回家修剪草坪。"[7]

这场选战，阿特一直扛到最后。竞选结果如下：格拉斯雷，70.2%；阿特，27.9%。[8]《圣经》中，大卫打败了巨人歌利亚。但现实往往是，巨人获胜。

民主、金钱在政治中的角色以及欺骗行为

从更为一般的意义上讲，格拉斯雷—斯莫尔选战，以及金钱在其中所扮演的角色，是美国国会选举的缩影。汇总统计数据让我们明白，撇开阿特缺钱不论，这次选举结果也毫不例外。2008年的美国众议院选举，所有竞选人的总花销每轮都超过200万美元，其中在位议员的开销是其对手的两倍以上。也就是说，一名议员在位的每一天（包括周末和假期）必须筹集大约1 800美元。没有在位议员的自由竞选轮，要花费两倍以上，高达470万美元。参议院竞选费用更高。2008年，参议院每轮竞选花掉了差不多1 300万美元。在位议员在连任竞选上平均花费超过800万美元——正如格拉斯雷花的比对手更多。[9]

回到格拉斯雷的例子，如果你给艾奥瓦公众展现他在除草机上的形象，他们更有可能会把票投给他。正如我们在第三章所讨论的，宣传需要让选民联想到自己及朋友和邻居。除草机宣传能够引发的联想是，格拉斯雷是朋友和邻居：正如我们艾奥瓦人一样，他自己修剪草坪；而且，他甚至专门从华盛顿返回来修剪草坪。值得注意的是，尽管他在参议院已经做过许多积极的事（例如，治理不合理的个人所得税漏洞，并抗议性奴役问题），但是这一宣传片不涉及任何有关候选人施政纲领的内容，甚至连他的个性也没有呈现出来。本来无论如

何，选民都应该知晓候选人该如何筹集这笔选举费用，但是一则成功的宣传片根本不会直白地挑明这一点。

政治中的欺骗效果堪比经济中的欺骗效果。初级的经济学理论认为，在不考虑欺骗的情况下，竞争性的市场会催生一个最佳的结果（即"帕累托最优"，正如我们在前文中讨论过的）；同样，初级的政治学理论也认为，竞争性的民主选举会催生出最佳的结果。这一结论是由政治学家安东尼·唐斯（Anthony Downs）总结出来的。[10] 如果选民可以充分知情，并按自己的偏好投票（可以用从左到右的维度来表示），那么两名对立候选人的政纲将达到均衡。两名候选人的政纲都会与中间选民的偏好一致：一半的选民相对于中间选民更偏好偏左的政纲，另一半则更偏好偏右的政纲。[11] 这种均衡性的出现与超市收银台前付款队伍长度相同的原因差不多。它的出现是因为，如果两名候选人中有一人不选择中间选民所偏好的政纲，另一人就会因为选择了这个政纲胜出。

这一均衡就是考虑两边观点并达成了妥协，这就是我们希望民主制实现的理想状态。所以，假如唐斯对选民和候选人行为的描述体现了现实情况，那真是再好不过了。但是，这一描述与现实情况还是相当不同，这是因为选民可能被候选人欺骗。首先，他们不能充分知情，他们缺少信息。其次，选民存在心理弱点。比如，他们会为候选人的魅力所折服。这些欺骗行为改变了政治均衡。它们使候选人的政纲偏离了中间选民的偏好。

针对易受骗的选民，制胜选举策略包含如下三个方面的内容：（1）针对普通选民最关切的问题，颁布迎合选民政见的施政纲领。

（2）对于普通选民知情不足但潜在的竞选捐款人充分知情的问题，要采取迎合捐款人的立场。有针对性地向潜在捐款人发表演讲，而不向大众公开。(3) 将"特殊利益组织"的捐赠用在那些可以增加自己在普通选民中人气的选战上，这些选民更有可能为"在宣传片中除草"的某人投票。[12]凭借这样一套旨在赢得选举的理性策略，最终的政治结果会偏离中间选民的主张。由此，政治上的一种欺骗均衡达成了。

知情的选民与不知情的选民

尽管在一些情况下，选民会比较容易了解实情，但是在很多情况下，他们确实把国会事务委托给了他们所选举的议员。在这种情况下，只有议员这些"专业人士"明白实情，而其他人都是不知情的。我们可以通过一个例子来说明即便是在至关重要的事务上，为什么连参政积极性最高的选民也难以了解实情。当代最重大的（是否是最重大的也许还存在争议）美国国会立法是第110届国会的H.R.1424，即《2008年经济紧急稳定法案》。该法案授权财政部豪掷7 000亿美元用以救助不良资产。该法案阻止了美国金融系统的崩溃，也可以几乎肯定地说避免了（或者推迟了）第二次大萧条的到来。但是重要的是，只有某些知道内部消息的人或者预言家才能够预见到，该法案在通过后的6个月内，在拯救美国银行系统以及通用汽车和克莱斯勒公司时扮演了什么角色。[13]

一部法案会在其总则中阐明其目的。《2008年经济紧急稳定法案》的总则告诉我们，该法案"授予了国家购买和承保特定类型不良资产的权力"。[14]这看上去不大像是要将解困政策合法化。尽管我们手里已经拿到了法案的复印件，但是为了证明法案中关于为银行和汽车公司解困授权这一点，我们不得不给一位朋友菲利普·斯瓦格尔（Phillip Swagel）打电话。2008年秋，斯瓦格尔任财政部助理部长，是该法案主要的起草者之一。[15] 2008年10月13日，在"不良资产救助计划"（TARP）实行过程中最戏剧性的事情发生了，时任财政部部长亨利·保尔森召集了全美9家大银行的总裁。他要求他们无论愿意与否，都必须接受财政部以1 250亿美元置换其优先股的提议。[16]关于这一交易的授权来自该法案第3节9（A）中对不良资产的"定义"的第一部分：

> 对于在2008年3月14日之前成立或者发行的住宅抵押或者商业不动产抵押，以及任何基于此类抵押或者与此类抵押有关的股权、债权或者其他工具，财政部将提供资金支持以提升金融市场稳定性。[17]

正如斯瓦格尔向我们解释的，因为这些银行自身就是这些资产的所有者，所以对银行的解困政策得以实施。对通用汽车和克莱斯勒收购的授权同样是不透明的，它基于第3节9（B）中对不良资产的定义的第二部分：

> （经财政部）认定其收购对促进金融市场稳定能够起到积极作用的资产，（都可被视为不良资产）。[18]

《2008年经济紧急稳定法案》诠释了一个一般性的原理，即法律中的技术性条款类似于一本名为"寻找沃尔多"的儿童读物。在那本儿童读物中，沃尔多穿着他的红白条纹衬衫、蓝色裤子，戴着无檐小便帽，让人难以辨认其本来面目。与之类似的是，在国会立法中，保护某种利益的条款也被伪装起来了。无论是公众还是媒体，都无法读懂以及理解这些复杂的技术性法律条款。

我们唯一可以抱以希望的是议员们大发善心，为我们的利益竭尽所能。不过，他们也可能没有理解这些条款。退一步而言，就算他们理解了，也未必会完全关心选民的利益。他们需要资助以宣传他们修剪草坪的形象。如果像可怜的阿特一样缺钱，他们将永远不会有在国会中代表选民利益（或者代表他们自己利益）的那一天。

游说与金钱

现在我们有了这样一个问题，即议员们应该如何面对说客，才能得到资助参选。关于说客、议员和参选的一些引人注意的统计数字给了我们答案。全美大约有12 000名说客，即每位议员就有超过20名说客。[19]麻省理工学院的斯蒂芬·安索赖比哈尔（Stephen Ansolabehere）、约翰·德·菲格雷多（John de Figueiredo）[20]以及詹姆斯·施奈德（James Snyder）发现，议员募集的参选资金——包括候选人自己筹集的，也包括两党和PAC基金筹措的很大一部分——要少于整个国会竞选期内的支出。[21]由此，很多人猜测参选资金有可能主要来自雇用说客的公司，而且有很大可能直接来自说客。但是现实与这个猜测相反，只有大约1/8的参选资金来自公司、工会和其他组织，资金的很大一部分来自个人捐赠。[22]并且，因为作为候选人的"伙伴",说客只捐了一小部分。[23]

　　这一统计数字可以让我们确定利益体与国会之间的关系。这不是"待售保护"的一个简单案例，比如说参议员与代表们会以法律条款符合某公司利益为饵，直接获得参选资金，其中说客扮演了掮客的角色。这个案例中，议员们会被他们的游说掮客们狠狠地讹上一笔，掮客们的收入是公司和工会捐献资金的8倍多。这就带来了两个问题：这些说客是谁？他们收了这么一大笔钱，能为议员们提供什么服务呢？

　　认清这一服务的本质是非常有用的。根据乔治在华盛顿的经验，结合我们搜集来的一些信息，我们发现，政客们一个至关重要的角色就是在公众心里植入一个有关他们自己的故事。我们之前所举的例子——修草坪的宣传片就描绘了一幅关于政客编造故事以及传播故事的生动图景，但是这仅是政客们所公开的一面。同时，还存在更为隐秘的一面。众议院军事委员会前主席、后成为克林顿政府首位国防部部长的莱斯利·阿斯平（Leslie Aspin）有一句名言："如果你给国会一个机会，使一个刚刚通过的议案又被推翻，相信他们会不负所托。"[24] 我们之前提到的制胜选举策略，有助于我们理解为什么阿斯平的议员朋友们对这种愤世嫉俗的智慧如此赞同。策略告诉我们，议员有双重目标：一面，取悦选民；另一面，取悦捐赠人。由此，罗姆尼和奥巴马两人屡屡被公众发现私下采纳个人捐赠者的议案也就不足为奇了。这种做法在普通选民中非常不受欢迎：2012年，罗姆尼认为47%的选民会"无论如何也要把票投给总统，（因为他们）依赖奥巴马政府"[25]；尽管奥巴马自控力不错，但他在2008年一次接受捐赠的活动中私下说："宾夕法尼亚小城镇的选民令人无法忍受，他们主张持枪权，在宗教上保守，并反感那些与他们不同的人。"[26]

政客们的双重目标有助于我们理解说客们的作用。说客往往处在一个特别的位置上帮助政客，他受雇于利益方，并具有专业知识，这使他可以知道哪里能够找到还未落定的资金：因为利益集团想要雇用说客来发展他们的事业，而说客能找到那些抱有同样想法的政客。（由此，受雇于某个特定产业利益集团的说客是潜在资金的一个指示信号——无风不起浪。）议员们必须从公众那里筹集一大笔资金来参选，在这样一个充满竞争的世界中，说客就是灯塔，他可以指明哪里有资金。[27]

此外，一名出色的说客还有其他作用。他能帮助政客左右逢源：帮他们打造一个故事，从而在赢得普通选民选票和向利益体筹集资金上取得最佳平衡。政治学中有一种观点认为，诸如游说这样的活动涉及"信息"的转移。[28] 我们随后也会看到，在联邦最高法院关于公民联合的决定中也有类似表述。这也许是真的，但是游说是通过细心揣摩过的叙述来传递信息的，这种叙述被有意地加以偏向性渲染。要想对这种叙述提建议，需要理解现实中的两副面孔——公众与个人，他们也是政客们想要争取的对象。这时，同情与理解就很重要，就像我们更容易被至爱亲朋所理解一样。因此，这也难怪说客多半是此前就扮演过类似角色的前政府雇员，或者就是前任议员。2010年国会退休人员中，有50%的参议员以及42%的众议员成了说客（1974年参众两院中仅有3%的参议员和众议员成为说客，那时候选人并不需要大量的捐赠资金）。[29] 并且，就像政客更信赖自己的说客朋友一样，政客朋友的身份使得说客们对潜在客户更具吸引力。

一个故事验证了阿斯平这句名言在国会工作中的重要性。根据标准程序，美国参议院创造了一个机会，即参议员们可以对几乎全部拨款法案进行投票。刚刚当选参议员的泰德·考夫曼（约瑟夫·拜登2009年成为副总统后，他接替拜登，成为参议员）好不容易才了解到这个事实。为了遏制引起2008年金融危机的欺诈行为，考夫曼联合起草了一部法案（即《欺诈执行与恢复法案》）来控告这种行为。[30] 其中主要一条规定是给予司法部1.65亿美元的拨款授权，以打击白领阶层的犯罪。这些资金在2009年尤为重要，因为"9·11"恐怖袭击事件之后，司法部已经解散了其白领犯罪部门，节省出来的资源被用于反恐。[31]《欺诈执行与恢复法案》在参众两院轻松地以压倒性优势通过，考夫曼尤为得意。但是马上他就发现，虽然获得了1.65亿美元的拨款授权，但是在随后的年度预算法案中实际拨付的却只有3 000万美元。[32] 他的同僚们不会拨付更多了，因为拨款再多一些的话就会危及来自华尔街的政治献金。阿斯平的预言——以及平衡选民与捐赠人利益的最优策略居然在现实中得到了验证。

但是这真的有害吗

我们已经描述了竞选支出和游说行为如何影响政府，这让人感到不安。但是，这些影响真的重要吗？这些资金与联邦政府总支出相比难道不是沧海一粟吗？要知道，后者至少有4万亿美元之巨，是前者的1 000多倍。[33] 为此，我们将探讨扭曲乘数到底有多大，即说客的佣金与说客所能带来的收益之间的比例。

如同忠诚与友谊一般，承诺保密也是一名理想说客的特点。这意味着我们寻找的数据,即用来衡量与政府活动有关的竞选/游说成本,是难以取得的。我们必须寻找罕见的时机来管中窥豹,就像地质学家一样,稍有火山喷发迹象,就赶紧去观察能够揭示地表之下情况的熔岩。对我们而言,华盛顿说客盖瑞·卡西迪(Gerry Cassidy)出版"坦白"型传记,为我们提供了两个这样的场景[34],为了改变针对美国公司海外收益征税的游说行为提供了第三个场景,而20世纪80年代存贷危机的披露则提供了第四个场景。

海狼。在老布什1992年1月的国情咨文中,他提出撤销之前已经获批的用于建造两艘新海狼级核潜艇的拨款。这些潜艇的生产商——通用动力立刻做出了回应:它们每个月支付卡西迪12万美元,命其策划一整套公关宣传和游说战略。[35] 海狼"获救",这项价值28亿美元的解约议案被废除了。[36] 但是说客们的薪水以及在选战献金上的增加,相对于它们的整体收益而言仅仅是一个很小的变化。在1991~1992年,通用动力的国会选战献金与1989~1990年竞选期相比仅仅增加了19.8万美元。

减税。拉奎尔·亚历山大(Raquel Alexander)、斯蒂芬·马扎(Stephen Mazza)以及苏珊·肖尔茨(Susan Scholz)[37] 的研究进一步指出了游说的收益到底能够有多大。21世纪前10年,美国跨国公司的国外子公司收益可以免收营业税,只要收益不汇回美国就行。这样,一大笔美国永远无法课税的收益就在国外积累起来。美国希望获得这些收益,为此,国会颁布了《美国创造就业法》(AJCA),并对汇回本国的未课税收益提供一年85%的减税优待(第965节)。当时,对于汇回本国的资金,收入税的标准税率是35%,在减免85%之后,就只有5.25%了。基于此,联合起来为该法案进行游说的39家公司节省了460亿美元的赋税;对于这些联合起来的公司而言,游说总支出为1.8亿美元,而由此节约的赋税开支至少是游说成本的255倍。[38]

蔓越莓果汁。在对优鲜沛公司事件的报道上也可以发现类似让人惊叹的收益。该事件涉及蔓越莓果汁的贴标问题。在里根总统执政期间,美国食品药品监督管理局要求蔓越莓果汁必须贴标注明含有75%的水。[39] 优鲜沛公司为此咨询了卡西迪。一批议员立刻被安排出面发言,他们的酬金为2 000美元或4 000美元。与此同时,PAC基金捐赠的37.5万美元也拨付了。最后,要求披露果汁成分表的监管措施无疾而终。[40] 大功告成后,优鲜沛公司的收益十分可观:截至2005年,美国蔓越莓果汁的销售额已经冲到了7.5亿美元。[41] 与之相比,游说成本确实微乎其微。[42]

查尔斯·基廷与林肯储蓄贷款协会。在20世纪80年代的储蓄与贷款危机(第九章和第十章会更为详细地讨论这一事件)中,查尔斯·基廷(Charles Keating),也就是林肯储蓄贷款协会的老板,被起诉该案透露了选战献金与纳税人的损失之间的比例。作为对基廷选战献金140万美元的报答,5位美国参议员威吓准备调查基廷的监管当局。[43] 这些参议员与监管当局会谈时直言不讳地说,他们希望确保联邦住宅贷款银行委员不会"伤害任何一位选民"。[44] 基廷在调查过程中设置的此类障碍让纳税人损失了大约10亿美元,而因基廷的储蓄贷款协会破产导致的损失也不过20亿~30亿美元。[45]

可供我们将选战献金和利益集团实际收益做对比的具体案例太少。但是,政治献金效应的间接证据却不胜枚举。例如,众所周知,众议院金融服务委员会是个很糟糕的部门：这个委员会中有15%的众议员，并且以"金钱委员会"而闻名。两党都很有策略地把那些很可能在下一任期中败选的议员安排在这个委员会里。[46]除此以外，我们认为《欺诈执行与恢复法案》中授权用于打击白领阶层犯罪的1.35亿美元也不大可能凭空消失。同时，我们也不认为国税局的预算如此吃紧，以至于无法收缴成千上万亿美元的欠税（国税局估计，2006年有3 850亿美元欠税）。[47]司法部、国税局、证券交易监督委员会，以及众多其他监管当局的预算都被极大地缩减了。此类证据还不够作为呈堂证供，但这些证据也揭露出，捐出政治献金的既得利益者们的影响力可以挫败让其他人受惠的经济政策。我们将在结论部分用更多的篇幅再次审视证券交易监督委员会预算不足的问题。

总结

归根结底，游说行为与选战献金、国会以及利益体之间的关系正是欺骗行为滋生的温床。就像欺骗行为使得市场无视人们的正常需求一样，欺骗行为也削弱了民主制度。民主制度也许是人类所知的最好的政府管理方式，但是民主制度并不能保护我们不受这种让人感觉如芒在背的行为的侵害。相反，在许多情形下，正如我们所见的，哪里的政客们需要为他们的参选筹措经费，哪里就有欺骗行为。

补充一下，考虑到我们尚未涉及的问题，我们会在注释做补充说明。本章主要关注了对国会的游说行为。然而，对监管当局的游说很可能是更加重要的，更不用说对州政府和地方政府的游说了。

PHISHING
FOR
PHOOLS

第六章

食品欺诈、制药与舌尖上的欺骗

The
Economics of Manipulation
and Deception

1906年，声名鹊起的小说家厄普顿·辛克莱（Upton Sinclair）在公众平静的心头掀起了狂风巨浪。他以芝加哥的肉类加工厂为素材写了一部小说——《屠场》(The Jungle)，目的是曝光20世纪初移民薪资问题，就像半个世纪之前哈里特·比彻·斯托通过《汤姆叔叔的小屋》揭露黑人奴隶制那样（也是南北战争的主要催化剂）。[1]但是，《屠场》造成了一场未曾预料到的骚乱，因为它让中产主妇们发现，她们餐餐都要用到的牛排原材料也许来自有结核病的牛。[2]香肠里也有可能含有少量有毒的鼠肉，或者会有一点人类污物混到他们所谓的"达累姆纯正"板油中。[3]这些肉类加工厂的产品销量直线下降，但他们在国会中的代言人却通过了《1906年联邦肉类产品检验法》[4]，这一法案让辛克莱曝光的问题在很大程度上被掩盖了。

20世纪前10年另外一场重要的运动，同样发生在1906年。《纯净食品和药品法》的通过，将商家的欺骗行为被置于相当严格的监管之下。

由于公众医学知识匮乏且轻信，19世纪的美国成为利欲熏心的"骗子们"兜售江湖秘方的沃土。威廉姆·斯威姆（William Swaim）就是骗子之一。他灌装了一瓶制剂，称其为斯威姆万灵剂。瓶身上的标签阐述了这瓶灵丹妙药的魔力：赫拉克勒斯大战多头蛇怪海德拉。此药剂是"治疗瘰疬、疑难杂症、顽固梅毒、风湿，以及因血液感染或血液不纯而造成的各类疾病的最新良方"。[5]然而，纽约医生协会发表的一份报告给出了不同的见解：医生协会认为该制剂是导致众多死亡事件的元凶。当时的药品也许没有药效，但是在这一事件上，医生的判断是正确的。斯威姆万灵剂配方中含有水银，而斯威姆从容不迫地用一份52页的回复反击了医生们37页的报告。"我这一辈子，"他如此写道，"除了听到他们说一些貌似正确的废话外，就没看到过这些医生出过什么好主意。"[6]作为兜售害人药剂的贩子，斯威姆的回复不失幽默。

另一个例子的主角是得克萨斯州奥斯汀的园丁威廉姆·拉达姆（William Radam）。拉达姆将他的植物学知识与当时的新兴科学相结合，认为在欧洲实验室里发现的有百害而无一益的微生物在人体内会引发衰变。他异想天开地认为，雷暴雨后真菌会奄奄一息。由此他认为自己能够调制出与自然有同样效果的制剂。他称此药为"微生物全灭灵"。当两位患者似乎奇迹般地康复后，此药大举进军市场。正如农业部所分析的，显然，全灭灵的每一批都完全不同。其主要成分就是水，其余的是酒以及很可能被充分稀释的强酸。而拉达姆凭借卖药所得的收入搬到了一处可以俯瞰纽约中央公园的豪宅中。[7]

农业部的首席化学家哈维·华盛顿·威利（Harvey Washington Wiley）是一个有趣的印第安纳州人，他出生在一间小木屋里，后毕业于哈佛大学。威利希望遏制此类招摇撞骗的胡言乱语。他感到，公众应当意识到食品与药品的安全质量问题。食品标签法应当具有强制性，因为当时的科学已经可以对食品成分进行检测了。这一斗争的转折点来自他的一项实验。12名青年男子自愿在农业部的某个餐厅里用餐，他们的食物中大部分都含有食品添加剂，例如硼砂和福尔马林。[8]这些志愿者在短时间内就变得食欲不振，并且伴有消化不良。如今再看这件事，他们的肠胃不适很可能不是添加剂本身造成的，而是媒体添油加醋。媒体称他们为小英雄，并将他们形容为"尝毒小队"。[9]《纯净食品和药品法》随后得以通过。

快进到21世纪

回想2010年，当时我们着手开始写作本章。为此，我们设想了一个非常普通的故事。我们会先回溯19世纪的变质肉与万灵油；我们会提到《1906年联邦肉类产品检验法》与《纯净食品和药品法》；之后，我们会快进到21世纪。我们想传达的是"这回真不一样了"：在有监管的现代——不同于没有监管的过去，食品与药品就是安全的。但是，当我们开始着手描述现代的食品与药品时，发现了令人惊讶的事实：现代的所谓"这回真不一样了"根本就子虚乌有。无论食品，还是药品都不如我们之前设想的那样安全。商家的欺骗行为一如既往，它们避开了监管网络，唯一不同的只是它们的欺骗方式比以前更为复杂了。

先看食品。辛克莱揭露的用患有结核病的牛做的牛排已经成为往事，取而代之的是食品欺诈工业。凭借着其富含糖、盐和脂肪的产品，食品工业极大地欺骗了消费者。现在已经极少有人因为食物中毒而去医院了，但人们患上了饮食不当导致的冠状动脉疾病以及糖尿病。食品欺诈让我们如芒在背，关于这一问题的文章比比皆是，我们这里不做探讨。这是商家欺骗行为的有力证据。[10]

再说药品。我们曾经认为,斯威姆万灵剂与拉达姆微生物全灭灵早已成为往事,不复存在。我们以为食品和药品监督管理局对于药效与安全性的要求现在已经可以保护那些对食品和药品粗心大意的人,我们看到医生也被要求在患者用药时提供咨询以增加另外一道保护屏障。然而,我们还是低估了制药业的花样百出,就像我们也低估了"钓愚"的力量。

万络

我们会详细讨论这个案例。该案例确实有点极端,但是正如我们将看到的,该案例在更为普遍适用的层面上揭露了到底是哪里出了问题。默克公司在1985~1990年的6年间蝉联《财富》杂志最受欢迎公司,该公司在1999年推出了一款新产品。乔治深有体会,关节炎是人到中年不幸要忍受的疼痛之一。非类固醇消炎药,例如阿司匹林、布洛芬和萘普生,都能止痛,但是它们都有副作用。此类止痛药通过抑制COX-1与COX-2两类酶起效。抑制COX-2可以减轻炎症与疼痛,但是COX-1有保护胃黏膜的功能,所以抑制它会导致胃溃疡。[11]各类非类固醇消炎药的过度使用由此成为老年人一大死因。[12]默克公司有一个绝妙的主意(Searle公司也同样如此)来研发一种药,这种药能针对性阻断COX-2,但是不影响COX-1。[13]默克公司研发出了这种药,将其命名为万络,并获得了美国食品药品监督管理局的批准。但是,这一批准附带更进一步的要求——进行比已经完成的试验更为严格的随机对照临床试验。[14] 默克公司将这一研究命名为VIGOR。围绕VIGOR的一系列事件将揭示，虽然有现代监管保障，但是我们还是在不知不觉中成为制药业的欺骗对象。

就像出版社推出一本畅销书一样，制药公司往往也会精心打造一场药品秀。这场秀的主要观众是医生，他们是患者与药品之间的联结者。同样，医学期刊的科学论文对医生开出哪些药品有着重要的影响力。因此，研发了新药的制药公司对这类文章的发布会格外小心。在选择作者方面——这些人会得到实验数据，制药公司可不是无的放矢。众多可靠关系（包括那些得到公司支持的研究机构）告诉他们：既要考虑到谁会对此有影响力，又要考虑到谁会支持他们的药品。选出来的作者将被给予接触美国食品药品监督管理局所要求的随机对照临床试验的便捷渠道。他们通常被称为"写作班子"（不留情面地说就是"代笔"）来完成这些文章。[15] 由此，我们不难发现，相比得到非药商支持的文章，这些制药公司通过赞助得来的期刊文章中多数对被检查的药品抱支持态度。[16] 一种药品能否打开市场局面不仅仅与发表文章的内容有关，也与文章数量有关。这些内幕在几年之后的一桩丑闻中暴露出来，当时文献出版社爱思唯尔承认旗下6份期刊中的文章只是看上去接受了同行评议；这些文章的作者实际上接受了制药公司的资助，但并没有明确声明这种资助关系。[17]

随后，根据VIGOR的研究，一篇有关万络的报告刊登在2000年11月的《新英格兰医学杂志》（*New England Journal of Medicine*）上，第一作者是多伦多大学的克莱尔·庞巴迪（Claire Bombardier）。[18] 试验周期为1999年1~7月：4 047例试验组对象服用了万络，同时，

4 029例控制组对象服用了萘普生。[19] 结果，这款新神药不出所料地起效了。该药不仅能缓解疼痛，而且与萘普生相比，胃肠道的发病率也得以大大降低。总体来看，全样本中胃肠道疾病有177例，而萘普生的试验对象是万络试验对象的2.2倍。实验也同时对比了更加严重且"复杂"的胃肠道疾病问题，其比例也几乎一样：37∶16。[20]

但是之后，庞巴迪和她的合作者们不得不如实报告，万络其实存在一个缺陷。万络试验者发生了17例心肌梗死，萘普生试验者仅有4例。两者之间的比例很大，但是17和4却因为绝对值足够小，而被当成随机效应的结果。[21] 庞巴迪和她的合作者们进一步指出，即便万络和萘普生之间可能存在差异，这也不是由万络的缺陷导致的，而很有可能是因为萘普生具有保护心血管的功效。[22] 药品电视广告将这些统计数字与结论整合在与药品副作用有关的内容中，一语带过。同时，这篇文章还忽略了另一个缺陷：万络试验对象发生了47例确诊的严重血栓疾病（即血管被血栓堵塞了），这与萘普生试验对象仅仅发生的20例形成了鲜明的对比。[23] 读者不要以为4 047次测试才有的这47例是个小数目，我们必须意识到万络是按照长期使用的目的而开发出来的（特别是用来缓解关节炎疼痛）。打个比方，5年的时间内，按每6个月1.16%的发病概率来算，万络的使用者将会有很大的概率出现"严重的血栓"。

我们可以由此充分想象这篇文章的作者将是怎样的感受。他们在默克公司的同事们已经开发出了一种新的"神药"。该药被誉为"超级阿司匹林"。胃肠道并发症的减少要归功于该药。不过，该药的疗效尚待观察。没有人愿意泼冷水，但是最近的研究工作已经表明，像万络一样的COX-2抑制剂也会产生副作用。这项研究［由宾夕法尼亚大学的盖瑞特·菲茨杰拉德（Carret FitzGerald）和几位合作者完成］发现，仅对COX-2的抑制会干扰两种重要脂质前列腺素和血栓素的平衡。这两种脂质共同控制血管的膜与宽度，还控制着血栓的形成。仅对COX-2的抑制会扰乱两者的平衡，由此会导致不正常的血流或者阻塞。[24] 默克公司对此项研究充分知情，尤其是在公司资助这项研究之后。[25] 1999年1月，这一研究在宾夕法尼亚大学健康系统的一场新闻发布会上被公开。[26]

来自VIGOR（以及其他由默克公司组织但是没有公开的研究）的统计数字本应该成为一次警示性事件，但是默克公司选择了铤而走险。万络当时正与昔布类止痛药西乐葆展开竞争，该药是默克公司的竞争对手辉瑞公司研发的。[27] 默克公司的营销部因此竭尽全力筹备新药发布会。1998年夏天，作为万络推出之前的一场预热，默克公司与辉瑞公司、罗氏公司、强生公司和Searle公司一起，慷慨地赞助在卡帕鲁亚（毛伊岛）丽思卡尔顿酒店举行的一场论坛。止痛药研究界的60位专家被邀请来听关于全新超级阿司匹林的颂歌。[28] 另外，主办方还找来了奥运会著名滑冰运动员桃乐茜·哈弥尔。她为观众讲述了一个能引发共鸣的故事：要不是万络缓解了她颈部以及背部的剧痛，她怎么可能重返冰场自在起舞。[29] 3 000位医药代表（在美国，平均每6名医生中就有一位医药代表[30]）开赴战场，[31] 他们可不打无准备之战。在庞巴迪等人的文章发表后，医药代表们学会了如何应对医生们关于药品对心血管所起的副作用的质疑。他们会举起一张卡片，上面有三个表格，其中一个如下：[32]

总死亡率和心血管所致死亡率

	万络 $N = 3\,595$	各类非类固醇消炎药 $N = 1\,565$	安慰剂 $N = 783$
总死亡率	0.1	1.1	0
心血管所致死亡率	0.1	0.8	0

这一数据忽略了VIGOR的数据，即使有来源的话，也没有注明数据来源。一份给众议院政府改革委员会民主党议员的备忘录中说，这些数字"看上去极少或者根本不具备科学有效性"。[33]另外，正如心脏病专家埃里克·托波尔（Eric Topol）在《新英格兰医学杂志》（New England Journal of Medicine）上说的，默克公司"持续不断地"回应医生的质疑，他还提及带有这一目的的全美医学界研讨会，以及由默克公司雇员和默克公司顾问发表的期刊文章。[34]为了应对医学界，默克公司甚至在发布新药之前就组织了一个有560人的医生讲师团。[35]

于是，万络得以发布，并且一直得到各种支持。截至2004年，默克公司年销售额达到25亿美元。[36]默克公司的处境实际上却已危机四伏。统计数据表明，万络导致心肌梗死的可能性是存在的。美国食品药品监督管理局安全部副主任戴维·格雷厄姆（David Graham）从一开始就心存怀疑，此时，他立刻与凯撒医疗机构合作。他们将26 748名服用万络的患者发生心肌梗死的概率与接受不同治疗方案的患者发病概率进行对比。[37]结果再一次显示，服用万络的患者发生心肌梗死的概率更高。在如山铁证面前，默克公司还试图辩解，声称之前的一项随机试验证明了万络可以抑制（致癌的）结肠息肉。[38]在所有的试验对象中（他们都被提前筛选以确保没有心血管问题），3.5%发生了心肌梗死或者中风。[39] 最终，证据终于如排山倒海之势到来，默克公司在2004年9月30日将万络从市场召回。正如格雷厄姆所估计的，在美国总共发生了8.8万~13.9万例心肌梗死，保守估计超过2.6万人死亡。[40]

博取审批

万络事件是制药业包庇、弄虚作假的一个缩影，它人为地威胁到了患者的健康。涉及生命安全、效率和药品审批的规定，使得制药业成了骗子们优哉游哉的游乐场。现在，我们来看看制药业为了让药品能够上市采取了哪些措施：首先，获得美国食品药品监督管理局审批；随后，推广药品。我们将探讨这两部分内容，总结万络事件的经验教训。本章附录会详述大型制药企业是如何为了博得一个好价格而展开欺骗攻势的。

获得美国食品药品监督管理局审批

公众与医生，也许还要算上美国食品药品监督管理局，都吃惊不已，这在很大程度上是因为他们过于相信随机试验这一"科学方法"。正如拉达姆兜售微生物全灭灵是基于19世纪末的科学一样，万络能够上市销售同样是因为其自信代表了现代科学的最佳水平，而且通过诸如VIGOR的试验检验了其有效性。

但是统计学的一个重要观念证明了为什么随机对照试验经常是失败的，尤其是为什么即便有VIGOR还是会失败。在万络这个案例中，大量的数据对于证明这一问题是必要的，心肌梗死问题的发生不是一个巧合。为了证明这个简单的结论，需要如此多的数据：幸好，心肌梗死虽然很严重，却不是经常发生的。从统计检验的角度看，心肌梗死的非频发性意味着，在证明患者长期服用万络会极大地提高住院和死亡的概率的问题上，为期6个月的VIGOR试验将会得到较低的统计功效①。与之相对的是，VIGOR试验的短期性（6个月）仅仅是检验其更为直接影响的一个小小障碍，这些直接影响包括疼痛缓解和胃肠道并发症的减少，这种短期/长期问题不仅仅是检验万络疗效特有的障碍。从一般意义上来讲，美国食品药品监督管理局在药品审批标准上，会优先考虑具有短期（可能相当小）疗效的药。然而，这样的标准却让长期服用后可能造成严重副作用的药品获批。

但是，美国食品药品监督管理局在禁止有严重长期风险的药品方面的困境要远远超出统计功效的问题：因为美国食品药品监督管理局给了制药企业至少5种方式，用以自由选择如何实施和发布他们的试验。这一权力使得那些在效果和安全性上都不确定的药品通过审批成为可能。

第一，制药公司往往只需要发布两次试验结果来说明药品的有效性。但是，当然，他们也许不会展示其他那些证明药品有副作用

---

① 统计功效是指在假设检验中，拒绝原假设后，接受正确的替换假设的概率。统计功效大量应用于医学、生物学等方面的统计检验中。——编者注

的试验。[41]（在万络的案例中，关于副作用的研究拖延了很久后才在医学界公布。）[42]

第二，制药业在试验周期方面有选择余地。（例如，在VIGOR研究中，3例心肌梗死和因为该药中风的案例被排除在外，因为这些病症是在"早就确定的试验结束日期"之后才发生的。令人觉得奇怪的是，默克公司是在考虑到心血管病症会比胃肠道不良症状早发作一个月的情况下，才选择这一"早就确定的试验结束日期"的。）[43]

第三，试验可以有策略性地确定总体目标，以凸显药品的有效性，或者不暴露药品的副作用。（我们在庞巴迪等人的研究中看到了这种选择倾向。他们辩称，万络组的心力衰竭案例仅比萘普生组的心力衰竭案例高4个百分点，萘普生组应该补充服用阿司匹林。意思是，不用担心，这4个百分点应该从VIGOR试验中被排除掉。）[44]

第四，在安慰剂对照方面也有选择余地。[45]（我们现在知道，默克公司故意选萘普生作为VIGOR中的对照组，因为萘普生作为一种非类固醇药品，众所周知，"会比许多其他没有被选择的药品导致更为严重的胃肠道疾病"。[46]如果你希望赢得一场赛跑，那就选择跑得最慢的人当对手。）

第五，制药公司可能也会选择全面测试，并选择试验地点。葛兰素史克公司只有不到一半的试验是在美国进行的，在欠发达国家进行的试验比例很高。[47]我们怀疑这些公司在更为贫穷的国家测试药品，是以其声誉为饵获取订单，因为在这些国家，对药品的监管远没有美国那么严格。

推广药品

对制药业来讲，比获得药品审批更重要的是赢得医疗界的认同。这一次他们不是与美国食品药品监督管理局来博弈，而是与医生博弈。像我们讨论庞巴迪和她的合作者们的文章那样，医学期刊是首先要争取的对象，其次是拿着钢笔、产品小样和打印好的期刊文章的医药代表们。制药公司还要得到医学教育体系的认同。大多数州要求注册医师接受一定程度的继续教育。制药公司让这一切变得方便快捷：他们资助医学研讨会，关注当前医药行业状态。他们雇用演讲人。这些做法提供了一个掘金的机会。如果制药公司资助了会议，他们就能够选择并安插那些支持他们药品的人（制药公司可以通过药店的处方记录了解到这些信息）。[48] 这不仅仅意味着，如果制药公司为学术活动埋单的话，医生就会减轻疑虑，也意味着制药公司会影响研讨会讨论的内容。

我们已经在第五章看到过这些做法了。"营销大战"，名副其实，如同一场政治竞选。期刊文章、医药代表推广、医学研讨、奢华的发布大会，以及电视广告，这一切的目的就是要打造一种新神药。所有这一切会把医生置于思维定式中，他们的患者只有用这种神药才能治愈。这场大战的目的在于改变医生的思维定式：从关注开了该药会产生什么副作用，到如果没开该药会有哪些损失。当医学协会引入该药作为治疗指导用药时，这场战斗才算真正成功了（如同政客赢得了选举）。

在缺乏对副作用长期检验的情况下，加之制药公司的现代营销手段，整个事件就丝毫不奇怪了：万络并不是唯一一种有副作用却能够在当今投入市场的药品。1942年，针对更年期妇女的激素替代疗法在引入雌激素补充剂的情况下开始投入应用。该补充剂是从受孕母驴的尿液中提取出来的。2003年，英国对百万妇女健康进行的研究得出结论，认为激素替代疗法，尤其是以雌激素—黄体酮补充剂相结合的形式生产的，导致英国在过去10年多产生了两万个乳腺癌病例。通过这一数字，可以估算出（在总人口基础上）在美国多发生了9.4万例。[49] 接下来看一个现代的例子。据估计，在美国每9名学龄儿童和青少年中就会有1名被诊断为注意力缺陷多动症。利他林是治疗这一疾病最常用的处方用药，强力有效，但长期服用的副作用却是未知的。尽管如此，我们还是设法了解到，许多对这种疾病的诊断几乎都是误诊，因为肯塔基州的确诊率（15%）是内华达州（4%）的3倍多；在人口大州中，得克萨斯州的确诊率（9%）是加利福尼亚州的（6%）1.5倍。[50]

总结

本章关注了食品和药品中存在的欺骗问题。1906年，食品和药品在美国首次得以在全国范围内被监管。例如，肉类加工厂不许销售不安全的肉。但是，欺骗仍然在其他领域持续上演。正如前言所讲的，现在护士们吃薯片增肥，她们知道自己买的是什么。薯片的包装袋上非常正规地标注了所有配料，甚至标注了热量的多少。但是，薯片生产商用另一种方式欺骗消费者。他们通过科技手段生产薯片，让脂肪和盐的比例达到最佳平衡，从而扩大销量。"钓愚"现在采用了新形式，在监管部门划定的界线之内。利润机会殆尽之处，也是均衡的绝佳位置。欺骗仍在继续。

药品也是如此，万络案例给了医药业一个类似的教训。现在制药公司为了销售新药必须获得美国食品药品监督管理局审批。同时，要确保医生会给患者开这些药。但是，制药公司已经找到了非常具有创造力的方式来欺骗美国食品药品监督管理局和医生。监管无法根除欺骗行为——本例再一次证明了这一点，如同食品业的案例一样。发生改变的不过是企业的欺骗方式而已。

附录：药品和价格

到目前为止，我们已经讨论了药品的有效性与安全性问题。但是，大型制药企业还在其他方面欺骗患者，为自己牟利。当默克公司受到万络相关损害诉讼的困扰时，它的律师们大展拳脚，制药公司的律师们也毫不示弱。制药业是经常游说国会的行业之一。根据其产业分类，"积极响应政治中心"（一个关注这类问题的华盛顿智库）表示，制药/保健产品行业在 1998~2014 年的花费比其他行业都多。在整个考察期内，前者比排名第二的保险业多花了差不多 50%。[51] 看起来，制药业的此类开支已经很高了。这里仅给出一个例子，通过把 D 类药品报销加到医保的法案中（《2006 年医保现代化法案》），大型制药企业受益匪浅。该法案规定，政府不能参与代表受益人的旨在让药品价格更低的竞争性议价。[52]

但是，游说国会不是让制药业为其药品定高价的唯一优势。大多数行业不得不面对这样的困境：如果价格太高了，顾客会去别处消费。不过，制药业的这种困境会因为其两个特征而得到极大地缓解。首先，那些惯常选择该药品的人——也就是医生们不用为他们所开的处方埋单。而有保险（包括医疗保险）的患者往往也不用直接掏钱买药。这种决策方式意味着制药业可以定高价。所有高校学生和家长都对这种现象非常熟悉。教授会在课堂上指定教学用书，学生（和家长）别无选择，只能购买。结果就出现了天价教科书，比如，曼昆的《经济学原理》（写得很精彩），其最新版定价361.95美元。你可以在亚马逊上以折扣价购买，但依然要315.15美元。[53]

PHISHING
FOR
PHOOLS

第七章

创新:好的、坏的和丑的

The
Economics of Manipulation
and Deception

如果现代经济学可以写成乐章，那么它会是C大调的。它讴歌自由市场，正如善男信女们在圣诞节以笔挺的站姿高唱《哈利路亚》一样。本书的目的在于使经济学更加契合现实，因此，我们不能仅仅看到自由市场的好处而无视它的坏处。我们希望经济学的曲目丰富些，多一些《新世界交响乐》，少一点《哈利路亚》。在前面所有章节中，我们给出了很多例子，这些例子说明了欺骗行为是如何破坏本来较好的经济均衡的。在本章，我们把这一思路放到新的场景中，即经济学家对经济增长的解释上。我们将首先简要描述当前的经济增长理论，随后，我们将阐述为什么在理解经济增长的时候需要考虑到欺骗行为的存在。

经济增长的基础

根据标准经济学原理，在任何指定时间内，自由市场通过提供给人们大量的选择来实现巨大的效益。如今，在全球经济生活中，自由市场允许世界上的大部分成年人直接或者间接地与其他人进行交易。这就产生了大量的选择：总共有 2.5×10^{19} 对潜在的成年买者与卖者。[1]但是，对于自由市场而言，我们不能忽略另一个非常重要的因素，那就是，基于新想法的新产品和新服务会不断扩展人们进一步选择的范围。在自由市场中，此类能够产生利润的新产品和新服务将不断地被发现并加以应用。在过去的一个世纪里，如果全世界成年人每人每个月产生一个新想法，累积起来就是3万多亿个新想法。[2] 这些新想法意义非凡：在一个生命周期中，在一个典型的发达国家里，人均产出会增加6倍。[3] 所以，美国那些年老的退休人员实际上出生在一个比今天的墨西哥还贫穷的国家里。[4]

"新想法是经济增长的引擎"这一观点在几十年前就已经被大量文献阐述了，但是直到1957年，32岁的麻省理工学院经济学家罗伯特·索洛（Robert Solow）才最终发现了问题的答案，他用一个简洁优美的方程式描述了新想法究竟是如何发挥作用的，揭开了经济增长过程中的一些重要谜团。

在索洛找到答案之前，经济学家不知道如何区分带来人均产出增长的两个因素。这是因为劳动生产率的增长（即每人每小时产出的增长）既可以是新发明（也被称为"技术进步"）带来的，也可以是"资本"（即机器、建筑物等）的增加带来的。[5] 索洛简单假设，资本投入带来的利润即视为资本对生产率的贡献，在此前提下，索洛能计算出资本增加对生产率提高的贡献比例。他发现（美国在1909~1949年）这个比例只有1/8，其余7/8就是新想法贡献的。用索洛的话说，这里的"余值"源自"技术进步"。[6]

这一系列简洁有力的计算改变了经济学家对于经济增长的理解。从此，没有人认为生活水平的提高是投资更多更大的工厂并雇用更多血汗工人带来的结果，比如19世纪曼彻斯特的纺织厂，或者今天孟加拉的纺织厂。简简单单一个公式就阐明了经济增长的原因。回到该公式诞生的时代，也就是20世纪50年代，用杜邦（DuPont）当时的理念来描述就是"……化学创造了更好的事物，让生活更美好"。对后来人而言，这个公式其实预言了硅谷（一个在索洛模型提出25年后才逐渐出现在公众视野中的地名）这样的创造中心才是经济增长的原动力。由此来看，自由市场资本主义并不仅仅根据比较优势进行贸易，并在此基础上产生现今丰富的商品和服务；同时，它也通过应用新想法不断丰富商品和服务。

索洛余值与欺骗行为

索洛的计算和结论大部分是正确的。但是，索洛的理论也是一首经济学赞歌，反映了20世纪50年代经济学者的天真。索洛认为新想法会促使人们不断进步，但自从那时起，美国以及世界大部分地方已经发展出一个与索洛理论截然不同的观点。这就好比美国历史也总会有阴暗的一面：尤其是在对待美洲原住民、非洲裔美国人、西班牙语裔、亚裔美国人、女性和同性恋的问题上。本章开篇提到了《新世界交响乐》，其作曲者安东·德沃夏克（Antonín Dvořák）将黑人灵歌和美洲原住民舞蹈融入其中。[7] 与此类似的是，标准的美国历史不再是一部筚路蓝缕、开拓进取的历史，也不再是那个尼克松在"厨房辩论"[①]中获胜的美国的历史。

[①] "厨房辩论"指的是1959年7月在莫斯科举行的美国国家博览会开幕式上，时任美国副总统理查德·尼克松和时任苏联部长会议主席尼基塔·赫鲁晓夫之间一场关于东西方意识形态和核战争的论战。为了这次展览，整个展馆都布置了美国人心目中能拥有的一切。展馆内到处都是现代自动化休闲娱乐设施，用以展示美国规模巨大的商品经济和市场经济的成果。辩论发生在一个美式别墅样板间的厨房栅台前，参观过程中，两人开始争论起资本主义经济体系和共产主义（社会主义）经济制度的优劣。这次辩论正值冷战规模扩大时期。大多数美国人认为尼克松赢得了这场辩论，他在本国的威信也因此大增。——编者注

既然任何事物都有不完美之处，现在就让我们来看看索洛的理论究竟哪里不完美。根据他的理论，新想法不仅刺激了经济增长，也在持续推动经济增长。如果新想法完全是技术领域的，这当然就是一个自然而然的结论：好的新想法使得人们可以用更少的劳动力生产更多的产品。但是，并非所有新想法都与技术相关。许多想法甚至连思维的核心内容都是关于如何利用他人的。每一个心理健康的人都能够感知他人的想法。这是人类最显著的特点之一。它让人们对他人产生同理心。

不过，这个特点也有其消极的一面。它也意味着，人们能够想出手段，骗别人做一些满足自身利益但于他人无益的事情。结果是，大量的想法不是关乎技术的，也不是利人利己的。相反，它们是关乎如何去损人利己的。此类新想法在本书各章中比比皆是。例如，我们已经看到拉斯韦加斯让人上瘾的老虎机，评级机构把变质的"牛油果"（劣质的金融衍生品）标为AAA，哈撒韦衬衫厂的销售手段以及除草机上的参议员，被精心放置于橱窗里的小狗。此类事例不胜枚举。

这意味着，人们对经济增长的理解不像表面看来那么清楚。经济增长的指标（比如人均收入）也许准确地反映了经济变化，但是这些变化并不都是有利的。索洛余值反映了"技术进步"的说法仅仅是一个假设，这种假设反映了当时人们的普遍看法。现在，大家必须从一个更为广阔的视角更为仔细地审视经济增长。

我们认为，并非所有给人们提供更多选择的发明都是好的，我们将会通过接下来的三个例子说明有些发明是好的，有些则用心不良。

三项发明

脸谱网。电灯最好的设计之一就是有开关，它让你可以关灯。脸谱网也是可以"关掉"的，但是据我们在耶鲁大学采访的学生们讲，脸谱网的使用者们经常缺乏足够的意志力来关掉页面，即便他们明知不上脸谱网可以让他们更开心一些。

我们的受访者差不多都面临这个困境。受访者会畅谈使用脸谱网的直接原因。据他们所说，就是"用它来跟朋友聊聊天"，看看"信息"。但是随着谈话的深入，他们更为激烈的情绪会喷薄而出，显现出对脸谱网的爱恨交织的情感。脸谱网的首要作用并非如一开始声称的那样，仅仅是为了朋来友往，而是一个让人"获得心灵慰藉"的载体。通过这个载体，我们的受访者可以得到一种在别的地方很难得到的社会认同。

耶鲁大学本科生的生活是充满挑战的。举例来讲，一位招生办公室的老师曾告诉2009级新生，当年申请入学的都是才华横溢的佼佼者，如果全部录取，可以组建两个完全不一样的班级，即便超出当年的招生名额，招生办公室也完全不后悔做出这样的决定。因为这种激烈的竞争，尽管已身处顶尖学府，学生们仍然需要很强的认同感。因此，学生会跑到另一个虚拟的空间，那里通行另一个自己会受到尊重的准则，例如来自脸谱网朋友们的"赞"。这种行为完全可能是一种健康的心理调节。

由于受访者对"赞"的渴求，他们对脸谱网爱恨交加。其中一名受访者告诉我们："你不能总是把你家狗的照片传上去秀，因为这很无聊。在那里，要么搞笑，要么刺激，要么就真的要非常吸引人。"一位受访者表达了对"过去"（仅仅是一两年之前，在点赞风靡之前）的怀念之情。她义愤填膺地谴责点赞这种你死我活似的竞争。

我们也了解到脸谱网的另外一面，就是它在推出点赞选项之前是如何为大家服务的。一位耶鲁大学的学生告诉我们，脸谱网用户仅仅上传他们最美好的、最让人羡慕的时刻。但是这些时刻很难让她感到认同，"还有一些时候我会痛恨脸谱网，比如像现在这样——当我身处寒冷的纽黑文时，其他人在更暖和的地方。我想让自己不去在乎，但现实是我将继续看大家晒海滩上的照片并无可奈何地忍受这一切"。

我们在耶鲁大学采访中的发现与洪堡大学的一项研究结果是吻合的，后者的研究也是有关"脸谱网用户的情绪问题"。在我们的采访中，当被问及其他人为什么有可能会对使用脸谱网感到"沮丧和厌倦"时，大约3/5的人（86%的人）提到了社交原因，诸如"嫉妒"、"缺少赞"、"社交孤立"，并且"没有被邀请"参加活动等。在被问及他们上一次使用脸谱网是何感受时，30%的人提到嫉妒，这与洪堡大学受访者的反应形成鲜明对比。洪堡大学受访者只有1%的人承认有这种嫉妒的感觉。[8]

脸谱网是好还是坏？它只允许表达"赞"，但不允许表达"不赞"。这意味着只能获得正向的认同。有意思的是，我们没有一名受访者提到他们在给朋友点赞时是开心的。但是，脸谱网上的每个"赞"都是慷慨大方之举，这给点赞者和被赞者双方都带来了尊严和尊重感。我们的受访者也认为，脸谱网的虚拟世界也与真实世界强烈并积极地互动着，他们的脸谱网好友更多的是现实世界的朋友。实际上，他们对真实友谊的渴求也是脸谱网受欢迎的一个重要原因。如果你的所有朋友都泡在脸谱网上，不用脸谱网就好像不参加人人都会到场的派对一样。

但是脸谱网并非没有负面作用（正如耶鲁大学受访者以及洪堡大学受访者所说的）。脸谱网在哪里起负面作用，哪里就会有一个新发明。罗伯特·莫里斯（Robert Morris）和丹尼尔·麦克达夫（Daniel McDuff）是麻省理工学院的学生，他们开发出一款他们自称为"The Pavlov Poke"的软件。安装该软件后，如果你浏览脸谱网超过一定时间，你的电脑就会给你来个电击。[9]

处处排名。 现在说说另一个创新（经济学家会称之为"技术进步"）的例子。考虑一下美国联合航空公司诱导消费者乘坐飞机所采取的方法。跟19世纪等级制的思路如出一辙，联合航空公司搞出了一箩筐的头衔和身份。在一架大型飞机上，登机顺序不仅仅取决于舱位等级（头等舱、商务舱、舒适经济舱以及经济舱）[10]；还取决于航空公司授予的"精英"身份：全球服务、1K、白金卡、金卡以及银卡会员。无论是他们自己的排名还是其他人的排名，人们对这些身份排名非常在意，对此，航空公司发明了一个绝好的欺骗方法：它们只需要在一旁静候，看着自己的客户历经千辛万苦累积里程数并拿出联合航空维萨卡，来获得航空公司创造的这些"精英"头衔。

我们就像看洛兹·查斯特（Roz Chast）的漫画一样看着这些人登机。这里补充一下，洛兹·查斯特是《纽约客》的漫画家，她用滑稽的表达方式画画，还用文字反映出这些人的真实想法。我们想看看，如果让她画出这一场景，会如何表达出当时全球服务会员和头等舱乘客对挤在空客飞机尾舱里的普通乘客的感受。反过来，我们也想看看那些普通乘客的想法。实际上，我们完成的（对耶鲁学生的）一些采访证实了我们对那些可能的文字框内容的猜测。其中一位受访者用"优越感"这个词说出了谜底。"有几次我真的坐了商务舱，对于能够优先登机，我暗爽不已。"她如此告诉我们。[11]

当然，航班座舱的身份排名其实对生活影响不大。但是15年后，记者尼古拉斯·莱曼（Nicholas Lemann）写了一本书，涉及一项十分重要的排名：美国教育考试服务中心（ETS）的学术能力测试（SAT）。[12] 在20世纪三四十年代，那时候只有参加了预备学校，比如艾塞特中学或者格罗顿中学，并且家在灯塔山（波士顿）的学生才较有可能上哈佛大学。当时的改革者们，也就是创立ETS和推动SAT的人，他们希望放宽入学条件，更多地注重"智力"，他们认为智力是可以通过测试测量出来的。[13] 他们的创新生根发芽，（莱曼之后）拼成绩排名已经替代了拼家庭出身，成了新的标准，但这也不是没有问题的。一种新的"精英领导制"诞生了。实际上，一个人一辈子的归宿，甚至他的薪水，越来越取决于大学学位。没有这个学位，亚伯拉罕·林肯，哈里·杜鲁门，或者希德尼·文伯格，都毫无出人头地的机会。SAT本身在决定年轻人是否上大学或者在哪里上大学方面发挥了重要作用。现在，教育排名十分普遍。他们从小就开始了一场经济学家雷米夫妇所称的"幼儿竞争"（the Rug Rat Race）。[14] 排名不只停留在SAT和高中里。大学自身会有排名[15]；大学学生有排名（尤其是如果他们准备深造的话）；大学教授发表文章的期刊也有排名[16]；教授也会有排名，排名依据就是他们在哪里发文章以及发表的次数。[17]

这些排名自有其作用。学生为了考试而学习，老师为了考试而教学，教授为了满足期刊发表的指标而搞科研，这些都造成了巨大的扭曲。但是，强调排名导致的其他问题可能比这些扭曲更严重。那就是，这些等级高的人往下看那些排在他们下面的人时心理上的扭曲，这不由让我们又回想起了洛兹·查斯特的漫画。大家已经看到了此等"暗爽不已"的副作用。过去，美国联合航空公司常常让带孩子的家庭优先登机。出于对同行乘客的尊重，美国联合航空公司将出台一项新规定，2012年4月，美国联合航空公司改变了政策，传统的做法不复存在。[18]

正如脸谱网一样，人们对教育排名有着一种复杂的情感。我们认为，大众更喜欢通过ETS来区分资质的社会，而不大喜欢以家庭出身为判断标准的社会。但是我们对这种注重排名的教育体制持保留意见，因为一个被认证为"精英"的人会对那些被视为"下等"的人抱有鄙视的态度，这种态度会伤害每一个人。大家真的喜欢自由市场吗？是的，但不完全是。

卷烟机。比才的歌剧《卡门》（*Carmen*）的情节设定在19世纪20年代的西班牙塞维利亚，主角卡门在制烟厂工作。[19] 如果故事发生的时间被设定在差不多80年之后，那么戏中的她很可能就会有一个不同的职业：19世纪80年代，弗吉尼亚人詹姆斯·本萨克（James Bonsack）发明了卷烟机，这台机器能够极大地减少制造香烟所需的劳动力。[20] 在下一章中，我们会描述这项发明对人类福祉的负面影响。

PHISHING
FOR
PHOOLS

第八章
烟草与酒精

The
Economics of Manipulation
and Deception

在现代美国，如果要问哪些产品最容易引诱消费者上钩，则非以下四大瘾品莫属：烟草、酒、毒品和赌博。瘾君子真正的口味往往被瘾品本身所绑架：瘾君子消费的瘾品越多，他对瘾品的需求就越多。[1]

在本章，我们会继续讨论烟草和酒这两种瘾品。在现实生活中，人们对这两种瘾品的态度截然不同。现在，人们认为吸烟很愚蠢——在69%的美国成年吸烟者都想戒烟的情况下，居然还有人想去吸烟，这的确看起来很愚蠢。[2] 与之形成鲜明对比的是，人们认为饮酒——至少适量的饮酒是有益健康的。下面，我们将会看到，为何吸烟会变得声名狼藉，而饮酒却不是如此。

吸烟与健康

如果我们将时光倒回到20世纪20~40年代，可以发现，吸烟在当时被认为是尊贵的事情。吸烟使你性感，吸烟使你潇洒。一个著名的契斯特菲尔德牌香烟广告给出这样一幅场景：一位优雅的男士和一位迷人的女士浪漫地坐在海边，男人正在点燃一根卷烟，旁白是："呼出我的风格。"[3]

随后，这一切发生了逆转。自从16世纪欧洲人在新大陆发现了烟草，人们就怀疑烟草对健康有不利影响。[4] 但是直到20世纪50年代,才有可靠的统计数据证实这一点。这个答案到来得如此之晚是因为一项发明的诞生。在19世纪,烟斗和雪茄并非稀罕之物,但是人们多是嚼烟草然后吐掉。这是烟盂之所以存在的一个原因。但是到了19世纪80年代,卷烟机被发明出来。在1900年,卷烟业在烟草产业中无足轻重,美国人均年消费量仅为49支。到了1930年,这一数字攀升至1 365支;到了1950年,达到了3 322支。[5]这一数字的攀升与肺癌的蔓延相吻合。在1930年,肺癌死亡案例不超过3 000例。到1950年,这一数字达到了18 000例。[6]

在20世纪40年代,两组研究人员———一组在美国,另一组在英格兰,找到了一个简单的测试方法。这种方法可以用来验证吸烟是否导致了肺癌蔓延。他们比较了肺癌病人与精心匹配的对照样本的吸烟史。在美国,埃瓦茨·格雷厄姆(Evarts Graham)与厄恩斯特·温德尔(Ernst Wynder)构建了一个样本,包含684例肺癌患者及作为对照的在美国医院的普通病人。格雷厄姆在圣路易斯的华盛顿大学医学院工作,他成功完成了第一例癌症病人的肺部切除手术,温德尔则是一个热切求知的年轻医学院学生。[7]通过比较癌症病人组与对照样本组的吸烟习惯,他们发现吸烟者患肺癌的可能性是不吸烟者或者轻微吸烟者的7.5倍。[8]格雷厄姆一开始并不相信吸烟引发肺癌的说法。(他问道,既然吸烟的时候烟雾是进入双侧肺叶的,为什么肺癌通常只发生在一侧肺叶上?)不过在温德尔的劝说下,他还是进行了这项实验研究。[9]看到了实验结果后,他不但自己戒了烟,还加入了倡导戒烟的推广运动中。[10]

同时,在大西洋的另一边,还有一个相似的老年人与青年人的组合——A·布拉德福德·希尔（A. Bradford Hill），伦敦大学卫生和热带医药学院的一位医学统计教授，以及理查德·道尔（Richard Doll），一位流行病学的新生代研究者。他们在来自伦敦的医院的对照样本中获得了同样不容置疑的结果。对于那些吸烟更多的人，成为肺癌组（而不是对照样本组）成员的可能性系统性地提高了。[11] 格雷厄姆和温德尔在《美国医学协会杂志》（*Journal of the American Medical Association*）上发表了他们的研究结果；希尔和道尔的发现则于1950年发表在《英国医学杂志》（*British Medical Journal*）上。

紧接着，非流行病学的证据证明了癌症与吸烟的生物学联系。当格雷厄姆、温德尔以及他们的后继者阿代尔·克罗宁格（Adele Croninger）将卷烟焦油涂在小鼠后背上，59%的小鼠发生了病变，44%的小鼠得了癌症。[12] 控制组小鼠则没有一只发生病变。奥斯卡·奥尔巴哈（Oscar Auerbach）及其合作者解剖检验了吸烟者和非吸烟者的肺部，他们发现吸烟者更易出现癌症前兆。[13]

听到这些坏消息后，烟草行业做出了自己的回应。烟草行业联盟（包括美国五大烟草公司）是形象包装的专家。之前，它们就已经将广告业中的精英吸纳进来。（我们的两位朋友拉斯克和奥格威正是其中一员。但是拉斯克在20世纪40年代就成为抗癌的领军斗士；[14] 并且，当癌症与吸烟之间的关联变得清晰时，奥格威拒绝为卷烟做广告。）[15] 烟草行业联盟转而求助伟达公关公司。[16] 这个公司的任务就是讲述一个新故事，用来扭转公众从顶尖医学期刊那里得到的吸烟会导致癌症的观点。

烟草行业无法反驳那些表明肺癌病人比控制组病人更有可能吸

烟的证据，也无法反驳证明卷烟焦油与癌症有关系的科学证据。它们听从伟达公关公司的建议，做了一件巧妙的事情，制造了怀疑。就像我们将要在第十章提到的，金融家迈克尔·米尔肯（Michael Milken）意识到，公众很难区分两种"垃圾债"，烟草行业也意识到了这一点，同样的，公众也很难区分两名"科学家"。格雷厄姆、温德尔、希尔、道尔、克罗宁格、奥尔巴哈，以及其他人都发现了强有力的不利于烟草销售的证据。但是烟草公司知道他们能够找到其他"科学家"（尤其是在吸烟者中），他们会坚决指出吸烟与癌症之间的联系还没有"被证实"。他们设立了一个独立研究所，由独立的烟草协会研究委员会运营，受到一个独立的科学咨询委员会（SAB）监督。[17]

由烟草行业联盟选择的SAB的领导同时也是烟草协会研究委员会的主任，这并不是偶然的。我们有必要看一看他们精心选择的克拉伦斯·利特尔（Clarence Little）的职业经历与性格特点，因为我们可以据此了解烟草产业是如何让大众怀疑对其不利的结论的。利特尔确实是一位著名的科学家，在还是一名遗传学研究生的时候，他就已经创造了一个同系交配小鼠品种。他在遗传学上的兴趣起源于他的早年经历，当时，他的父亲（其退休前是一位干货代理商，退休后养了一条狗）将饲养的技艺传给了他——利特尔的父亲在他三岁时送给了他一群鸽子，他的饲养生涯由此开始。[18] 利特尔带着自己的天赋来到哈佛大学，作为本科生，他让一对兄妹小鼠完成了交配，后来又在哈佛大学读研究生并留校任教，并以同系交配小鼠的制造者出名。在利特尔最重要的研究成果中，他发现将肿瘤从一只同系交配小鼠移植到杂交小鼠上是可能的，但是反之则不行。[19] 当烟草行业发现利特尔时，他们意识到他们已经找到了那个"相信"癌症来自遗传的人；这意味着，现有的医学证据无法证实吸烟导致癌症，因为癌症来自坏基因[①]。这些打着科学标签的观点被利特尔的政治和社会活动不断强化。利特尔相信优生学（"不适者"应被绝育），并在1928~1929年成为优生学大会的主席。[20]

烟草行业这次没有选错人。利特尔的管理天赋也使他成为缅因大学和密歇根大学的校长。他对自己的研究结果坚信不疑。无论证据如何，他都坚持认为吸烟导致癌症还没有"被证实"。[21]他相信还有必要进行更多的研究，但是利特尔所负责的烟草研究所从来不拨款用于研究卷烟焦油与癌症的关系。利特尔精力过人，常常以令人难忘的方式大放厥词（例如，作为密歇根大学校长，他认为"某些大学教职员工是美国最无所事事的人"）。[22]

伟达公关公司正是通过把利特尔以及有同样想法的人拉进科学咨询委员会和烟草协会研究委员会，重新"阐释"吸烟与健康的关系，从而为烟草行业开脱。这样做的结果是，带来了一场关于吸烟是否导致癌症的"科学论战"。哥伦比亚广播公司著名的调查栏目的记者爱德华·R·默罗（Edward R. Murrow）安排了两场关于"论战"的节目，利特尔和温德尔都接受了采访。无论证明"地球是圆的"（吸烟导致癌症）的证据多么有力，电视节目里都会把它与"地球是平的"（吸烟不会导致癌症）的证据放在一起比较，显得二者难分胜负，同时，默罗在整个节目中竟然烟不离手。

---

① 坏基因同时导致人更容易得癌症和更容易吸烟，这就意味着吸烟和癌症之间仅有相关关系而非因果关系。——译注

这些关于吸烟是否有害健康的辩论最终导致了一份历史性文件的出台：《1964年卫生总署报告》。该文件的结论不再模棱两可，它明确指出，吸烟有害健康。该报告代表了美国政府的官方立场，用通俗的语言来说，吸烟太蠢了；用官方语言说，卫生总署的研究表明，吸烟危害您的健康。[23]

约翰·肯尼迪总统的卫生总长卢瑟·特里（Luther Terry）建立了一个调查吸烟是否有害健康的咨询委员会。正如其官方标题（"吸烟与健康：咨询委员会对卫生总署的报告"）所显示的那样，这份报告事实上来自这个委员会。[24] 报告不仅回顾了有关癌症和吸烟之间关联性的科学证据，它还比之前所有的流行病学研究，比如格雷厄姆—温德尔和希尔—道尔的研究，更加令人印象深刻。

报告综合了7个有关死亡率与吸烟关系的不同研究的结果——这些研究来自美国、加拿大和英国，总共记录了112.3万位受访者的吸烟习惯。在每一例研究中，吸烟者都要与不吸烟的对照者进行比对。这些研究可以彻底追踪吸烟者的死亡人数：总共26 223人，并且还获得了每一个死者的死亡证明，上面注明了死亡原因。该委员会计算出如果吸烟者不吸烟，那么，由于疾病和年龄所导致的死亡人数应为15 654个。用报告的术语来讲，吸烟者的"额外死亡率"为68%。[25] 额外死亡率的产生并不仅仅是因为肺癌（吸烟者实际的肺癌死亡率是普通人的10.8倍），或者是因为支气管炎以及肺气肿（患这两种疾病的吸烟者实际死亡率是普通人的6.1倍），它涵盖了导致死亡的全部因素。例如，对于冠状动脉疾病而言，吸烟者的实际死亡率是不吸烟者的1.7倍。在这7项研究中，吸烟者的实际死亡人数与普通人的死亡人数之间的差距是如此之大，以至于任何一个理性的人都很难得出吸烟不会危害健康的结论。

自从该报告发布以后，反烟草运动在社会上轰轰烈烈地开始了，并与烟草行业联盟抗争了50年。但烟草行业联盟并非全盘皆输。在美国，受言论自由的庇护，烟草行业联盟已经能够规避不利于烟草销售的包装规定；与美国相比，澳大利亚要求卷烟的包装要展示令人感到恐惧的图片，比如肺癌患者的肺部照片。[26] 烟草行业联盟也仍然被允许在印刷品上做广告，但在电视和广播上做烟草广告是被禁止的。[27] 在由46个州政府起诉的案件的判决中，烟草公司同意支付2 060亿美元，以补偿各州在因吸烟引发的健康问题上所增加的开支。但是，对烟草公司而言，他们实际上只花了很少一笔钱就一劳永逸地解决了自己的麻烦。[28]

烟草行业联盟没有全盘皆输，反烟草运动也是一样。这项运动取得的每一个胜利都离不开卫生总署报告中提出的吸烟致癌的结论。反烟草运动的胜利主要体现在对这个结论的广泛宣传上。首先，26岁的律师约翰·班茨哈夫（John Banzhaf）在纽约控告了联邦通信委员会。根据指控，在其批准的公平使用原则下，只要一家电视台播放了卷烟广告，他们就有义务出于公众利益的考虑提供相同时长的宣传来展示烟草的危害。令人惊叹的是，联邦通信委员会同意了，但它只同意用1/3的时长，而不是如前所要求的相同时长。[29] 反吸烟广告通过触目惊心的图片以及令人毛骨悚然的黑色幽默来展示吸烟的危害。它的效果如此之好，以至于烟草行业联盟不得不寻找对策。反烟草运动还支持一项旨在全面禁止烟草产品电视广告的法令。[30]

反吸烟广告以及随后对烟草电视广告的禁令打破了斗争双方的平衡：吸烟很愚蠢（反烟草）的观念战胜了吸烟很潇洒（烟草行业联盟）的观念。

反烟草运动还赢得了另一场不可思议的胜利。烟草行业联盟除了炮制科学怀疑外，还强调吸烟者的选择权。但是反烟草运动有力地批驳了这种说法：如果认为吸烟者有权选择吸烟，那么在室内的非吸烟者选择不吸烟的权利就被剥夺了。套用烟草行业联盟的逻辑，你在室内吸烟危害了我的健康；你作为吸烟者，侵害了我作为不吸烟者的权利。在亚利桑那州，由于呼吸道疾病的流行，反二手烟运动蓬勃兴起。1973年，在公共场所吸烟被禁止。[31] 现在，在全美，我们看到吸烟者只能在室外吸烟。他们难堪的表情无言地传播着这个信念，即吸烟很愚蠢，毕竟，没有人想要成为瘾君子。

在卫生总署报告发布之后，吸烟从看上去很潇洒逐渐变为很愚蠢。过去，42%的美国成年人（53%的男性，31%的女性）吸烟[32]；现在仅有18%的成年人吸烟（20.5%的男性，15.3%的女性）。[33] 吸烟者的比重在过去50年中每年稳定地下降0.5%。[34] 现在不仅吸烟者的比重更小了，那些吸烟的人也吸得更少了。1965年，吸烟者平均每天吸掉1⅜包烟；现在，他们平均每天只吸9/10包。[35]

我们有如此进步确实是个好消息。但是，革命尚未成功。据美国疾病控制中心估计，2005~2009年，全美的死亡案例中差不多有20%是由吸烟引发的。[36]（即便乐观地认为这些数字存在被高估的可能，但是可以确信的是，吸烟对于健康是极其有害的。）在这方面，我们自己都有痛苦的记忆。对于本书的作者（乔治和罗伯特）而言，我们的朋友伊娃、乔、约翰、彼得、米格尔、玛格丽特、理查德、费希尔、安东尼，以及其他许多人都受到了烟草的伤害。我们不希望类似的事情也发生在我们的父母、兄弟姐妹或者子女身上。现在，随着经济的全球化，吸烟也一样全球化，美国烟草业在其中起到了相当大的推动作用，正所谓"吹出他们的风格"。

为了应对烟草行业联盟的诱惑，反烟草运动已经有了一个持续而有力的武器，那就是传播"吸烟很愚蠢"这一信念。1964年发布的卫生总署报告在这方面居功至伟。

烟草行业联盟的案例佐证了本书的一个中心思想，那就是，如果存在一个欺骗均衡，烟草行业联盟一定会采用我们前面描述过的引诱策略，因为这对它们来说有利可图。并且，烟草行业联盟又恰好找到克拉伦斯·利特尔来为它们辩护。利特尔是一个天才却偏执的科学家，他夸大了遗传因素对癌症的影响，以此来排除吸烟等环境因素的影响。为了引发人们对"吸烟有害健康"这个观点的怀疑而收买无良学者，就是一种欺骗均衡：即便没有利特尔，烟草公司也会找到其他的合适人选。

酒精

目前，虽然人们在吸烟的危害性上已经达成共识，但是在饮酒的问题上却缺乏共识。这里所说的共识就是酗酒对健康也构成严重的危害，但是酗酒的情况并不多见。这个论断来自国家酒精滥用和酗酒问题研究所的酗酒生命历程标准统计数据。根据美国国民酒精依赖及其现况的流行病学调查（NESARC），男性青年（18~29岁）中有13%表现出"酒精依赖"的特征；对于中老年人（45~64岁），这一比重下降到样本总体的3%以下。对于女性而言，流行程度更低：在18~29岁的人群里有6%，在45~64岁的人群里有1%。[37]来自疾病控制中心的统计数据也反映了类似的结果。根据他们的核算，死亡总数中的3.5%是由于饮酒过度。[38]这些统计数字总结了美国社会中酒精危害的基本情况。酒具有严重危害，而且影响了许多人。但是，这种危害主要发生在占人口比重较小的一部分年轻人身上。与此同时，人们通常认为，饮酒是派对或者庆祝活动的必要元素。广告商利用这一点大做文章，描绘了欢闹的帅哥靓妹们举杯畅饮的画面。在这种场景下，提起酒精危害有点令人扫兴。

但是，尽管讨论还不充分，我们还是要来扫大伙的兴。这是因为，无论NESARC以及其他调查的结论有什么差别，它们有一个毋庸置疑的共同观点，那就是酒精的危害可以与卷烟的危害相提并论。作为一种慢性镇静剂，酒精直接影响了占样本总数的3%或者4%的人的健康。而且如果考虑到酗酒者的家庭成员的话，那么更是影响了占样本总数的15%~30%的人的生活。

支持这一观点的最重要的证据来自一项不同寻常的研究。回溯到20世纪30年代，一家连锁百货商店的创始人被哈佛公共医疗保健部的负责人说服，资助了一项对哈佛大学学生生命历程的持续研究。[39]研究者会依据学生的心理和生理健康状况而挑选出来合适的对象。这项研究的目的在于发现幸福生活的决定因素。正如这些年轻人所展示的一样，他们的禀赋和起点是其通往幸福生活的有力保障。[40]在研究中，1939~1944级的班级中有268名学生被挑选出来[41]，这项研究持续了超过75年，由4个不同的课题负责人相继接手。第三个负责人，乔治·瓦里恩特（George Vaillant）已经成为《哈佛研究成果编年史》（*Harvard Grant Study*）的特约编纂者。[42]

这项研究的首要发现就是酒是如何影响这些潜在精英的生活的。这些人中有23%曾在一生的某些时候酗酒。[43]其中，大约7.5%的人曾受"酒精依赖"的折磨。[44]另外，在瓦里恩特看来，酒精依赖对于他们的影响并不仅限于青年时期，因为这是一种慢性的削弱生理和心理功能的疾病。这些滥用酒精者的平均寿命不仅比其他非滥用酒精者更短[45]，而且社交能力也更低。

令人惊讶的是，瓦里恩特指出酗酒对人格有不利影响。早在哈佛大学的这项研究之前，精神病学家就关注了酒精与人格的关联，他们普遍认为，酗酒在很大程度上是由不幸的童年所导致的。在这个非常弗洛伊德式的观点看来，这是糟糕而冷酷的父母催生出来的自然结果。精神病学家们对此观点有极为充足的证据：他们常常看到那些酗酒者在沙发上讲述他们悲惨的、受虐的童年经历（也许是精神病学家诱导的）。但是哈佛大学的这项研究中还包含了一个重要且独特的发现。在研究一开始，资深的采访人不但询问了学生关于自己童年经历的问题，他们甚至还访问了学生的家庭，采访了学生父母。这些过往采访表明，酗酒者与他们不酗酒的同辈们相比并无差异。相反，数据表明，正是酗酒本身改变了他们的人格，将他们变成如今这个满腹牢骚的人。[46]瓦里恩特得出了一个更为一般性的结论：酗酒剥夺了酗酒者与他人亲密相处的能力——他将这一能力看作不酗酒者更幸福的原因所在。此外，酗酒不仅仅危害酗酒者本人，还同样伤害着他的妻子和孩子。这些结果在深入的精神病学访谈中被揭示出来。这个结论同样可以通过冷冰冰的统计数字得出，夫妻双方有任何一方酗酒都会导致更高的离婚率。[47]

酒精依赖毁掉一生的一个案例是弗朗西斯·洛厄尔（Francis Lowell）的故事。[48]他以优异的成绩毕业，"二战"期间参军服役，加入了盟军深入德国的先遣部队，并在穿越莱茵河和攻占鲁昂的战斗中功勋卓著，获得了三枚勋章；之后，在哈佛法学院以前10%的排名毕业；之后加入了一家纽约的知名律师事务所。他的一生本可以继续如此辉煌地度过。但是他最后恢复了大学时期的周末纵酒恶习。30岁时，他在20多岁时遇到的女人，也是他一生的挚爱，拒绝了他的求婚，拒绝的理由是他过度饮酒。此后，他们两人都没有嫁娶。直到23年后这位女士的母亲去世，此后不久，她嫁给了另外一个人。可怜的弗朗西斯从那时起只对一个人有信心：他自己。他仍然继续从事法律事务，但是他在每个星期五午饭之后就纵酒豪饮，一直喝到星期日，以至于经常在星期一旷工。

我们不认为瓦里恩特的观点无懈可击，他的研究中存在主观因素。但是，我们还可以找到其他支持类似观点的证据。2006年，《奥克兰论坛报》（Oakland Tribune）的记者戴夫·纽豪斯（Dave Newhouse）参加了他在门罗—阿瑟顿高中班级的50周年聚会。1956年，门罗园/阿瑟顿还仅仅是一个平静的郊区，而非现在的"硅谷"中心。在这次聚会中，纽豪斯采访了28位同班同学，将他们的尘封往事写进了一本书，取名《老熊们》（Old Bears）。[49]这些老毕业生高度诚实地讲述了他们的喜怒哀乐。在人生的这一节点上，他们似乎的确想要如实倾吐心声。

对于老毕业生中的大部分人，他们的完满人生的核心是他们对自己丈夫或妻子的爱。但是，对于其中一小部分人而言，酒取而代之，发挥了重要的作用。对于28人中的6位，在他们人生中的某个阶段，酒精占据了他们的生活。这个班级的班长，也是班里的橄榄球明星，娶了他的高中女友。他在帕洛阿尔托开了一家律师事务所，有了孩子，最后却以离婚告终。不久，他又多次因酒驾被捕，被投入圣昆丁监狱。[50] 另一位毕业生嫁给了她在斯坦福大学的一位英文老师。但她纵情喝酒以至于成天浑浑噩噩。不过酗酒没有毁掉她的生活：她离婚，最终戒酒，并且获得了纽瓦克的罗格斯大学的终身教职。[51] 木匠比尔·劳森（Bill Lawson）的第一段婚姻在维持了24年之后结束了。他的妻子苏珊抱怨他喝酒太多，但他拒不承认。之后，他离婚了，并在随后的14年里保持单身（几乎与这个班级重聚的时间跨度相同）。[52] 第四位老熊在忍受了与酗酒者长达22年的第二次婚姻后最终离婚。[53] 以及另外两位——包括纽豪斯本人——吐露了父母酗酒给他们造成的永远的伤痕。[54] 尽管样本较小且不够精准，老熊们的故事与瓦里恩特的哈佛大学毕业生的故事如出一辙。

这就把我们带回到最基本的问题，即酒精如何影响了我们的生活。我们来看看为什么NESARC和其他对于酒精滥用的标准统计测量会低估酒精对我们的不利影响。瓦里恩特把受害者失去亲密沟通能力视为酗酒的主要症状，在我们看来，如果维兰特的观察是正确的，这才是导致酗酒者幸福水平更低的真正原因。NESARC的数据依据的是美国精神医学会的统计手册和诊断学对酒精滥用和酒精依赖的定义。"酒精滥用"的认定基于对一系列类似如下问题的肯定答复:"(你曾经)因为你的饮酒或者因饮酒而患病从而导致工作或者在校学习出现问题吗?""酒精依赖"的认定条件更为严格,必须要对诸如"(你至今曾有过)在一段时期内,你不断地喝酒,而且比你想要的时间更长?"的问题给出肯定答复。[55] NESARC对这些问卷受访者的回答是完全保密的。但是这并不意味着受访人讲的是实情。需要注意的是,匿名的受访者有可能并不情愿承认"我是酗酒者"。这个推测有事实依据:NESARC受访者报告的酒类消费额仅占美国酒类总销售额的51%。[56] 不过,这仅仅是一种可能,纽豪斯和瓦里恩特也许还需要调整他们的采访策略才能真正地识别酗酒者。不过,如果瓦里恩特的发现是对的,那么,酗酒的真正危害在于它对酗酒者人格的主观的、难以察觉的改变。

值得注意的是,与吸烟有害一样,酗酒有害的说法在20世纪40年代末也销声匿迹了。不过,即便是经验丰富的外科医生格雷厄姆要证实吸烟导致肺癌也非易事。因此,我们不清楚酒精如何影响生活也在情理之中。毕竟,诊断肺癌要比判断什么导致肺癌容易太多了。但是,我们对于酒精的危害缺乏认识是有更深层原因的。肺癌研究的结果明确地支持了卫生总署关于吸烟有害健康的说法。而对于酒精,则缺乏类似的证据。这是因为对于酒精危害的研究仍然在很大程度上缺乏资助。与其他癌症研究相比,酒精病理学和酒精研究领域显得毫无进展。

但是,这就把我们带回到本书的核心观点,即商家用欺骗的方法来引诱消费者做出对自己不利的选择。相应的研究的匮乏使我们很容易上当受骗，因为我们不知道事实究竟是什么。

类似的，众多靠出售酒类产品获益的商家（比如啤酒、红酒和白酒的生产商、零售商以及饭店）也会炮制出一些论点，使得人们质疑酒精的危害。我们可以在许多地方看到他们摇旗呐喊。其中的首要问题就是他们反对对酒类增税。自从禁酒令结束后，酒类产品的税率就几乎没有变过。通过对酒类实行适度的征税（不能太高，否则就会鼓励酿制私酒）可以控制人们饮酒。杜克大学的菲利普·库克（Philip Cook）运用计量经济模型估计，乙醇价格翻一番（即酒类饮品中的酒精）会减少40%的需求。[57]尽管没有人会以孩子们的生命担保说这就是提高价格（或税收）的"真实"作用，但令人鼓舞的是，各种估算模型和方法全都指向了同样性质的结果：随着对乙醇征税的增加，乙醇的销量会下降。[58]同样振奋人心的是，其他指标，比如机动车肇事率、摔伤致死率、自杀率，甚至是肝硬化死亡率也显示，增税不仅会影响轻度饮酒者，更会同样影响重度酗酒者。[59]

但令人沮丧的是，公众没有利用这种控制酒类消费的方法，其实这类方法具有一个优势，那就是可以把收益用于抵消在其他地方减税带来的财政损失。这在美国联邦政府和州政府层面上都能够得到体现。在2013年，联邦对一罐啤酒征税5美分；对一瓶红酒征税21美分；对80度的白酒（威士忌、伏特加或者杜松子酒）征税2.14美元。[60]各州的地方税率同样较低。例如，在马萨诸塞州，州政府对一罐啤酒征税1美分；一瓶红酒征税11美分；一瓶白酒征税80美分。[61]

我们之所以选择马萨诸塞州作为例子，是因为最近该地区的人们为了酒类行业的税收问题吵得不可开交。这里充分体现了酒类行业是如何引诱消费者从而保持低税负的。马萨诸塞州议会以过人的勇气通过了对酒类产品销售征收 6.25% 的营业税的法案。这笔款项专门用于对酒精和毒品上瘾者进行治疗的开销,同时也可以减少州政府财政赤字。虽然这部法案通过了,但是征税并未持续很长时间。原因是,制酒厂商大为不满,他们的销售额大幅下滑,因为顾客都去邻近的新罕布什尔州的商店买酒了。第二年,制酒厂商发起了一场针对撤销该税种的特别公投。其首要论点(在公投总结陈词中提到)是州政府对酒类已经征过税了,"两次征税,税上加税"。当然,他们没有提到该消费仅仅是每罐啤酒征税 1 美分。这次公投的成功说明了酒类行业为什么以及如何使消费税保持如此之低(尽管我们也应该提到马萨诸塞州的制酒厂商特别幸运,其他大多数州都不会免除酒类的营业税)。[62]

在缓解酒精滥用方面一直不缺乏成功案例。坎迪斯·莱特纳(Candace Lightner)在 13 岁的女儿被一位酒驾司机撞死后发起了 MADD(反酒驾母亲们)运动。在那场可怕的事故中,司机逃逸了,孩子被留在了马路上。在 20 世纪 70 年代,大多数州已经把购买酒类的法定最小年龄降至 18 岁,这与获得投票选举权的年龄一致。MADD 运动成功地将最小饮酒年龄提高到了 21 岁。她们也游说政府以争取在认定醉酒上使用一个较低的血液酒精浓度水平,她们还积极争取设立随机马路站点进行酒精检测。[63] 这项运动取得了相当大的成功。自从 1982 年以来,人均酒驾肇事率已经下降了 72%。(同一时期,人均非酒驾交通肇事率也下降了 6%。)[64]

MADD 运动尤其强调其教育意义,致力于传播酒驾的危害。

MADD运动塑造了那些害死无辜者的酒驾司机的恶劣形象。实际上，超过82%的酒驾死亡要么是司机自己（66%），要么是当地居民（16%）。[65]但是MADD运动的故事主角几乎总是无辜的旁观者，有时只是一位过路者，但从来都不是司机。[66]值得注意的是，这个故事极其有力，与二手烟的情况如出一辙。就如同那些吸烟者走出门廊，他们的卷烟就是愚蠢的标志，从而抑制了吸烟一样，酒驾受害者的故事在降低酒精摄入方面发挥了显著作用。从1981年开始，美国人均乙醇消费量已经显著下降了18%。[67]

但是，有关烟草和酒的最基本的事实是，它们很容易获取，而且税率并不高。烟草的易获取性意味着烟草商对吸烟者的引诱，而酒类的易获取性意味着制酒商对酗酒者的引诱。

PHISHING
FOR
PHOOLS

第九章

为利润而破产

The
Economics of Manipulation
and Deception

在本章以及下一章，让我们一起回顾一场现在几乎被遗忘的金融危机，即所谓的1986~1995年的储蓄和贷款危机。我们有必要重新审视几十年前的那场危机，从而更为深入地理解金融界的骗术，这种骗术十分常见却又难以察觉。

储蓄贷款协会是金融机构的一种形式，盛行于20世纪初的美国。模仿英国建筑协会，这些类银行机构吸收小额储蓄，并给参与储蓄的会员发放住房抵押贷款或购车贷款。这个动机是非常值得称赞的。但是，在20世纪80年代，大批的储蓄贷款成为骗子的工具，导致了这类机构的破产。破产规模惊人。对应的解决方案花费了纳税人大约2 300亿美元。[1] 但是更大的危害在于引发经济衰退：由危机造成的信贷紧张以及资产价格缩水非常可能是1990~1991年经济衰退的主要原因。[2]

储蓄和贷款危机距今较近，但源自不同的制度环境，展示了一个不同的欺骗均衡问题。特别是它采取了一种新的欺骗形式，被经济学家保罗·罗默（Paul Romer）和本书作者乔治一针见血地称为"为利润而破产"。[3]（多谢保罗同意我们参考他们二人此前的作品，从而构成这一章及下一章。）我们将看到在经典经济学中追求利润最大化的厂商是如何通过炮制有误导性的会计信息（有时是审计欺诈），来使自己破产，却保有利润的。

掠夺

只有孩子才会问，为什么破产法院在企业快要破产时会直接接管企业？答案再明显不过了：如果企业只有 125 000 美元，并且欠彼得 77 000 美元，欠保罗 243 000 美元，他们就得决定那 125 000 美元该如何分了。法院接管企业，是要确保彼得不会在保罗得到他那份之前过多地（换句话说就是非法地）拿走欠款。这就是为什么一旦企业要破产，法院马上接管的最直白易懂的解释。

但是（对于任何成年人而言，大家却懂得世上的事往往不像看上去的那么简单），这里还存在一个微妙的原因。如果有偿债能力的企业主今天用企业的钱支付自己一美元，那么他们就会损失明天的一美元及其将带来的利润。因为没有其他刺激因素，所以有偿债能力的企业主不会马上把钱取出来。相反，即使一个破产的企业主从其企业中额外拿出一美元，他们在明天根本不会有任何损失。为什么？因为破产企业为了偿还彼得和保罗的欠款，已经（在法律上）失去了其资产。由于所有者将一无所有，他们就像是纵横亚洲的成吉思汗军队：今天东西不拿走，明天就什么都不剩下了。于是，他们就有了洗劫的动力。

在本章，我们将看到储蓄贷款协会已经破产，但是监管者并没有跟进的情况。相反，为了有机会拿回储蓄贷款，他们让企业继续开展业务。这就给肆无忌惮的洗劫创造了机会。比如，以很低的价格收购一个存在如此问题的企业，然后尽可能地向储蓄贷款协会贷款，并通过会计障眼法找到一个渠道把贷来的钱转移出去，最后中饱私囊。[4]

一切是如何开始的

在 20 世纪 80 年代初,美国通货膨胀率升至 13.5%。[5] 时任美联储主席保罗·沃尔克(Paul Volcker)通过紧缩经济的办法解决了这个问题。他让利率飙升;世界上最可靠的债券——美国 3 个月短期国债,其利率在 1981 年达到了 14%。[6] 1982 年秋,以及 1983 年春,失业率升至 10%。[7] 在这场反通胀大战中,美国储蓄贷款协会——人们用于储蓄和住房抵押贷款的金融机构,也一并受到了冲击。它们之前以 5%、6%、7% 的利率发放了 30 年期固定利率抵押贷款。[8] 它们需要存款以支撑这些抵押贷款。同时,它们该怎样去面对迅猛发展中的货币市场基金的竞争呢?这些基金对于消费者而言是另一种方便的储蓄方式。[9] 所有经济学家都认为储蓄贷款协会将大量破产:尽管从账面上还看不出,但在经济逻辑上,这已经是板上钉钉了。储蓄贷款协会的投资所得(几乎全部是固定利率抵押贷款形式),不足以吸引到能够支撑这些抵押贷款的必要的储蓄。[10]

雪上加霜的是,储蓄贷款协会的担保人——联邦储蓄贷款保险公司(FSLIC)的信托基金没有足够的钱来弥补储蓄贷款协会的资产与债务差距。现有的借贷机构的存款只有依靠联邦政府的注资才能付清。不过,直到老布什政府上台,此类基金才获得批准。另一方面,这笔基金如何使用也是个大问题,但事已至此,我们别无选择。

游戏开始了

在游戏开始前,我们先来看一个简单的问题:假如破产机构没有被法院接管或者被监管机构关闭,那么到底会发生什么事情呢?我们将看到,本可以只花费纳税人大约330亿~490亿美元(以现在的美元来计算)就能解决的问题,却膨胀成为一个要花费至少是原来4.5倍的钱才能解决的问题。[11] 更糟的是,危机造成的间接损害甚至更为严重。加利福尼亚州和得克萨斯州的房地产市场在一夜之间由繁荣到衰败。[12] 同样值得注意的是,正如我们将在下一章看到的,储蓄贷款协会破产,永久性改变了美国公司金融,不过这种影响已经超出了本书的讨论范围。

美国有多种方案可以用来延迟储蓄贷款协会的危机。政府在监管上采取了一系列新措施,但由于储蓄贷款协会的财务问题过于严重,这些新措施注定失败。最开始,监管机构允许这些储蓄贷款协会支付一个超过上限的微小价差,这个上限是它们的竞争对手——商业银行的储蓄存款利率上限。但是,当利率在20世纪80年代初猛增到两位数时,储蓄贷款协会的主要竞争对手就不再是银行了,取而代之的是货币市场基金。当时,货币市场基金还是新鲜事物,它们的利率没有被设定上限。最终,这项政策失败了。储蓄贷款协会的监管机构——联邦住宅贷款银行,也在会计政策上做出细微的改变,即允许储蓄贷款协会破产经营。[13] 但这个方案也同样不起作用。

于是,麻烦被丢到了国会。当时正流行放松监管,这种理念认为,储蓄贷款协会之所以破产是因为利率升高,如果放松监管,它们就可以避免破产。但是人们没有弄明白每一位婴幼儿父母都懂的道理：如果你让1岁大的孩子到护栏之外玩耍（放松监管），你必须更加小心地看着这个孩子，而不是相反。

于是，储蓄贷款协会就被放任自流了。1980年发布的《存款机构放松监管和货币控制法案》去除了储蓄贷款协会可以给存款支付的利率上限（当时，比5.5%更高一些）。[14]这给予储蓄贷款协会几乎无限制的资金供给，因为资金雄厚的机构，比如银行和券商，非常乐于给它们提供贷款，只要其支付的利率足够高（并且，自从FSLIC愿意为债务偿还做出担保，贷款更是滚滚而来）。[15]储蓄贷款协会过去一直在住房抵押贷款上有限制，现在这种限制条件也同样被放松了。1982年发布的《甘恩-圣哲曼法案》，允许它们最多可将其存款的10%借给开发商，并且，储蓄贷款协会的监管当局对这个法案的解释有很大的自由度。[16]储蓄贷款协会不仅被允许收取2.5%的贷款手续费，而且贷款可以用来支付开发商在项目承建期间所承担的利息。[17]

引诱与掠夺

现在，大发横财的机会多如牛毛。但是，基本殊途同归：接管一家储蓄贷款协会，通过从大机构获得存款，从而成倍提高它的"存款基础"。之后，贷款给"开发商"，"开发商"能够给它的储蓄贷款协会的朋友们捏造五花八门的支付名目，而这个"开发商"根本就没打算还贷。储蓄贷款协会同时还可以展示正常的利润，因为"开发商"

可以用它获得的贷款来支付储蓄贷款协会的利息。会计欺诈构成了欺骗式掠夺的基础。

这一策略屡试不爽，许多储蓄贷款协会都这么做，并迅速地将自己的资产扩张到几十亿美元。得克萨斯州梅斯基特区的帝国储蓄贷款协会（Empire Savings and Loan of Mesquite）诠释了"得克萨斯策略"。[18] 根据这一策略，在一开始，一伙串通好的开发商会以持续抬高的价格反复交易土地。这些交易的价格为"友好的"金融机构估价提供了"客观数据"。开发商以此估价为基础获得开发贷款，拿到贷款后，得以发展业务。这种业务的发展为开发商及其朋友们带来了丰厚的利润。开发商会以高利率支付储蓄贷款协会的贷款（在一开始就非常优厚的条件下）。但与此同时，钱也不必从开发商自己的口袋里拿出来，因为初始贷款包含了项目开发期间需要支付的利息。在最简单的方案中（尽管未必是实际使用的那种方案），储蓄贷款协会先盯住某个资质不错的开发商，并承诺对其放贷。通过放贷，储蓄贷款协会将显示出高利润和扩张的资产负债表。[19] 因此，开发商及其朋友们会大量购买储蓄贷款协会的股票。对这一策略的唯一约束，就是储蓄贷款协会需要找到一个无犯罪记录并且资产负债表看上去不错的"托儿"以扮演开发商的角色。因为监管机构仍然对储蓄贷款协会向个人或者企业的贷款发放额度设置限制，所以储蓄贷款协会需要向任何能够找到新的潜在"开发商"的人提供一点好处。在有关储蓄和贷款危机的获奖图书《内奸》（Inside Job）中，史蒂芬·皮佐（Stephen Pizzo）、玛丽·弗里克（Mary Fricker），以及保罗·穆洛（Paul Muolo）将此形容为"空置的、破败的公寓，使用来自达拉斯附近的帝国储蓄贷款协会的贷款建造"。[20] 一些住宅工地堆满了建筑材料，任其在烈日下腐烂。对于这些闲置的混凝土楼板，一位美国律师形象地称之为"火星人的着陆场"。[21]

殃及房地产市场

当时，储蓄贷款协会危机的即时效应在达拉斯商业房地产市场表现明显。高空置率通常伴随着建筑业的崩盘。这正是在邻近的休斯敦发生的事情：当空置率达到32%的时候，新开工项目数量下降至只有其巅峰时期的2%。但是在达拉斯，当空置率达到32%时，房屋还在持续建造。[22]

当地的房地产市场将责任归咎于失控的储蓄贷款协会。早在1982年6月，林肯房地产公司的马克·波格（Mark Pogue）就说过："我们所有人都要更为谨慎……这个市场怎么能一下子消化掉上百万平方英尺①？"[23] 一年之后，在1983年6月，在空置办公楼面积的全美排名上，达拉斯位居第二，仅次于休斯敦。但荒谬的是，达拉斯在新建办公楼面积上位居第一。在1983年10月，特拉梅尔·克罗（Trammell Crow）公司的麦克唐纳·威廉斯（McDonald Williams）对过度建设发出了警告。他认为"储蓄贷款协会所制造的资金大潮涌入了商业地产……并导致了过度建设"。[24] 一年之后，根据《国家房地产投资者新闻》（*National Real Estate Investor*

---

① 1平方英尺≈0.0929平方米。——编者注

News）的报道，"在达拉斯，老前辈们惊讶于建筑业的井喷"。斯韦林根（Swearingen）公司的丹·阿诺德（Dan Arnold）对此解释道："金融机构和贷款人的资金总是要贷出去啊。"[25] 再后来，在1985年6月，韦恩·斯韦林根（Wayne Swearingen）说道："我们让开发商坐拥空置建筑物，并且贷款人还要给他们钱用于开发另一栋建筑物。我不得不怪罪贷款人。我想请他们说明这些建筑商从哪里得到现金流……供求规律并没有支配市场行为。在高空置率的情况下，房子还在没完没了地建造，这看起来与新房开工的资金可得性相关，而不是和人们的实际需求相关。"[26]

供求规律事实上是起作用的，不过是在以一种掠夺的方式发挥作用。储蓄贷款协会的所有者可以通过支付足够高的利率获得他想要的任意数量的资金，然后把钱交给朋友，这些朋友只要足够聪明，会把钱洗干净，返还给所有者。这也难怪，在洗钱艺术上已经发展出特殊能力的黑手党在储蓄贷款协会的这场掠夺中发挥了主要作用。[27]

被忽略的教训

必须要指出的是，储蓄贷款协会所引发的这一切本来可以作为20年后的2008年危机的一个警示。我们又一次看到了欺骗是如何发生的。它不是因为高估的土地价格导致贷款抵押价值被高估，而是在抵押贷款的流出上出现问题：抵押担保证券评级过高导致证券价值被高估。

下一章将展示，在这个唯利是图的时代，储蓄贷款协会是如何在垃圾债市场大肆劫掠的。破产在即的储蓄贷款协会在垃圾债市场的扩张中发挥了举足轻重的作用，这为大公司的恶意收购埋下了伏笔。而这种事情在以前绝对不可能发生。

第九章
为利润而破产

PHISHING
FOR
PHOOLS

第十章

米尔肯的骗局：以垃圾债为饵

The
Economics of Manipulation
and Deception

迈克尔·米尔肯在20世纪七八十年代的所作所为彻底改变了美国金融界。在此之前，美国大型企业的高管们自信地认为自己的公司不会被"公司狙击手"恶意收购，因为他们的企业规模庞大，而现在，"狙击手"们不必投入太多的资金就可以给大型企业带来威胁。帮助他们实现这一切的是杠杆收购，即收购者通过发行大量债券（一般是高息债券，也称"垃圾债"，由米尔肯发明）来筹集资金，用以收购一家规模大得多的公司。这种杠杆收购在很大程度上抬高了与公司并购相关的一切，尤其是风险与潜在回报。随着企业高管们意识到潜在回报增加（而忽略了同样巨大的潜在风险），他们会突然发现自己能挣更多钱。举例来说，在美国雷诺兹·纳贝斯克公司的杠杆收购案中，其烟草子公司的首席执行官[1]爱德华·霍里根（Edward Horrigan）一举拿到了4 570万美元的离职遣散费，总公司的首席执行官罗斯·约翰逊（Ross Johnson）据说获得了更高的补偿。[2]在那个年代，这样一笔钱绝非小数目，而正如你我将看到的，即使以今天的标准来判断，米尔肯的报酬同样不菲。据薪酬专家格雷夫·克里斯特尔（Graef Crystal）介绍，在此后，任何一位薪酬一般的首席执行官都可以聘请顾问，向他所就职公司的董事会指出，像他这样的高管，在其他公司可以轻易挣到成百上千万美元，而不是区区的几十万美元。[3]"过度"（克里斯特尔的原话）的时代由此开始了。后来许多由米尔肯发行的债券出现违约，使得20世纪80年代出现了垃圾债危机。然而，这场危机不应该简单地理解为是由一个人触犯法律的行为所致，从更深层的原因来看，这是由于市场上存在欺骗傻瓜投资人的机会，进而产生的经济均衡的结果，也是一个金融评级具有误导性的典型案例。

北加州再现"黄金"

在北加州这片土地上，人们曾经不止一次发掘到"黄金"。1969年发现"黄金"的地方尤为奇特：在一本收藏于美国加州大学伯克利分校图书馆的1958年出版的不起眼的书中。发掘到"黄金"的人正是迈克尔·米尔肯——一名来自洛杉矶郊区的商科专业大学生。这本书就是《企业债券质量与投资者经验》（Corporate Bond Quality and Investor Experience），作者是布拉多克·希克曼（W. Braddock Hickman）。这本536页的画满表格的书讲述了不同信用等级债券的投资者经验，是一份非常学术的报告。其中，希克曼在书中的表1总结了一些有启发性的内容。[4] 1900~1943年，低等级的公司债（也就是那些评级在投资级以下、几乎不可能获得商业银行或者保险公司投资的公司债）的表现非常好，即使在去除违约损失之后，这些债券也能够实现年均8.6%的回报率；相比而言，高评级的投资债券的平均收益率只有5.1%。这些低评级债券表现出的高回报显示它们事实上更为安全。即使1900~1943年"大萧条"余波未停，低评级债券每年的违约损失仍然不到1%。

然而，正如地下的金矿必须经过提炼才有价值，《企业债券质量与投资者经验》也是如此。当时这本书已经出版了十多年，仅售出934册[5]，出版时书中使用的甚至还是15年前的旧数据。米尔肯发挥了他绝佳的推销员天赋才成功提取到书中的"黄金"。米尔肯在20世纪70年代初到70年代末，每次见投资者时都会随身携带一本红褐色封皮的希克曼的著作。米尔肯的推销使得低评级债券有了一个广为人知的名字——"垃圾债"，尽管他本人尽量避免使用这一词汇。1975年，《华尔街日报》（Wall Street Journal）在头版刊登了一篇赞扬米尔肯的文章——《某些人的垃圾，另一些人的财富》，其中写道：债券交易已经成为"发展最快的游戏"。[6] 米尔肯一举成为明星人物，当时他仅毕业5年。

人们经常混淆事物，如果用约翰·洛克（John Locke）的话来说，就是"把名字当作实物"。[7] 在本例中，人们的错误在于假设这个10年中的垃圾债与另一个10年中的垃圾债都是一样的，就因为它们有相同的名称。所以即使这次的发行机构名声不佳，天真的投资者们还是对它们抱有相同的预期：除了多了一位米尔肯，可能现在的垃圾债和1943年之前的没有什么差别吧？但是事实并非如此。

加里·史密斯（Gary Smith）在其2014年出版的《标准差：缺陷假设、强挖数据与其他用统计数字说谎的方法》（*Standard Deviations: Flawed Assumptions, Tortured Data, and Other Ways to Lie with Statistics*）一书中分析了这种由米尔肯炮制的认知谬误。[8] 书中"苹果与李子"一章讨论了如何通过简单假设（但不明说），将不同物品归于同一名下来展开欺骗。米尔肯将两类完全不同的垃圾债简单等同，其间他没有说一句谎言。这里，"苹果"是那些"折翼的天使"，也就是由那些曾经非常成功，却由于运气不好等原因进入低谷期的企业所发行的债券，这与希克曼著作中研究的是同一类垃圾债；而"李子"则是一种新的垃圾债，由米尔肯一手推出。鉴于前一种垃圾债在1943年以前的表现好得惊人，钓愚者米尔肯面临的挑战就是如何找到方法利用新垃圾债获利。对，不是原本那种"折翼的天使"，而是新发行的、由米尔肯担当经纪人的垃圾债。

米尔肯从加州大学伯克利分校毕业，随后在沃顿商学院获得工商管理硕士学位，之后他获得了第一份工作，此时他的故事才刚刚开始。米尔肯受雇于德雷克赛尔哈里曼利普雷公司，这家有些破败的、位于费城的投资银行在经历一系列的并购后获得了很多额外资本，并最终更名为德崇证券。在开始工作仅仅两年之后，米尔肯就成功说服他的新老板——塔比·伯纳姆（Tubby Burnham）投资200万美元为低评级债设立交易专柜。米尔肯在最短的时间内就创造了100%的利润。当时还处于"前米尔肯时代"，这样的收益算是很大一笔钱了。[9]

然而这笔200万美元的收益只是一个开始，垃圾债经纪人的机会才刚刚到来。只要供给价格和需求价格存在差异，经纪人就会抓住机会，赚取购买者愿意支付和出售者愿意接受的价格差。可以预见，只要垃圾债交易顺利，未来整个市场的规模将非常巨大。此时，年轻的米尔肯已经是这个市场中的领头经纪人了。

经米尔肯大力推销之后，市场对这些垃圾债的需求是毋庸置疑的。布拉多克·希克曼的"宝典"似乎在说，米尔肯可以带来更高的达3.5%的回报[10]，而米尔肯需要做的就是用他的故事吸引银行、社保基金、保险公司的投资组合经理们的注意。众所周知，这些管理大笔资金的基金经理们会为了提高区区几个基点——也就是一个百分点的百分之几——的利润而疯狂争抢。

但在当时的利率下，这些债券不仅有巨大的市场需求，而且也有潜在的巨大供给。就如我们所能看到的，如果回溯到20世纪初①，股票的回报曾经非常高。股票与债券之间的回报差异如此大，以至于人们专门为此现象起了名字：股权溢价。股权溢价很高，举例来说，假如在1925年某人拥有10万美元的信托基金，该基金一直选择投资国债，那么在70年后的1995年，该信托基金的市值仅为130万美元。然而，同样的信托基金，如果它选择持续投资股票，那么70年后这些股票的价值将超过8 000万美元。[11] 如果你足够幸运，比如你手头略宽裕的曾祖母曾经投资过这样一家专注于股票的信托基金，那么你可不会穷。

在20世纪80年代，米尔肯周围的那批人关注垃圾债的原因是，如果用当时的股票价格从股东们手中买下一家企业，未来可能会产生很高的回报，其中一个步骤便是销售垃圾债。选择一家一般的公司，由于其股票的预期收益很高，如此他们便能够承担发行垃圾债的利息支出。但是，他们可以做得更好：在完成对公司的收购之后大幅削减劳动力成本，例如降低工资、开除多余的员工或者在养老基金上动脑筋。或者他们也可以选择一家经理人不称职的公司，在收购之后换掉管理人员，以此获取超出平均水平的收益。对于米尔肯、他的宣传机器以及交易专柜来说，这批为恶意收购而发行的垃圾债也是债券供给

---

① 原书为"19世纪初"，疑为原书错误。——编者注

的重要来源。

在获得黄金的道路上可能有一些障碍，然而每一名矿工都知道，无论多纯净的黄金都必须经过开采，然后提炼，这个过程中总会有一些麻烦出现，为收购而发行的债券也是如此。生意之所以麻烦不断，正是因为它总会涉及错杂的问题。对于恶意收购者以及米尔肯而言，在他们试图从被低估的股票中获利的整个过程中主要存在三个障碍，但是米尔肯有特殊手段使得他能成功越过这三个障碍。

第一个障碍是介入的时机。如果恶意收购的标的公司得到警示，那么"公司狙击手"们的行动就会遭到抵制。这家公司可以自行募集资金进行管理层收购，或者自己寻找一个更好的合作伙伴来进行收购——也就是通常所说的"白衣骑士"。然而米尔肯对此有解决方法。随着他生意的扩张，越来越多客户从中获利，并对他感恩戴德。据说，那些曾经收购了储蓄贷款协会的客户可以帮上大忙，他们可以听取米尔肯的建议，提供储蓄贷款协会的资产。在后来由联邦存款保险公司和重组信托公司对米尔肯提出的诉讼中，在所涉及的众多储蓄贷款协会所有者中，特别突出的几位是哥伦比亚储蓄贷款协会的托马斯·斯皮格尔（Thomas Spiegel）、林肯储蓄贷款协会的查尔斯·基廷以及中心信托的戴维·保罗（David Paul）。[12] 类似的，弗雷德·卡尔（Fred Carr）的第一执行人寿保险公司据说也为米尔肯提供了数十亿美元的资金。[13] 对于储蓄信贷机构而言，《联邦存款保险法》的执法不严直接推动它们在垃圾债上投入巨额资金。同样的宽松法规使得这些储蓄贷款协会可以以支付高利率来吸引存款，因此它们有足够的资金。因此，只要米尔肯说现在有一个新机会，这种潜在的可能性就会被认真对待。1985年，要达成一笔数额惊人的交易，只需要他所在的德崇证券发出一封写有对融资收购"非常有信心"的信件就可以了。正如在卡尔·伊坎（Carl Icahn）收购菲利普斯石油公司过程中所展现出来的那样，米尔肯在短短48小时内就筹集了15亿美元。[14] 拥有这样超乎寻常的能力，米尔肯和他的伙伴就可以出其不意地夺取目标公司的管理权。"公司狙击手"报价如此之快，往往目标公司只有几个小时的时间进行抵抗。

值得一提的是，在垃圾债融资之外，米尔肯还有其他方式回报那些帮助他完成交易的人。在联邦存款保险公司对米尔肯的诉讼案中，有大段关于他如何让他的朋友们获利的描述。举例来说：根据指控，在斯托勒通信公司收购案中，托马斯·斯皮格尔获得了买入该公司合作伙伴持有权证（股票期权的一种特殊形式）的机会，这笔收购正是主要经由他名下的哥伦比亚储蓄贷款协会进行融资的。斯皮格尔本人为获得期权支付了134 596美元，而短短一段时间后，这笔投资的净利润已经超过了700万美元。[15] 指控还称，在1987年11月30日，查尔斯·基廷名下的林肯储蓄贷款协会及其子公司在收购阿特里斯国际食品公司案中买入了超过3 400万美元的垃圾债，而在同一天，查尔斯·基廷个人买入了234 383股被收购公司的股票。[16]

据称，弗雷德·卡尔的处理方式非常不同：如果收购是他帮助融资的，那么收购企业随后会投资他名下的第一执行人寿保险公司的员工养老基金，而该公司后来破产了。[17] 这些证据表明，尽管米尔肯的朋友们都在不断变得更加富裕，但他们都有足够的理由来买米尔肯要卖掉的债券。[18]

恶意收购者遇到的第二个障碍，即所谓的"敲竹杠"问题。[19] 通常而言，收购者在现行市场价格之外还需要支付很大一笔溢价。例如，在米尔肯的帮助下，罗纳德·佩雷尔曼（Ronald Perelman）名下的潘特里普赖德公司在1985年成功收购露华浓公司。为了达成交易，潘特里普赖德公司不断提高报价，从最开始的每股47.5美元提高到每股58美元。然而，如果潘特里普赖德公司是一家声誉很好的企业，那么这种提价有可能会更高。在该案例中，露华浓公司的股东原本可以选择继续留下，担任公司的小股东，而不是卖掉他们的股票。想象一下，如果沃伦·巴菲特希望收购一家公司，而你恰好拥有该公司部分股票，那么在卖出自己的股权，或者用更专业的术语说，在股权被竞购之前，你一定会再三考虑的——这家公司将被一位金融天才所掌控，是不是更应该留下公司的股票？相比之下，潘特里普赖德公司和其掌控者佩雷尔曼在1985年的时候还是无名之辈。潘特里普赖德公司是一家连锁超市，1981年经历了破产重组，后来才逐渐走上正轨，到1985年时净市值仅为1.45亿美元（露华浓公司则价值10亿美元）。此外，佩雷尔曼还是一名"公司狙击手"，他的收购遭到了当时露华浓公司管理层的坚决反对。这也意味着，在刚才的选项——接受高价卖出股票还是继续持股等待未来——中，公司其他股东将很容易做出选择。"敲竹杠"问题得以顺利解决。[20]

之前提到的"非常有信心"信件和恶意收购者的坏名声帮助解决了垃圾债供给方面的两大问题。然而，米尔肯还面临着第三个障碍，即需求方面的问题。米尔肯新发行的这批垃圾债和希克曼在书中讨论过收益率和违约率的垃圾债同属低评级债券，这使得它们有相似的地方,然而从其他方面来看,它们其实完全不同。那些违约率很低的老债券(希克曼书中提到的那种)一开始是由高评级企业发行的,这些公司后来由于各种原因陷入困境,评级降低。比如宾夕法尼亚铁路公司,当它开始走下坡路的时候,公司降级,发行的债券就成了"折翼的天使"。然而,米尔肯的债券是不同的,它们从一开始就是垃圾债。如果我们在寻找一只宠物狗,那么如果我们选择一只斗牛犬可能是一个错误,因为科学研究显示拉布拉多犬更加温驯。类似的,看到希克曼和其他一些观察者对"折翼的天使"的推崇,投资者就在自己的资产组合中加入德崇证券新发行的垃圾债,这可能也是错误的选择。

米尔肯还面临着另一个考验。如果人们察觉到新发行的垃圾债与之前评级下降的债券并不是一回事,那么米尔肯的整个事业就将走向毁灭。然而,统计数字以某种方式掩盖了这一点。纽约大学的金融学教授爱德华·阿尔特曼(Edward Altman)和他以前的学生斯科特·纳马彻(Scott Nammacher)计算的平均垃圾债违约率为1.5%。[21] 这一数字其实非常有误导性,因为垃圾债在发行后随着时间推移,债券违约率会逐渐提高,并且这个增长非常迅速。像这样采用一个简单的平均值来衡量违约情况,就如同采用一个由一位老人和100位儿童组成的小样本来推算整体样本的死亡率一样。

在之后的某一时刻,这种偏差必然会被察觉,但是至少在一段时间内,米尔肯成功地分散了人们的注意力,并且让他们保持沉默。当垃圾债将要违约的时候,可以依据美国1933年《证券法》第3(a)(9)节进行被称为股权交换的合法程序,这时垃圾债就会被重组,而不会被视为违约。[22] 米尔肯通过一些私下交易,促使那些将要违约的债券接受稍好一点的条件，实现股权交换，这当然也是经由他所任职的德崇证券设计的。在一篇引人注目的论文中，麻省理工学院的保罗·阿斯奎斯（Paul Asquith）、哈佛大学商学院的戴维·穆林斯（David Mullins）和埃里克·沃尔夫（Eric Wolff）阐述了他们的发现，在 1977~1980 年[23]新发行的那批垃圾债中，大约有 30% 都在 1988 年年底前违约了，其中 10% 都曾做过股权交换，但最终仍无济于事。[24]

在 20 世纪 80 年代初期和中期，米尔肯的方法传播得非常广泛。在每年的 3 月，德崇证券都会举行米尔肯高收益债券年会。到 1985 年，这一盛会已经赢得了"掠食者狂欢节"的称呼，吸引了约 1 500 名参会者来到贝弗利希尔顿酒店，贝弗利附近的酒店也基本被参会人住满。[25]这些金融家能操纵上万亿美元的资金（包括他们的自有财产和垃圾债融资）进行恶意收购。米尔肯的交易团队于 1978 年从纽约搬到了洛杉矶，后来垃圾债的生意如此兴旺，以至于仅在 1986 年一年，德崇证券就给这支团队发了 7 亿美元的奖金。米尔肯是奖金分配的负责人，他直接奖励了自己 5.5 亿美元。[26]这或许是贪婪，但是考虑到米尔肯是整个垃圾债市场的掌控者，他的一举一动都直接影响着全美的商业，以金融业的计算方式，这笔奖金也许确实是他应得的。在此之前，从来没有一位美国高管能够在一年内获得如此丰厚的报酬。[27]

在米尔肯的所作所为中，绝大部分是完全合法的。除非逾越了某些底线，用诱饵来钓愚是完全合法的。米尔肯这类人雇用了大批优秀律师来搞清楚合法范围所在。这种钓愚不仅仅合法，在某些方面，米尔肯的活动甚至一度被认为具有重要意义。哈佛大学商学院的迈克尔·詹森（Michael Jensen）曾经指出米尔肯主导的这类收购会使整个社会更富裕。在他的描述中，一次收购活动就能彻底推翻之前根深蒂固、玩忽职守的管理层，进而振兴公司的发展。[28] 然而，他的论断忽略了硬币的另一面：恶意收购同样也会将忠诚可靠的管理层连根拔起，此时收购者为了利润就只能无视员工们提高工资、改善福利、改善工作条件和增加养老金的期望，这破坏了公司与员工间的良好信任关系。[29]

米尔肯的故事有一个非常不寻常的结尾。通常情况下，钓愚者从来没有被抓到过，但是米尔肯不得不在监狱里度过了一段时光。美国联邦调查局顺着内幕交易的链条查到了股票交易员伊万·博斯基（Ivan Boesky），他在加州大学伯克利分校的一次毕业演讲上不走寻常路，直接宣称"我认为贪婪是有益的"，引起一片哗然。[30] 当博斯基发现自己因为参与交易而被调查时，他找到了进行另一桩交易的机会：他愿意用米尔肯的违法证据与控方达成辩诉交易。在米尔肯的圈子里，博斯基只是一个小人物，但他所取得的录音证据已经足够联邦调查局展开对米尔肯的调查了。为了避免最初的98项庭审指控以及使他的弟弟摆脱困境，米尔肯承认犯有其中6项罪名。其中一条指控就涉及他从博斯基处购买债券，并向博斯基承诺可以回购这些债券。这样的行为直接违反了美国证券交易监督委员会不允许"暂存"证券的规定，通过"暂存"证券，博斯基可以支付较少的税金，同时不承担任何风险。[31] 这桩交易表明米尔肯完全无视公众利益，同时也展示出米尔肯对他的大多数交易伙伴们都是非常慷慨的——他能获利，他的交易伙伴们也能。在被指控的几个月内，米尔肯在洛杉矶威尔夏大道的交易业务已经全部终止，在那之后，其母公司德崇证券也宣告破产。[32] 米尔肯所承认的6项指控，比如之前提到的证券"暂存"，通常不足以使人进监狱，仅仅会被处以罚款。之前我们提到过，联邦存款保险公司和重组信托公司对那些严重侵犯公众利益的民事案件提起诉讼，米尔肯和他的"同谋"们被控诉滥用从别人那里募集来的资金。[33] 此案达成了庭外和解，米尔肯需要为此支付5亿美元。[34]

6个观察结果

我们在更大的背景下讨论米尔肯的失败，主要有以下6个观察结果。

观察结果1　米尔肯的垃圾债展示了在本书之前章节中已经讨论过的两种信息欺骗。他将评级扭曲（他没有区分自己发行的垃圾债与希克曼书中讨论的垃圾债）和来自已经破产的储蓄贷款协会的错误的财务信息相结合。据称，如果这批储蓄贷款协会购买米尔肯所发行的产品，米尔肯也会给予其奖励作为回报。

观察结果2　在之前的章节中，我们讨论了如何"编故事"这一话题。在米尔肯的例子中，故事的一个版本是他其实是个天才，几乎发现了获得滚滚财源的新方法；另一个版本则是他的垃圾债也和希克曼在书中讨论的垃圾债一样，具有很低的违约率。

观察结果3　米尔肯的行为引发了新的不公平。在20世纪80年代，收入排名前10%的人口收入占比不断提高，前1%人群的收入占比、工资占比也在不断提高。[35] 其中，由米尔肯的种种行动带来的间接效应将永远难以被准确衡量。我们也认为，聪明如米尔肯，他在收购行动中的作为还是领先别人若干步的——他的操作直接打破了之前的高管薪酬标准。我们针对欺骗的市场均衡理论以及专门从事收购的大型私募股权基金的纷纷成立，都表明，即使没有米尔肯这个人，类似的收购迟早还是会出现的。然而，米尔肯确实存在，而且是非常重要的首创者。

观察结果4　米尔肯的垃圾债揭示了在金融市场中钓愚的另一条原则。前文已经讨论了欺骗与金融市场之间的链条关系。与2008年金融危机类似，垃圾债的影响也远远超出了它原本的范围。米尔肯的垃圾债在20世纪80年代初期和中期展开的并购浪潮中扮演了非常重要的角色，这与那些储蓄贷款协会和保险公司主要在其领域内进行欺骗活动有所差异。[36]

观察结果5　米尔肯的行动是推动实现欺骗均衡的力量。按照我们之前的分析进行类推，当他从沃顿商学院毕业后，他面对的是排着不同队伍的"收银台"，从中发现了获取利润的好机会。他将承销一种新的垃圾债，需要注意的是，它与那种被降级的垃圾债不是同一类型。在此过程中，他不得不克服三个障碍（正如之前讨论的），这也解释了为什么这个赚钱的大好机会此前从未被人发掘，米尔肯其实是第一个想出如何解决这些问题的人。

观察结果6　这是本书中最重要的观察结果。资产价格波动非常大，我们之前谈及的内容正是解释该现象的原因。各种类型的欺骗方法——信誉透支、劫掠、用统计数字加以误导、在媒体上发布夸张报道、夸大其词的推销宣传（可能来自投资顾问、投资公司以及房地产经纪人）以及不劳而获的诱惑——都在很大程度上造成了资产价格的波动。如果在价格低迷时期遭受损失的仅仅是那些因欺骗而上当的人，那么这种价格波动造成的损害一般是有限的。然而，当那些价格虚高的资产是通过借款买入的时候，就会产生连带的额外损失。在这种情况下，破产以及对破产的恐惧会蔓延开来，最终信贷枯竭、经济衰退。

这种大规模蔓延，从经济学和医学角度来看，都需要迅速且强力的应对措施。在过去100年中发生了两件非常引人注目的事，也给我们带来了截然不同的体验：如果发生破产蔓延，应对时会发生什么，毫无反应又会发生什么，在1929年"大萧条"时，政府的应对措施进展缓慢且规模很小，因此整个世界不得不经历一段持续15年之久的小黑暗时代，包括20世纪30年代"大萧条"和之后的"二战"。2008年金融危机表现出了类似于1929年的崩溃征兆。但相比之下，各国财政部门与央行合作，迅速开展了大规模干预。经济的复苏是缓慢的，然而需要感谢上天，世界并没有像1929年那样再次进入一段黑暗时代。

现在很多人认为财政和货币主管部门在2008~2009年不应当如此仓促、紧张地采取措施。这种观点认为，对于危机发生后会有政府干预的预期恰恰是造成危机发生的主要原因（用经济学的话来说，资产价格被哄抬正是由于道德风险问题）。但与此相反，我们从金融角度出发，发现市场价格虚增通常是由非理性繁荣导致的，后者主要受到了我们之前提到的种种欺骗性质的协助和诱惑，我们的观点得到了很多具体事实的佐证。非理性繁荣出现时，参与者们并不会在计算潜在的回报时考虑太多——比如财政部、央行是否会采取干预措施以维持经济和信贷的流动性，或者再极端一点，银行或企业在危机时会不会被救助。在2008年金融危机发生前，参与者完全沉浸在赚钱的愉悦感中，他们确实也考虑了这些与道德风险相关的问题，但是往往只是蜻蜓点水。价格飞涨时，卖家可以因此赚取利润，而另一方面，抱有价格未来会继续上涨的预期，这些支付高价的买家认为他们做得对，然而事情往往并非如此。市场一片大好时，所有人都欢欣鼓舞地往市场涌去。

一部分人认为金融危机中不需要迅速和直接的干预措施，这种认知其实仅仅停留在经济学理论上，忽略了贪污腐败、名声滥用和非理性繁荣等因素。如果用类似的逻辑分析，那么我们将要裁撤所有的消防单位，因为这样人们就会更加注意用火安全，从而杜绝火灾发生。

在许多年以前，我们就已经清楚地知道金融危机发生后，如果不采取有效干预或者任其自生自灭的后果，为此全世界付出了巨大的代价。我们的分析不仅指出金融系统难以维持稳定是市场的自然特性，而且表明一旦金融危机发生，干预行动应当越快越好。经济崩溃的黑暗时代经历一次就够了。

PHISHING
FOR
PHOOLS

第十一章

反制欺骗的英雄

The
Economics of Manipulation
and Deception

本书中所描述的欺骗均衡很有说服力，但是并没有完全充斥世界。这是因为我们中有许多不受利益驱使的人，他们可能是商业领袖、政府领导人、思想先驱或宗教领袖。标准经济学（这里指那些"纯粹的"经济学模型）认为不存在纯粹文明社会，但是事实上在我们生活的社会中，人们还是关心彼此的。在本书中，我们已经提到了很多位英雄人物，现在我们将关注这些反制欺骗的英雄行为的本质、这些英雄的主要成就，但也指出还有哪些欺骗行为躲过了他们的法眼。

实际上，在很大程度上，正是这些英雄们才使得自由市场体系保持良好运转。并不是纯粹的市场行为本身让我们享受到目前的种种富裕生活，因为在同样的市场体系下操纵与欺骗行为也会更加成熟。

纵观历史，发达国家的人们在这方面表现得非常好。有超过50个国家的女性、11个国家的男性的预期寿命都达到了80岁以上。[1] 现代化的汽车可能还存在种种问题，有时还会被召回，但是它们的安全性已经比较有保障了。汽车已经不再像拉尔夫·纳德①（Ralph Nader）在50年前写的那样："任何驾驶速度都不安全"。[2] 值得注意的是，截至2013年2月，美国已经有4年没有发生过任何商业航空死亡事故。[3] 这个完美的记录得以保持不仅仅要归功于飞机自身，还

---

① 拉尔夫·纳德被称为现代消费者权益之父，他在20世纪60年代写作了《任何速度都不安全》一书，直接促使了汽车召回制度的产生。——译者注

要感谢机组人员和机械工程维护人员。

伴随着这些安全性和产品质量的良好记录,一个问题出现了:这些成功案例的出现是否完全归功于市场体系?我们的英雄们在其中扮演着怎样的角色?我们将在本章尝试回答这些问题。我们认为,如果我们可以准确衡量我们所购买的商品、服务以及资产的质量,或者这些质量有明确的分级,并且我们能够充分理解这些质量和等级的含义,那么,在大多数情况下,我们都能得到我们期望的结果。本章提到的很多英雄都是通过减少难以衡量/分级的情况,从而解决由于信息不透明导致的欺骗行为。(在第二章讨论金融危机时讨论过类似的信息不透明案例,比如住房抵押贷款证券的违约率就很难衡量,证券购买人认为他们买入了一种优质资产,但是事实上是完全被误导了,这也最终导致了2008年金融危机。)然而,相比而言,我们将要在结论部分讨论的那些英雄们,在对抗来自心理方面的欺骗时,效果非常有限。如果某人一时冲动要花光自己所有的钱财或暴饮暴食,那么我们很难阻止他。

质量标准先锋

我们要讨论的第一类英雄主要是量化产品质量、推动质量标准执行的人。

20世纪以来,我们在产品质量的测度和分级方面有了显著的进步。这种进步使得产品标准化得以实现。我们可以从哈维·华盛顿·威利(Harvey Washington Wiley)以及美国食品药品监督管理局的建立中略窥这一进步。我们的主人公威利是一位化学家，正如我们前面所看到的，新化学主要从德国起源，而威利曾经在德国帝国食品实验室[4]工作过，新化学技术能够检测食品和药品的具体成分，因此可以检查出来错误的成分标注。

在19世纪的大多数时间里，美国宪法规定的"确定度量衡的标准"这一职责由财政部下属部门承担，但随后在1901年，这一职责被转至新成立的美国国家标准局。在很短时间内，该机构就被用于测试美国联邦政府范围内的采购质量。据说该机构能够从3亿美元政府采购中节省下1亿美元，而这个部门的预算仅仅为200万美元。[5]

1927年，我们的两位英雄——斯图尔特·蔡斯（Stuart Chase）和弗雷德里克·施林克（Frederick Schlink）——写了一本畅销书：《金钱的价值》（*Your Money's Worth*）。（我们在之后讨论罗斯福新政时还会提到蔡斯的贡献。）[6] 他们不仅仅讨论了国家机构的作用，还说明了标准化、分级以及许多不同行业的许可制度的贡献——这是由众多政府部门、私人机构、非营利性组织和个人的努力所共同实现的。在大多数情况下，这些活动的重要性被人们忽视或者视为理所当然，因为这是无名英雄的作为。有两个案例可以很好地说明这些：小麦的分级以及电器认证。

在经济学教科书和文章中，小麦是典型的简单商品，买卖都在竞争性市场中进行。然而，现实世界中的小麦比书中的要复杂得多，可以分为许多不同的品种，有许多不同的等级，还有许多可能存在的缺陷。有一个系统是专门为小麦进行分级和打分的，因此小麦才可以比较容易地作为一种商品被整车整车运走卖掉。美国农业部下属的谷物检验、批发及畜牧场管理局（GIPSA）制定了小麦的官方分级标准：8种不同的基本分类（比如杜伦麦、硬红春麦等）；按照从1~5进行打分（根据每蒲式耳小麦的重量，损伤粒、异物或者其他类型小麦的夹杂情况，动物排泄物、蓖麻籽、猪屎豆种子、玻璃、石子、其他异物混杂情况，以及虫害损伤的颗粒数量）；还可以根据其他条件进一步分级评分（比如包含麦角、大蒜、患病颗粒情况以及小麦是否受到不当的病虫害防治等）。[7]

由GIPSA授权的企业会检查全美的谷物种植情况，大约一半的谷物都会接受检查。[8]但是，此外的一些监督措施也很常见。[9]谷仓通常也会自己进行检验，或者外包给他人检验。与谷物检验、收费和存储条件相关的粮食仓储法律也为小麦质量增加了一份保障：谷仓在获得联邦政府或者州政府颁发的执照之后，就有义务严格遵守各项相关的限制规定。[10]基于以上种种措施，小麦变得易于交易，买家也很清楚他们购买的是什么等级的小麦。

电器市场则给出了一个非常不同的标准制定模式。在美国，如照明电器、灭火器等家用电器，通常由美国安全监测实验室（UL）进行检测。这家实验室成立于1894年，属于非营利性机构，其所颁发的圆圈内标有字母"UL"的认证标识出现在众多美国电器上。电器制造商们需要支付费用来让实验室对它们的电器产品进行监测并最终颁发认证。[11]与此相对应，美国的电气设备则通常由美国国家标准协会设置标准，它的前身（名字有所更改）是在1918年经由5家不同的管理协会（包括美国电气工程师协会和美国机械工程师协会）以及3个美国政府部门（陆军部、海军部和商务部）共同创办的。[12]这些标准不仅确保了产品安全，同时也促进了产品的标准化。想想在各个国家运用标准化的电源插座和连接线、标准化的汽车轮胎尺寸，乃至标准化的铁轨和列车挂钩，该多实用。

在《金钱的价值》一书中，蔡斯和施林克所做的并不仅仅是倡导应该制定产品质量标准。他们主张消费者应当拥有与政府采购同样的产品评价体系，后者已经在实际应用中获得了巨大的成功。在这本书出版之后的几年内，他们组建了一个机构来推行这一主张。[13]在经历了一段复杂的历史发展过程之后，比如工会员工反抗并接手，这家企业演变成了今天的美国消费者联盟，每年出版《消费者报告》（*Consumer Reports*）。[14] 这份报告发行量大约为 730 万份，并且对冰箱、汽车、空调乃至电脑游戏等几乎一切产品都做出评估。[15] 这种评估不仅仅对消费者有利——他们可以直接从报告中了解产品情况，而且几乎对所有人都有利，因为厂商需要彼此竞争才能获得好评。消费者联盟可能是最出名的消费者维权组织，但是它也仅仅是众多组织中的一员。美国消费者协会也是一家为消费者维权提供帮助的组织，它拥有超过 250 家会员机构，会员轮流参与消费者权益方面的调研、教育、帮助和服务活动。[16] 然而，这个数字可能只是整个消费者维权活动的一小部分。看起来，我们可以从这些朋友处获得很大的帮助。

消费者行动也有其另一面，超越了产品标准/分级/评估。这一点在一定程度上是有关价值与产品安全的，但这仅仅是一个副产品，它涉及一个更深层的承诺——人们的消费是公民行为，因而要担负道德义务。在美国，这一类基于公民或公民社会的行动可以追溯到 18 世纪六七十年代，北美殖民地居民禁止进口英国商品的时代（比如茶党最广为称颂的波士顿倾茶事件)。19世纪,在美国内战打响之前,废奴主义者也采取了类似的联合抵制奴隶生产的产品的行动。[17]在近现代,一个有关道德承诺的很好例子就是美国消费者联合会,它于1899年由弗洛伦斯·凯利(Florence Kelley)创建。

凯利是美国伟大女性之一,她坚强的个性与社会公德心直接推动了美国消费者联合会的宗旨制定与操作运营。凯利曾在苏黎世大学进修,在她33岁那年,被任命为美国伊利诺伊州的首席工厂检察员,在那个年代,一位女性能获得这一职位是非常了不起的。作为一位信仰贵格会①、支持废奴的共和党议员的女儿,凯利选择住在芝加哥的简·亚当斯安置房,与众多穷苦大众生活在一起。[18]她所组建的消费者联合会的观点是,消费者其实是生产我们所购买商品的工厂的工人的间接雇主,因此,就像那些直接雇主,也就是工厂主一样,消费者也同样有关怀工人福利的道德义务。正如凯利曾经在伊利诺伊州所做的那样,消费者联合会会检查工厂的作业条件,并给那些通过检查的产品贴上白标签。[19]此外,这个标签也为产品安全性提供了保障。因此,购买白标签产品其实是一举两得的事情:一方面,解决了消费者对公民社会的道德承诺;另一方面,保障了消费者的家庭安全。

在第六章中,我们看到了工人作业条件与产品安全问题之间这种共生关系的又一例证。回想一下,厄普顿·辛克莱曾在《屠场》一书中揭露了芝加哥肉类加工厂的恶劣生产条件,但是更加让公众震惊的是书中对食品生产情况的描述。直到今天,"为了一个更美好的世界

---

① 贵格会是基督教的一个教派,也称教友派或公谊会,该教派坚决反对奴隶制。——译者注

而购物"运动仍然是消费者行动的一个重要组成部分，想想我们那些购买丰田普锐斯的朋友、只买散养的家禽和家畜肉的消费者，以及抗议血汗工厂学生联合会[①]这样的组织。直到2015年，美国消费者联合会依然存在并且运转良好，它继承了凯利的意志，不断为消费者事业奋斗，例如目前正专注于美国南部烟叶生产中雇用童工以及滥用尼古丁。[20]

商业英雄

对于有良心、生产高质量产品的商人来说，他们有来自道德和经济的双重动机来驱逐那些到处欺骗的商人。事实上，他们已经开始这样做了。在1776年，一个名为"反欺诈交易保护者协会"的组织在伦敦成立了。[21]该协会接受消费者的书面投诉、支持消费者用法律行动保护自身利益，协会成员一旦有不道德的商业行为就会被除名，有"良好的信用和口碑"的成员会得到协会颁发的纸质表彰证书。到了现代，类似的保护者协会继续存在，它就是现在的美国商业改善局。很显然，商业改善局是依据消费者的投诉开展行动的，现在人们认为这是理所当然的行为方式。但事实上，这是一种非常巧妙的打击伪劣商品生产者的方式。如果协会会员，同时也是商家，互相投诉，那么因为它们之间存在潜在的利益冲突，投诉的动机就非常可疑；而如果由客户自身提出控诉（商业改善局会核实这些指控），

---

① 抗议血汗工厂学生联合会是一个由美国和加拿大多所高校的学生组成的组织。——译者注

这些投诉信息就可靠得多。

进一步的反欺诈保护来自企业界自身的规范。尼尔·米诺（Nell Minow）是一位颇有影响力的股东维权活动家，她发现恶名能够有效阻止坏行为的发生。[22] 她曾指出，美国大型企业的董事们都非常注重自己公司的声誉——他们是"世界上对声誉最敏感的人群"。[23] 不仅仅是医生（希波克拉底誓言）或律师（律师执业誓言）才有自己既定的原则，几乎所有的商业组织都有。一个例子就是美国房地产经纪人协会，如果用单倍行距打印，其道德准则可足足写满 $16\frac{1}{4}$ 页纸。[24] 又比如商会，它们在几乎每一个美国社区（不管社区大小）都宣传了自己的道德准则。如果在更微观的层面，从家庭的角度来看，当乔治的曾祖父于 1900 年前后在巴尔的摩破产时，大约有 50 万美元左右的欠账，他的儿子们毅然继承了自己父亲的债务。作为回报，巴尔的摩本地的商业圈也为他们提供了一个很好的机会：成为当地斯蒂庞克汽车的经销商，以便他们能够履行偿债义务。这正是商业道德的一个实践案例，无论从哪一方来说均是如此。

政府的英雄

拒绝欺骗还有另一个新方向，即通过法律标准的演化实现对人们的保护。莱德劳公司诉奥根是一起早期的美国最高法院案件，正是在此案中，美国商业法的基础——买者自负／卖者自负（购买方责任／销售方责任）这一共同原则得到了确立。1815 年 2 月 19 日清晨，新奥尔良的烟草商人赫克托·奥根（Hector Organ）得知英国与美国已经签署了《根特条约》，两国间从1812年开始的战争已经结束。在这条消息传开之前，奥根火速来到莱德劳公司购买了111大桶烟叶，共120 715磅重。奥根已经预见到来自英国海军的封锁即将解除，烟草价格也会随之上涨。在购买这些烟叶时，他表现得非常狡猾，当卖方询问他是否知道什么特别信息时，奥根回避了这个问题。[25] 然而，最高法院的首席大法官约翰·马歇尔（John Marshall）裁定此案中并不存在欺骗行为，因为如果需要法庭评判谁应该在何时告诉对方哪些信息，那么就太过于复杂了。[26] 相反，应该采取买者自负／卖者自负的原则。

看起来，这条法律原则似乎是在公开"邀请"人们进行欺骗行为。然而，从那时起，众多法律界的英雄不断改进该法令，使得它更加灵活（也更合理）。即使回到马歇尔大法官与奥根的时代，买者自负原则也不是绝对的：正如我们所看到的，当时有许多保护措施防止欺骗行为。现在，我们也有相当多的保护措施来避免疏忽导致的过失。

我们将讨论这一领域的一个里程碑式的案件——麦克弗森诉别克汽车公司。1910年5月，在美国纽约的斯克内克塔迪市，一位名叫唐纳德·麦克弗森（Donald MacPherson）的石匠（他的工作是在墓碑上刻名字）从当地经销商处购买了一辆别克汽车。[27] 他买车主要是为了方便前往远在郊外的工作地点。然而，在当年7月，行驶中的汽车的左后轮突然脱落，事实上，轮子的辐条是用腐烂的木头制作的。整辆汽车翻了过来，麦克弗森也被困其中。在这场事故里，他的双眼都受到了损伤，视力严重下降；右臂也严重受伤。[28] 麦克弗森随即起诉别克汽车公司。时任纽约上诉法庭法官本杰明·卡多佐（Benjamin Cardozo）裁定别克汽车公司有疏忽行为，需承担责任。（卡多佐法官后来成为一名美国最高法院大法官。）尽管麦克弗森是从经销商处购买的汽车（而不是直接从别克汽车公司处购买），而且别克汽车公司使用的车轮都是由一家信誉不错的制造商提供的，别克汽车公司仍然要为此承担责任。别克汽车公司应当能够预见到未来有发生严重事故的可能性，并应仔细检查各辆汽车的车轮，然而它之前并没有这么做。[29]（卡多佐和麦克弗森都是我们的英雄。）

美国法律还从另一些方面为反欺骗提供了更多的法律保护，不仅仅是欺诈和疏忽这两类。美国各州都制定了某种类型的统一商法典。[30] 该法典主要是为了补充合同中没列出的条款，以免人们措手不及。[31] 它规定商业合同必须以诚信为本，并且又一次区分了消费者和商人。[32] 这里的区分主要是指，在检查商业条款时，一旦出了问题，如你我这样的普通消费者可以比精明的商人们承担更少的责任。

我们提到的这些保护措施都是有效的，但是现实中，买者自负的情况仍然没有消失。下面我们用一个例子来说明法律在具体实施过程中的复杂性，尤其是在需要买方具备专业知识的情况下。在金融家约翰·保尔森（John Paulson）的要求下，高盛开发了一种名为ABACUS的投资工具，之后在两起对ABACUS的诉讼案中出现了三种判决结果，这充分显示了法律的不确定性。高盛开发的这一投资品种主要是让投资者在抵押担保证券是否会出现大范围违约上进行押注。约翰·保尔森作为一名投资人，在ABACUS的开发过程中发挥了重要作用，并且他一手挑选了那些有很高违约可能性的住房抵押贷款证券作为该项目的基础。³³ 投资者们声称，他们由于被误导而没有弄清保尔森的真实押注方向，据称，投资者们受到引导，认为保尔森是看多的一方（也就是认为住房抵押贷款证券的违约率会很低），事实上，保尔森是看空的（也就是认为违约率会很高）。³⁴ 在这一过程中，保尔森赚取了将近10亿美元，那些押注在另一头的投资者们损失了这么一大笔金钱。³⁵ 美国证券交易监督委员会对高盛及其高管法布里斯·图尔（Fabrice Tourré）提起了诉讼。对高盛的诉讼最终达成了庭外和解，高盛将为此支付5.5亿美元的补偿金³⁶，此外，它还承诺改进商业行为，尽管它没有认罪。但对图尔的诉讼案却进行了庭审，他是确立项目方案并负责销售的高盛高管。图尔在给其女友的邮件中写道："今天我成功地把一些ABACUS债券卖给了在机场碰到的寡妇孤儿。"³⁷ 他也因此臭名昭著。陪审团做出了严厉的判决，认为图尔应当为6项指控负责³⁸，并且需要支付超过82.5万美元的罚金³⁹。但是之后，ACA资本管理公司又进一步对此提起了诉讼，这家公司在交易中损失了超过1.2亿美元。这一案件被法院驳回了，法官对此的裁定是，作为一家"高度专业的商业实体"，ACA公司应当在投资前多做点功课。⁴⁰

如果你只想买一台烤面包机，那么你不需要阅读什么合同。但是如果是你想妥善处理自己的退休基金，需要签订一份可能涉及数亿或者数十亿美元负债的合约，那么就有很大的必要去认真读一下合同了。买者自负的情况因此得以存在和发展，尤其在当下成熟投资者遍布的金融市场中，欺骗行为甚至为人们所默许。

监管英雄和监管被俘问题

政府为我们提供的反欺骗保护不仅仅来自合同法（这允许我们在出问题的时候提起诉讼），还有政府监管。在美国，第一个重要的监管机构是成立于1887年的州际商务委员会，主要目的是保护地方免受铁路公司掠夺性定价，当然也监控其他各种滥用职权的情况。[41] 从那时起，政府监管机构不断涌现，并发展壮大。如果整理一份主要监管机构的名单，我们会发现它们从消费品安全委员会到联邦存款保险公司，再到核管制委员会，几乎无所不包。[42] 但是这些数量众多的监管机构到底对经济有多少益处？对于这个问题，争论从未停止。

20世纪下半叶，有一个理论逐渐兴起，除了腐败问题，政府监管机构也会逐渐被其所监管的对象俘获。1955年，政治学家马弗·伯恩斯坦（Marver Bernstein）提出了自己的观点：监管机构通常是因为公众被某些职权滥用情况激怒而建立，但是成立后，机构很快就不再关注这些问题。被监管对象通过多种途径实现了对监管机构的俘获，包括直接贿赂、为其亲友提供工作机会或者为可能任职的政客提供竞选资助等方式。被监管的企业着力扭转那些对它们有影响限制的法规条款，而公众则被繁杂难解的法律条款所迷惑，完全没有意识到监管机构已经走向腐败。据称，被监管的企业可以让监管机构的态度发生转变，最终站在它们这边，比如通过严厉执行一些正当性存疑的法律条款阻止市场竞争。[43] 这种说法我们并不陌生（具体可见第五章对政治的讨论）。

从更险恶的角度来揣测，该理论认为政府建立各种监管部门完全是由被监管对象暗中策划的。这些被监管对象其实是监管法规的最主要拥护者，因为它们非常清楚，之后它们就能够滥用法规。[44] 这就是所谓的"监管的经济学理论"，因为以经济学家的标准来看，经济中所发生的一切很大程度上都是由人们对自身利益的追求所推动的。[45]

但是俘获理论自身也存在问题。用于支撑它的证据通常都有偏误，主要基于部分监管失败案例中"人咬狗"的故事，而没有仔细搜寻更普遍存在的"狗咬人"（监管者勤恳工作、敬忠职守）的情况；被使用的这些证据在因果关系上也非常脆弱。[46] 同样重要的是，俘获并不是一件非黑即白的事情，不止"是"和"不是"两种选择。正相反，其中存在很多灰色的部分，而且深浅不一。[47] 丹尼尔·卡彭特（Daniel Carpenter）和戴维·莫斯（David Moss）在其所主编的《监管者防俘获》研究报告中提出了"弱俘获"的概念，即虽然在一定程度上受到利益方的影响，但是监管机构仍然能够实施监管，并且从总体来看，监管机构为公共利益服务。[48] 我们已经在第六章对食品和药品的讨论中看到了这样的案例。没有人会希望回到19世纪的许可证制度，让如斯威姆的万灵剂、拉达姆的微生物杀手这样的假药横行于市场。但是，我们需要看到药品生产商是如何欺骗监管者的。我们讨论过美国食品药品监督管理局是如何将自己置于一个容易被欺骗的位置——它在临床试验设计和结果报告方面给予被监管方5个方面的选择空间，让它们可以自由选择。对此，一个很好的案例就是默克公司所生产的万络止痛药成功获得美国食品药品监督管理局许可。然而，我们并不能因为监管有一定问题就认为应当彻底取缔监管，如果这种逻辑成立，那么可以简单类推：因为配偶、孩子和朋友会带来麻烦，我们也应当永远不结婚、不生孩子、不交朋友，这种想法无疑是荒谬的。

接下来让我们回到本章的主题——各种英雄角色。乔治生活在华盛顿，他认识多位监管界的英雄，这些监管人士长时间工作，周末也经常加班，以辛勤的劳动来保护我们的财产和人身安全。乔治还知道有许多人因在金融危机期间太过劳累而患上了疾病（甚至导致心脏病发作）。他还知道有许多人离开了监管岗位转投华尔街，这并不是因为他们一直向往华尔街的繁华，而仅仅是希望从原本 7×24 小时的繁重的政府服务工作中解脱出来。是的，监管机构中有很多英雄，虽然我们不会在这里一一列举他们的名字，但是我们知道他们就在那里。

总结

本章提到的诸多英雄事迹的案例中，领导者们都具有道德高尚和无私奉献的共同点，不管是在商界、政府部门还是其他地方，这些英雄都成功地说服公众采纳质量标准和监管机构。正如本杰明·卡多佐于 1889 年在哥伦比亚大学毕业典礼演讲中所提到的，我们并非要求一个"绝对完美"的社会，因为那与追逐经济利益的动机背道而驰。我们需要一个道德社会，其中包含一个允许个人行动的自由市场，这样的道德社会在对抗信息欺骗上已经有过成功经验。

但面对心理欺骗时，我们仍很容易上当。每一个贪吃冰激凌的孩子都懂得贪多必失的道理，在希腊甚至有类似的神话故事来告诫人们：想想那位点石成金的弥达斯国王。本章我们讨论了如何限制信息欺骗，心理欺骗则更加难对付一些，我们将在下一章讨论。

PHISHING FOR PHOOLS

第三部分

结论与后记

The
Economics of Manipulation
and Deception

PHISHING
FOR
PHOOLS

结 论
案例与经验

The
Economics of Manipulation
and Deception

美国的新故事与后果

我们从一个地方开始本书，却要在另一个地方结束。在本书开头的部分，我们通过传统行为经济学的一些案例介绍了欺骗行为的概念，也就是西奥迪尼的列表（详见导论中对欺骗均衡的讨论）。回想一下，西奥迪尼列出了6种特定的心理弱点，通过这些可以实现对人们的操纵。

但是在我们的书中，一个新的重点出现了。这次我们主要强调人们会被欺骗的原因，并对此给出了一个更一般的表征。从第三章起，我们就一直在说，人们容易受骗是因为他们告诉自己的故事是影响他们决定的重要因素。为什么这种决策模式导致人们如此容易被操纵？因为典型的故事是很具发散性的，枝节众多，而大多数欺骗行为借机通过某种方式将新的枝节嫁接到原本的老故事上去，这就变成了人们告诉自己的故事。有时候，甚至是一个全新的故事取代了之前的老故事。

我们还可以用另一种方式来表达上述思想。人类最基本的技能之一就是我们的专注能力：能够集中精神在某些事情上，而不是另一些。我们可以把人们做出决定时他们告诉自己的故事称为焦点。这种称谓使得人们之所以受骗的原因变得清晰起来，同时也给了我们一个有关欺骗如何完成的重要线索。对注意力的操纵是两类人的基础素质：扒手和魔术师，他们都有独特的技巧能够分散人们的注意力，然后他们就能够施展自己的敏捷手法。

在写上一段之前，我们回顾了很多案例，从Cinnabon开始一直到后面的例子。通过回顾，我们发现在每一个案例中，欺骗之所以会发生，是因为钓鱼的人抓住了其他人注意力分散的瞬间。在某些情况下，那些实施欺骗的人，像魔术师或扒手，自己创造了那个有误导性的焦点。我们也回顾了西奥迪尼的列表，其中每一项都可能是由于人们被错误关注点吸引所导致的结果。

"钓愚"本身就是一个故事

接下来，我们将讨论本书所传递出的最基本的消息。我们写作本书正是为了指出我们所认为的错误关注点。有一个关于自由市场的故事在美国深受大众欢迎，甚至在海外也有相当的影响力。这个故事主要来自对标准经济学的简单解读，它认为，除了受到收入分配和外部性的限制外，自由市场经济是我们能实现的最好的世界。让所有人都"自由选择"，然后我们就能够拥有一座人间天堂，即在目前科学技术、人类能力和收入分配允许的条件下，实现伊甸园的梦想。

我们看到了自由市场所带来的种种繁荣，但是每一个事物都有两面性，自由市场也是如此。人类用以创造繁荣的聪明才智也同样能够用来发展推销术；自由市场中能诞生利人利己的双赢模式，也同样能诞生损人利己的单方获利模式。只要有利可图，这两种模式都不断地被人们采纳完善。自由市场可能是人们最强大的工具，但正像所有强大的工具一样，它也是一把双刃剑。

这意味着我们需要防范一些问题的出现。所有会使用计算机的人都很清楚这一点。计算机通过多种不同的途径使我们向整个世界公开个人信息。我们都知道，我们需要采取预防措施来抵御欺骗，如同对抗计算机病毒一样。我们都知道，别人向我们发送邮件要求我们做某些工作，这对我们没有好处，但是对他们却非常有利。我们也都知道，反过来，我们也会做同样的事情。我们都明白，我们可能因为游戏、脸谱网或者其他诱惑而变得沉迷于计算机。[1] 然而，因为计算机的各种优势，我们还是打开了心扉，接受了它消极的一面，这种消极与自由市场的缺点属于同一种类型。但是只有真正的愚人才会假装缺点和问题并不存在，或者是不采取任何预防措施。

但是现实中正好相反，从20世纪80年代开始，在美国最著名的经济故事（很可能也是占主导地位的那个）是，只要我们能够自由选择，那么自由市场就总是对我们有利。当然，这里谈到自由市场总要强调之前所说的收入分配和外部性，但是通常人们只会忽视而不是有所戒备。

改革的时代

在美国的历史上，有一段被称为改革时代的重要时期，大致是1890~1940年。这一时期，以三个相互独立的运动为标志：19世纪90年代，由威廉·詹宁斯·布赖恩（William Jennings Bryan）主导

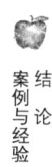

的农民民粹主义运动；1900~1920年，由西奥多·罗斯福（Theodore Roosevelt）主导的好政府–进步主义运动；以及富兰克林·德拉诺·罗斯福（Franklin Delano Roosevelt）的新政。这些运动及其目标都各不相同，但是在改革时代末期，却共同孕育出了一个新的观点，即相比1890年时，我们需要在各个层面扩张政府的作用——尤其是在联邦一级。[2]

如果我们回顾一下"二战"后的一段时期——大概也就在改革时代之后——在美国，人们有一个很显著的共识：政府是制衡自由市场失灵的有效工具。当然，在美国共和党和民主党之间存在一些分歧，但是在制定美国国内政策时，这种分歧主要是细节上的而非本质上的。德怀特·艾森豪威尔（Dwight Eisenhower）是一位出身共和党的美国总统，他任命了一位同样来自共和党的最高法院首席大法官（当然并不是有意为之）[3]，这位大法官改变了整个美国的历史：他推翻了之前美国最高法院的决议，裁定在学校实行种族隔离是非法的。更重要的是，时任美国阿肯色州州长奥瓦尔·福伯斯（Orval Faubus）试图在小石城挑战这一决议时，艾森豪威尔直接派出了联邦军队。在此之外，他还一手建立了美国州际公路体系。尽管艾森豪威尔是一位共和党人①，但是在上述两个案例中，每当民众有需求时，他都毫不犹豫地使用政府力量来提供帮助。

轮到美国民主党执政时，约翰·肯尼迪（John F. Kennedy）和林登·约翰逊（Lyndon Johnson）两位总统延续了这些政策。肯尼迪采

---

① 相比民主党，美国共和党更推崇自由市场，不愿意过多地进行政府干预。——译者注

用凯恩斯刺激政策来使"经济恢复运行"。他还提出了民权立法。在肯尼迪遇刺身亡后，林登·约翰逊继续推进这项立法，最终成功获得国会批准。约翰逊自己则启动了联邦医疗保险项目。之后，再轮到美国共和党执政时，尼克松总统并没有停止改革。正相反，他建立了环境保护局；同时，还要求大幅提高社保的福利水平。[4] 因此，纵观美国故事，不管是民主党还是共和党，他们都清楚地认识到政府应该在其中扮演各种角色。当然，政府的工作并不完美，但这并不是我们的焦点。根据当时美国主流的故事走向，政府应当在诸多方面发挥作用。[5]

新故事兴起

但是，现在有一个新故事开始流行："在当前的危机中，政府并不是我们解决问题的救星，政府正是问题所在。"这是罗纳德·里根（Ronald Reagan）的总统就职演说中的观点，后来人们引用时通常去掉了"在当前的危机中"这半句。随着这样的论断出现，里根开启了一种新的国家故事。[6] 如果一个人认为只要人们能够自由选择，那么市场就能完美运行，由此很容易就会推导出"政府正是问题所在"（政府没有资格干涉）这一结论。但是既然存在外部性、收入分配不均以及欺骗等种种问题，市场其实并不是完美运行的。在这种情况下，政府干预其实是有必要存在的。改革时代已经证明，如果能够有效发挥作用，那么政府能够带来实实在在的好处。然而，现在这套理论已经成为"老故事"。

新故事是错误的，因为它对经济特征的描述是错误的，它对美国历史的特征描述也是错误的。多年以来，在改革时代或更早之前，我们看到政府活动大幅扩张。通过仔细的反复试错以及诸多痛苦的经验教训，我们已经创立了能够反映实际需求的政府项目和法律，仅以几个方面为例：社保、医疗保险、证券监管、存款保险、州际公路体系、扶贫、食品药品监管、环境保护、汽车安全法规、反抵押贷款欺诈法规、公民权利法案以及保护性别平等法规。通过将近一个世纪的漫长艰苦的斗争，到里根就任总统时，美国已经拥有了一套能够切实服务人民的政府体系。

"政府正是问题所在"的新故事本身就是一种欺骗。它显得如此有吸引力是因为：那些宣扬类似"有坏事发生"的报纸比宣扬"一切都很顺利"的报纸要好卖得多。如果一个记者整天写"美国证券交易监督委员会员工都非常出色、工作努力，是人民的好公仆"这类报道，那么他离失业也不远了。因此，有关政府的新闻报道通常都是曝光其失误和缺点的。进一步来说，公众其实非常依赖政府项目的良好运作，这也是为什么新闻总是聚焦于政府没有尽职。

三个例子

我们贯穿本书的写作方法是将经济理论，也就是各章的基础，与解释应用的案例相结合，这也是我们在总结部分将要采取的方式。下面我们将举三个例子来对比老故事与新故事中的经济学。每个例子都将指出，把通过试错得来的改革成果扔在一边，转而相信没有经验支撑的新故事经济理论，将会导致人们忽视欺骗的存在。

社会保障及其改革

我们曾经多次与许多不同的听众分享我们关于欺骗的这些想法。我们被问得最多的问题就是"你们是怎么办的",尤其是如何解决像苏茜·欧曼经常提到的超支问题。对此,有一个非常简单的答案。已经有大量理财书籍呼吁人们制定预算并严格执行。参议员伊丽莎白·沃伦和她的女儿阿米莉娅·泰亚吉(Amelia Tyagi)提出了一条经验法则。[7] 她们说,人们应当把自己拿回家的工资分为三部分:50%分配给必需品,30%用来满足自己额外的消费欲望,另外20%则储蓄起来以备养老或者不时之需。这是非常明智的建议,特别是人们之所以乱花钱通常都是因为把自己的需求(也就是必需品)定义得太宽泛;这条经验法则也允许人们满足自己在必需品外的一些愿望,比如偶尔买束花或者外出吃顿饭,这为生活增添了情趣。基本上,她们的建议与苏茜·欧曼所给出的不谋而合:如果想避免陷入财务窘境,那么就严格遵循预算吧。

认真遵循预算是解决低储蓄问题的最直接、最根本的方法。然而,直达的道路似乎总会拥堵:正如生活中总是发生的那样,精打细算让人们从心理上难以接受。既然这种直接的方式很难实现,美国政府打算另辟蹊径,避免出现低储蓄带来的严重后果。美国的社保体系极大地减少了老年群体陷入贫困的情况。通过社保系统,我们不必等待人们一个一个地学习沃伦和泰亚吉所建议的经验法则,自觉地把20%的收入储蓄起来。我们找到了一种更简便的方法。社保系统通过税收留取人们的部分收入(员工和雇主各支付员工工资的6.2%,

目前缴纳社保工资上限为118 500美元[8]），并且使用这笔资金来给老年人发放养老金。这一方案的效果非常显著。从20世纪60年代提高养老津贴以来，65岁以上老年人群的贫困率大幅下降，从1959年的35.2%降至1975年的15.3%。[9]对于65岁以上的老年人，社保是他们劳动收入之外的最主要收入来源。在劳动收入和其他政府转移支付（如退伍军人福利）之外，对收入最低的20%人群来说，他们约94%的收入来自社保；收入最低的20%~40%的人群社保收入占比约为92%；在收入分配中位于40%~60%的人群中，这一比例为82%；在收入分配中位于60%~80%的比较富裕的人群中，这一比例降到57%。只有在收入前20%的人群中，社保对非劳动收入的贡献才会小于50%。但是即使对于这种高收入阶层（他们中很大一部分人都购买了其他商业保险或者自身非常有钱，因此样本偏误很大），社保也不是一种可有可无的东西——对这部分富裕人士来说，它贡献了约31%的收入。[10]如果拿走美国公民的社保收入，那么65岁以上人群的贫困率会从9%骤然上升至44%。[11]

通过这种方式，社保有效抑制了过度消费相关的欺骗。再加上联邦医疗保险以及60岁以上人群高达80%的自有住房率[12]，美国老人们也可以买得起给孙辈的礼物了。这种解决低储蓄问题的方法并不是直接走到人们面前喋喋不休地告诉他们应该怎么花钱，而是政府起到了较大作用。（进一步来说，我们认为政府的承诺还有助于解决低储蓄之外的部分更紧急的问题，比如鼓励充分就业的宏观政策使得大多数人只会短期失业，失业保险则使得失业者能够比较容易地找到另一份工作，残障保险则给那些不能工作的群体提供了生活保障。）

鉴于当今大多数人口对于社保的依赖程度如此高，我们对于有些政治家还在试图挑战社保感到非常惊奇。然而新故事的力量如此之大，美国的社保体系可能将面临真正的威胁。2004年，小布什政府提议将很大比例的社保项目"私有化"，认为这种修改后的社保项目可以给人们更多的自由选择空间。员工们原本需要缴纳其工资的6.2%作为社保费用，如果按照小布什政府的方案，那么员工们可以从这6.2%中扣下4%进入自己的个人账户。[13] 他们可按自己的意愿投资于经批准成立的共同基金。退休时，退休人员就可以得到基金中的钱，但是同时他也需要偿还之前从社保系统扣下的那部分用于买基金的钱。鉴于缴纳给社保体系的费用变少了，这部分钱被用于发展基金了，这个逻辑是很合理的。小布什政府在建议中还富有创新性地提出，可通过扣除退休人员原本应得的社保收入进行偿还，这就如同退休人员当年借贷了一笔款项，贷款利息率大致为通货膨胀率加上3%。[14]

我们相当钦佩这项计划对"自由选择"逻辑的应用。然而，我们不得不坦言，这个方案非常愚蠢。这就像是让最脆弱的那群人向政府借一笔钱来投资于股市或者债券市场，贷款的还款日定在他们退休那天，还款利息率还非常高。

我们中的一位（罗伯特）做了一些数值模拟，检验这项社保改革方案的可行性，他主要使用了过去100年间美国股票和债券的历史回报数据。[15] 为了模拟，首先做一个很美好的假定：改革后的社保系统运行不错，退休人员乐意接受这一方案。如果未来股票收益与美国过去100年间的股票收益相同，那么投资者选择把所有钱都投入股票，可以带来很高的回报。但是这里涉及两个极端假设。如果按照更常规的做法，采取股票、债券混合比例的投资组合，那么即使股票回报很高，平均下来的投资收益也比较小。并且，注意这种投资是有风险的：基准计划（选取劳动者的中位数，且采用生命周期理论对股票与债券的投资比重进行调整）会带来约32%的投资损失。如果在股票收益上采取更可能的假设，也就是未来股票回报会依照其他国家在过去一个世纪中的表现（而不是美国这种超常情况），那么这项计划就不仅仅是有点风险，如果依然采用基准计划进行投资，那么届时将造成71%的损失；全部投资股票则会带来33%的损失，此时，收益中位数已经非常小了。

小布什政府在其第二届任期之初重点提出这项改革方案，后来因为不受大众欢迎，此方案被搁置。在10年后的现在，这项方案似乎也不太可能会再回到新故事的改革议程上来。然而，其他计划出现了；由原本小布什政府的"社保私有化"变成了保罗·瑞安（Paul Ryan）的"医保私有化"。瑞安的计划中最为重要的一条是：2022年之后年满65岁的人将不可享受联邦医疗保险的各项服务，而是获得一种可以用来在私人市场上购买医疗保险的凭证。这项计划能够削减政府预算开支，因为这种凭证是按照消费者物价而不是医疗服务价格来计算通货膨胀的，后者膨胀得更快。然而，这种开支的削减并不是没有代价的。美国国会预算办公室估算结果显示，如果采取新方案，那么到2030年时，65岁以上的美国人要自己支付68%的医疗费用；而如果能维持现有的联邦医疗保险体制，医疗费用中自付的比例仅为25%。[16]此项计划以及共和党提出的整个预算提案都是基于自由市场的新故事。21世纪前10年的风格已经变成了把政府从美国人民的身后赶走。

证券监管

报纸上一直充斥着政府面临各类预算危机的新闻，比如从基础教育、公立高等教育、基础设施、司法系统、疾病控制中心，一直到延缓全球变暖的科研资助，几乎全都涉及。事实上，在每个领域都应当有一点"预算危机"，这样资源才不会被视为免费的（这也是对纳税人的钱的尊重）。然而，这些多重预算危机已经超越了合理预算情况。如果按照新故事的逻辑，政府应当被看作一个"问题"，而不是"帮手"，那么各个政府部门都应该拼命抢夺资源、维持预算，不管民众实际需求所在。

监管证券是政府最重要的职能之一。对企业会计和证券评级的监管可以让公众获得应得的公开信息，作用重大。更早之前，我们引入了经济学家约翰·肯尼斯·加尔布雷斯提出的潜在泡沫概念，专指那些未被发现的、越积越多的金融问题。在本书第二章（讨论金融危机）中，我们已经看到，次贷潜在泡沫被戳破以及后续资产市场的冻结共同引发了 2008 年金融危机。既然美国证券交易监督委员会在抑制潜在泡沫上负有如此重大的责任，那么我们有必要了解这个部门的预算是否也受到了新故事的影响。

只需看一眼美国证券交易监督委员会的预算，我们就知道它的经费远远不够。2014 年，该委员会审查了超过 50 万亿美元的资产，而它自身的经费预算仅为 14 亿美元。[17] 折算下来，平均监管 1 美元资产的政府投入大约只有 1 美分的 1/400。我们可以举两个例子进行对比，以证实我们的第一感觉：这点预算太少了。首先是一家部分受美国证券交易监督委员会监管的公司——美国银行，它每年单是花在市场营销上的经费就高于证券交易监督委员会的整体预算[18]；然后是共同基金，它们平均要为其每1美元的持有资产花费1.02美分，这已经是美国证券交易监督委员会平均监管成本的400倍了。[19]

如果证券交易监督委员会确实缺乏资金，那么应该会有相应迹象。在第二章中，我们看到证券交易监督委员会在真正应发挥重要作用的时候，未能对衍生品、评级机构做出有效的监管。委员会内部也有直接的证据显示证券交易监督委员会面临经费不足的问题。例如，美国纽约南部地区法院法官杰德·拉考夫（Jed Rakoff）曾经因拒绝签署一桩证券交易监督委员会与花旗集团的和解方案而引发争议，原因是他认为和解条件太过妥协。[20] 杰德·拉考夫曾经断言，自2008年以来，由于缺乏资金，证券交易监督委员会几乎只起诉公司，而不追究个人的违规行为，这条规律罕有例外。[21] 这种起诉方案主要是出于成本考虑：因为从法律角度来看，起诉公司比起诉个人要方便快捷得多。然而，起诉公司对违规行为的震慑效果也要弱许多，这是由于对公司的罚款是由所有股东承担的，而针对个人的处罚则是由那些实际应当负责的人自行承担的。

麦道夫案使我们可以更仔细地观察美国证券交易监督委员会的运作及经费不足所导致的后果。众所周知，伯纳德·麦道夫（Bernard Madoff））是恶名昭彰的欺诈案犯，他的庞氏骗局愚弄了一批富有的投资者。他的投资者们每个月都能收到一封信，告诉他们手头的麦道夫资产又增值了多少，这种收益十分规律。有一位来自美国马萨诸塞州惠特曼城的量化投资者哈里·马科波洛斯（Harry Markopolos）追踪了这些收益，并把自己的质疑提交给证券交易监督委员会波士顿地区办公室。他声称麦道夫的投资回报不仅高且平稳（基本上月回报率为1~2个百分点），这有违金融规律。[22]麦道夫对此的回应是，他通过采用一种"套管式"的投资组合策略实现了平滑收益。麦道夫表示，通过购买期权避免巨额亏损、卖出期权回避超高收益，这两者组合就能达到效果。[23]尽管这种策略确实能够在一定程度上平滑收益，但是马科波洛斯认为这样做对麦道夫而言成本过高，几乎不可能实现他对投资者承诺的高回报。他指出，麦道夫更有可能采用的是庞氏骗局手法，因为若真使用了套管式策略，那么麦道夫需要的期权数量比美国市场中交易的期权总量还多。[24]

尽管论点很有说服力，马科波洛斯的举报在美国证券交易监督委员会中却遭受了很大的阻力：他最初于2000年和2001年在波士顿向美国证券交易监督委员会提交的投诉石沉大海。[25]但是马科波洛斯非常坚持，于是美国证券交易监督委员会纽约地区办公室同意于2005年11月开启调查——该办公室对麦道夫有司法管辖权。当时，分部主管梅甘·张（Meaghan Cheung）与法务专员西蒙娜·舒赫（Simona Suh）被分配负责此案。[26]但是他们与分配任务的高层多里亚·巴亨海默（Doria Bachenheimer），都更多地把怀疑视线放在举报人马科波洛斯的身上，而不是被举报的麦道夫。这三位证券交易监督委员会成员都怀疑马科波洛斯可能是出于某些利己动机。巴亨海默对此有一个很简洁的表述：他可能是一个赏金猎人。[27]此外，马科波洛斯与美国证券交易监督委员会调查团队间有很明显的"文化"差异，因为前者是一位专职的量化分析人员。巴亨海默对此的表述是：他的举报全部基于"理论"。因此，他不符合律师眼中的"揭发"标准，那必须是某些有内部信息的人，并且在法庭上有可靠证据证实不法行为的存在。[28] 火上浇油的是，愤怒的马科波洛斯在之后的一次电话交谈中直接痛斥了梅甘等人，大骂美国证券交易监督委员会无能。[29] 因此，当麦道夫来到美国证券交易监督委员会接受梅甘和西蒙娜的质询时，这两位调查员已经很好糊弄了，麦道夫本人又是一位欺诈大师。结果可想而知，没有发现任何欺诈的证据，这个案子不久就结案了。

我们的兴趣所在并非麦道夫案的细节，我们所在意的是它所反映出的美国证券交易监督委员会亟须更多经费的情况。尽管纽约地区办公室犯了一些错误，但是有迹象表明该办公室工作人员还是非常尽职尽责的，很注重履行美国证券交易监督委员会自身的职责。[30] 然而，调查小组并不能完全理解马科波洛斯的举报内容和动机。如果调查组中有一位具有金融背景的调查员，那么就可避免出现这些误会。此外，新故事导致美国社会对监管人员普遍缺乏尊重，如果没有这样的因素导致的"士气低落"，再加上能够吸引员工的合适的薪酬和工作量，那么马科波洛斯的举报、麦道夫的辩护可能会处于一个完全不同的环境，有一个完全不同的结局。我们永远也不知道更多的资金是否会带来不同的结果。但是，我们知道的是这次调查进行得不够好，这正符合一句俗语——"一分钱一分货"。一美分的 1/400 只能换来这么多。新故事认为"政府正是问题所在"，因此民众对政府部门十分吝啬，美国证券交易监督委员会仅是受害者之一。

联合公民

我们的第三个例子来自本书对政治的讨论。在第五章中，我们提及政治话题，也看到利益团体输送的资金被用于美国总统选举时的选票欺骗行为。

一个多世纪以来，联邦竞选法正是为了减少这类问题而存在的。1907年的《蒂尔曼法案》禁止企业直接为竞选活动捐款；1974年的《联邦竞选法案修正案》设立了联邦选举委员会，同样对竞选捐款和竞选开支设置了限制。然而，不久之后，人们就发现了绕过直接捐款法律限制的方法，那就是通过一些竞选"好伙伴"，比如政治行动委员会。即使没有任何直接捐款，众多的政治行动委员会仍然可以为竞选活动提供帮助。这就引发了一个非常棘手的问题：如何在不违背宪法规定的言论自由的权利下，对政治行动委员会或者其他类型的利益群体竞选"伙伴"进行控制？经过多年的争论，国会于2002年达成了一个折中方案：《两党竞选改革法案》，也被称为《麦凯恩-法因戈尔德法案》。[31] 其中一条重要规定是，禁止企业、工会以及非营利性组织资助在初选前30天或者普选前60天内提及某位候选人的广告。

2007年，一个名叫"联合公民"的右翼非营利性组织决定挑战这一条款。它拍摄了一部纪录片《希拉里》(*Hillary: The Movie*)，并计划在有线电视台播放。观众可以根据需要选择观看与否。电影播放本身是免费的，但是联合公民将为此支付120万美元给有线电视公司。联合公民向联邦选举委员会征询在即将到来的2008年初选时播放此片是否符合《麦凯恩-法因戈尔德法案》，届时希拉里·克林顿将是一位候选人。联邦选举委员会给出了否定的意见，于是该组织向地方法院提起诉讼[32]，又被否决。然后，它上诉到了最高法院。

由于《希拉里》并不打算大范围放映，这桩案件本来可以很容易基于比较具体的法律条款做出判决。而最高法院的做法正相反，它依据有关言论自由的第一修正案做出了判决，那是非常宽泛的法条。[33]这个有五票支持的多数意见判决为我们提供了一个很清晰的案例，表明新故事逻辑中完全忽略了欺骗的存在。我们对言论自由与自由市场的看法几乎一致：我们认为两者都是经济繁荣的关键因素，而言论自由对民主而言更是格外重要。但是，正如自由市场中存在欺骗这样的阴暗面，言论自由也有其缺点。和市场一样，言论自由也需要规则进行过滤——把无用的部分去掉，剩下有用的部分。任何一个主持过会议的人都清楚这一点。即使是最民主的乡镇大会也需要有自己的规则。那么按照类似的逻辑，美国国会从《蒂尔曼法案》开始不断尝试，通过反复试错积累经验，最终制定了一些这样的规则。

大法官安东尼·肯尼迪（Anthony Kennedy）连同约翰·罗伯茨（John Roberts）、安东宁·斯卡利亚（Antonin Scalia）、克拉伦斯·托马斯（Clarence Thomas）和塞缪尔·阿利托（Samuel Alito），撰写了此案的多数意见判决书。这份判决书明确否认了个人言论自由与公司言论自由之间的区别。更多的，它似乎没有看到言论自由存在需要法规来监管的消极面。判决书中的一个关键段落揭示了法庭判决依据："拿走一部分人的话语权并把它给予另一部分人，通过这种方式，政府剥夺了弱势个人或群体用话语努力建立价值、立场和获得尊重的权利。政府不应当采用这些方式剥夺公众自行决定何种言论或演讲者值得听取的权利和特权。第一修正案保护言论和演讲者，包括其中传达的思想。"[34]

但骗局的存在告诉我们，肯尼迪大法官的说法是存在问题的：允许人们说话的法规并不是绝对的。想象一下，在伦敦海德公园的演讲者之角，大声播放音乐是不被允许的，尽管所有英国公民都有权在那儿畅所欲言——无论多么古怪。肯尼迪大法官似乎仅仅把言论看作信息传递，而没有考虑到它很可能说服和影响别人，最终不可避免地会产生欺骗行为。在之前的意见书中，他还写道："言论是民主的重要机制，它是促使官员对民众负责的方式。公民有询问、聆听、发言以及利用这些信息达成共识的权利，这些权利正是自治的先决条件以及必要的保护方式。"[35] 我们当然同意这些。但是，他没有说出来的那些话对本案同样重要。言论同样是一种说服别人按照我们的利益行事的手段。如果人们非常容易被欺骗，那么通过言论就能说服他们按照我们的利益行动，而不一定考虑了他们自己的切实利益。

正如约翰·保罗·史蒂文斯（John Paul Stevens）在判决的反对意见书中所写的，把企业与个人区别对待是一种常识。他感叹多数意见判决书显然没有考虑到竞选问题。自由市场等新故事完全忽略了欺骗的存在。史蒂文斯提醒法院，有很多证据显示，企业（以及工会）常常向某位国会议员寻求帮助，然后资助一些打击议员竞选对手的负面广告，从而使议员只需播放有利自身的正面广告，因此出现了"上述的争议"。之后，这些公司或者工会就悄悄通知议员，确保他清楚地知道它们为他做的事情。国会议员也会在私下表达自己的感谢。[36]史蒂文斯断言："现在民主社会面临的腐败威胁远超传统的贿赂方式所能造成的破坏。然而本判决的多数观点对于腐败的狭隘理解，使得立法者面对全局表现无力,仅能处理那些零散的滥用情况。"[37]

打个比方,我们需要对那些有资源来装备超大扬声器的人做出限制,否则他们就会轻易将那些资源较少的人所希望传递的信息淹没。在本书之前的章节(第五章有关政治的部分)讨论过格拉斯雷与斯莫尔在2004年竞选参议员职位的案例,此案例显示出法规已经给予那些有资源掌控媒体的人巨大的优势。因此,联合公民的判决是一个很好的例子,表明在政治领域用新故事的思维取代老故事是多么危险。基于新故事逻辑所做出的判决,没有考虑到通过折中方案减少欺骗问题的必要性,当然这种折中方案必须经过仔细推敲。

哈佛大学法学教授劳伦斯·莱斯格(Lawrence Lessig)已经提供了这样一种折中方案。方案中,每位美国公民都将获得联邦政府发放的一份凭证,该凭证可以被当作50美元捐赠给公民自己选择的竞选候选人。此外,他们也可以自掏腰包捐助候选人,但是对每位候选人的捐献均不得超过100美元。作为回报,接受了这些捐赠的候选人必须发誓放弃所有从其他渠道获得的捐款,包括来自前面提到过的政治行动委员会的资金。[38]据莱斯格估计,这样运作的话,每年的花费大约在30亿美元之多。[39]但是鉴于我们之前看到的民主方面的扭曲,这其实是一个可以认真考虑的方案:如果采用,那么之后国会议员的工作将不再是为金钱说话,他们将回到为人民服务的初衷上去。

总结

我们的三个例子——从社保立法、证券监管到竞选资金立法——几乎贯穿本书。它们共同表明了树立正确的国家故事是一件非常重要的事情。到现在，正如我们的三个例子所指出的，新故事思想已经渗透到众多美国政策中，无论是有关政府与私人家庭（社会保障）的关系、金融及其监管（证券监管）的关系，还是法律体系与选举的关系（竞选资金法）。从更普遍的意义来说，在各种情形中，我们都已经表明，新故事只是真相的一半。自由市场确实允许人们进行自由选择，但是同时也允许人们自由地欺骗别人、自由地被别人欺骗。忽略这些真相的存在只会导致一场灾难。

通过美国的视角、用主要在美国发生的案例，我们已经表明了这些故事（尤其是国家故事）非常重要。但是，欺骗并不是美国特有的，它在哪里都会发生。在其他领域，好的国家故事还要对经济和政治如何运作有正确的理解。它必须考虑到市场和民主都不仅仅有好的一面，还有其不完美的一面，在这种阴暗面中就包含着欺骗现象。

PHISHING
FOR
PHOOLS

后　记
理解欺骗均衡的意义

The
Economics of Manipulation
and Deception

我们一直在列举各种关于欺骗的案例。但是，读者的心中一定存有这样的疑问：相较于现行经济学，本书的新意在哪里？难道不是所有的经济学家都已经知道欺骗的存在了吗？当经济学家看到一个欺骗的案例时，他可以识别它，并且能够搞清楚欺骗产生的原因，从这个意义上说，这个问题的答案是肯定的，但是，自由市场的传统知识是否能够告诉我们欺骗将在何时发生以及如何发生呢？这个问题的答案是否定的。[1]

大多数国家已经学会尊重自由市场，而且在绝大多数情况下，这是应当的。自由市场为人们提供了更好的生活条件。我们已经从经济学教科书上得知，竞争性市场是"有效的"，因为在相对适度的假设条件下，可以证明在均衡状态下，不可能在不影响他人福利的条件下使得另外一个人获得更大的福利。总之，经济学通常认为竞争性市场"运行良好"，尽管有时还需要采取干预措施来解决诸如外部性和收入分配不公平等问题，这些都可以通过适当的税收、补贴等最低限度的干预方式来解决。

但是，我们将从一个不同的角度来观察人们和市场——这可能也是一种更普遍的视角。这一视角贯穿全书。我们并不需要与谈论自由市场优点的经济学教科书争论，因为优点是显而易见的。

但是，我们先不要过分赞美自由市场的好处。如果假设都成立，自由市场可能确实运行良好（正如教科书中所说）。但是每个人都有自己的弱点，因此通常情况下我们没有获得全部信息，我们也不知道自己到底需要什么。因为这些人性的弱点，我们很容易被欺骗。这是人的本性，刚好与经济学教科书中抽象的"个人"概念相反。如果人们并不是完美的，那么自由竞争市场将不仅为我们提供所需和所求，同样也为欺骗行为提供方便。整个市场将陷入欺骗均衡之中。

对于这种观念上的差异，我们可以用下面的例子加以解说，这是我们与一位很好的朋友（也是我们的同事）进行的一番漫长而激烈的交谈。他同意来听我们对本书的介绍，然后他迅速地抓住了本章中提及的问题：还有任何经济学家不明白的事情吗？我们解释道，本书审视了当人们有弱点时市场所扮演的角色，发现市场并不总是那么有效；那些有弱点的人就有可能被欺骗和愚弄。我的朋友则反驳道，把这种"异常状况"与标准经济学混在一起是不对的。

但是，相对于现行经济学而言，这正是本书的一个基本观点。我们认为，像教科书和几乎所有经济学家的标准思维框架那样，只描绘市场健康（例如，"有效"）运行，而把经济生活中的所有异常状况归因于外部性和收入分配，这种做法无疑是错误的。我们认为，经济学应当比这种标准化的视角更复杂，也更有趣。我们进一步认为，这种区分（健康与异常之间）不仅非常草率和无理，而且导致了严重的后果。

为什么会这样？因为这意味着现行经济学没有办法从本质上避免欺骗与诡计。人们的天真和易骗被掩盖。现在已经是2015年，经济学家可以回过头来看2008年那场全球金融危机，我们中的一些人会提出这个问题："为什么？"这并不仅仅是指为什么危机本身会出现——我们现在已经非常清楚危机发生的原因了，而是除此以外，经济学家在审视自身，为什么几乎没有人能够预测到它的发生？极少数经济学家确实预见到了将会发生什么，这是非常了不起的。[2] 在谷歌学术搜索引擎上，我们可以搜索到225万条关于金融和经济的文章及图书的信息。[3] 这并不是说经济学家如此之多，就如同一群随机敲打键盘的猴子，通过无限反复尝试后总会有那么一只（几只）猴子随机打出了一本《哈姆雷特》。但是现有的这些经济学家已经足以提供大量论文来告诉我们美国国家金融服务公司、华盛顿互惠银行、印地麦克银行、雷曼兄弟以及许多其他公司，为什么会在短时间内迅速崩溃倒闭。我们应当知道，这些企业在住房抵押贷款证券以及信用违约掉期方面是非常脆弱的。当时我们也应该预见到未来欧元的脆弱点所在。

我们相信，这一巨大缺失告诉我们，经济学家（包括那些金融研究人员）系统地忽略了或者淡化了欺瞒和诈骗在市场运行中的作用。我们已经知道为什么他们对此如此漠视，原因非常简单：经济学家对市场的认识已经系统性地排除了这一点。正如我们的朋友所指出的，那些异常状况被认为是由外部性导致的。但是，这忽略了由于竞争市场本身的性质所导致的欺骗和诡计，利益动机带来的不仅是经济繁荣，同时也有另一面。如果经济学家能够恰当地认识到自由市场其实是一把双刃剑，那么我们肯定早已深入地探讨了金融衍生品、住房抵押贷款证券以及主权债务如何走向危机，并且很多经济学家也会早早地敲响警钟，提示风险的存在。

抗癌"战争"是一个错误

在《众病之王：癌症传》①（*The Emperor of All Maladies*）这本书中，作者悉达多·穆克吉（Siddhartha Mukherjee）兼具癌症研究者及医生两重身份，在他描述的癌症分析治疗领域中也存在类似的错误。[4] 如果用经济学家的语言来说，我们可能会认为一部分疾病是由于外部性所致。这些疾病来自细菌或病毒，在大多数情况下，治愈它们的方法非常简单。我们只需要发明一种药品或者疫苗来杀死人体内的外来入侵者。以此类推，在经济学中，如果抽烟的人对其他位于下风向位置的人造成了外部性伤害，那么"治疗"方法就是对抽烟收税。

但是在穆克吉的描述中，癌症并非如此。它并不是由某种外来的入侵者，如病毒或细菌，导致的，恰恰相反，它是由人体的自然力量所导致的，同样的力量也负责构成健康的人体生理机能。这其实是我们自身细胞的突变。正如健康细胞具有抵抗外界攻击的防御能力那样，这些突变细胞也有防御能力。问题不在于人体的防御系统不够好，事实上，恶性肿瘤的出现，恰恰是因为人体的防御系统太好了。恶性癌细胞对外界攻击抵抗过度，不愿意被消灭。癌症的本质就是我们自身良性的生理机能发生突变。而市场中出现欺骗行为也遵循类似的逻辑。它源于运行良好的市场，该市场中每个人都富有经验，突变为一个存在很多天真易骗的人的市场。

在20世纪70年代，美国"对癌症宣战"的支持者们的游说非

---

① 《众病之王：癌症传》一书中文版已由中信出版社于2013年2月出版。——编者注

常成功，得到了"举国征服癌症的承诺"。[5] 随着1971年《国家癌症法案》（National Cancer Act）的通过，美国投入癌症研究的资源大大增加。我们可能会认为这种资金的增加并没有什么坏处，然而奇怪的是，穆克吉却认为这场"战争"是一个错误。因为整个国家都在寻求一种快捷而简便的医疗方法，这在某种程度上导致真正的问题被忽视。因为只有当癌症是由于简单原因导致的时候，比如由于某种病毒引起，我们才有找到快捷简便的治疗方法的可能。[6] 这种将癌症病因简单化的观点导致人们的注意力偏离了对癌症本质的探索。而只有在人们更好地理解了癌症的本质之后，我们才能真正实现大幅降低癌症死亡率——之后，癌症被证明是基因突变的结果，因此癌细胞自我保护的能力其实来源于人体自身的健康防御系统。

我们认为，经济学家对于市场的观点中有类似的过度简单化的倾向。标准的经济学理论假设经济中的异常状况只可能由外部性导致。然而，自由市场有能力产生各种类型的欺骗，而这并非来源于外部性。相反，它是竞争市场运作机制的衍生品。如果市场中的每个人都完全理性，那么追逐利润的动机将带给我们健康、良性的经济；如果这一条件得不到满足，那么完全相同的利润动机也会带给我们异常的经济状况，即各种欺骗。

对欺骗行为的已有研究

当然，已经有先驱者在研究欺骗现象。我们通过谷歌学术粗略搜索，可以发现超过200 000篇讨论"富有经验"和"缺乏经验"，或者"消息灵通"和"不知情"的文章。接下来,我们将介绍其中一部分具有代表性的论文。正如例子中提及的那样,这类典型的文章将通过某种方式同时涉及"富有经验"和"缺乏经验"两类人,然后,文章将得出结论——有时候作为文章的主要观点,但大多数时候作为次要观点:在文中描述的这种特殊情况下,"富有经验"或"消息灵通"的人士会利用"缺乏经验"和"不知情"的人士,并从中获利。

第一个例子将从前言中提及的斯特法诺·德拉维格纳和乌尔丽克·马尔门迪尔开始,他们研究了健身房常用的"套环螺栓"式合同:这些合同都很容易签订,但是很难取消。在模型中,德拉维格纳和马尔门迪尔讨论了健身房的策略是如何利用顾客们的即时倾向的。[7]顾客们更重视"现在"的效用,因此他们会把今天可以做的事情推迟到明天,但是当"明天"真的到来,对于顾客来说,"明天"又变成了现在,因此他们会不断地拖延不愿意做的事情——一次又一次。

泽维尔·加贝克斯(Xavier Gabaix)和戴维·莱布森(David Laibson)讨论了另一种卖方利用买家的情形,这一次是因为商品的一部分属性难以被观察到。[8]用他们的术语来说,这些属性被"隐藏"了。他们很含蓄地提出这样一个问题:当顾客完全不能区分印度香米和班叔叔速煮米[①]有什么区别时,那么餐厅会为顾客送上哪种米饭呢?利益动机告诉我们,餐厅会选择便宜的那种。

加贝克斯和莱布森列举的最典型的"隐藏属性"的例子就是喷墨打印机。买家最关心的是打印机的价格,但事实上,除了初始打印机

---

① 班叔叔大米是美国畅销大米品牌,占有很高的市场份额。——译者注

的价格，后续的墨盒成本也不容忽视（平均而言能占到总价的2/3）。[9]打印一张纸的总成本并不仅仅来自最初的那笔购置打印机的费用。在关于惠普某款产品的购买者调查中，只有3%的受访者在购买打印机时就已经清楚地了解了墨盒的价格。[10]这并不是一个巧合。根据加贝克斯和莱布森的逻辑，对买家来说，打印机的价格非常醒目清晰，也很容易在网站上找到。但是当需要查询所需墨盒的价格时，这类信息则散落在几个不同的网站上；打印机制造厂商有意隐藏了这些属性。[11]从调查提供的证据来看，厂商在这方面做得非常成功。[12]

我们中的一个（罗伯特）进行了另一项关于"隐藏属性"的测试。他曾经被电视广告吸引，为他家的宠物猫"闪电"购买了一款高级猫粮。在广告中，那些猫走向食盆的时候是那么的活泼和欢快。但是，高级猫粮的味道真的有那么好吗？罗伯特亲自尝了一下。在广告中听起来充满诱惑力的那些口味——比如火鸡、金枪鱼、鸭肉、羊肉——并没有真的添加在里面。这正是加贝克斯和莱布森所预测的商品属性被隐藏时会发生的情况。但是我们需要承认，这是一次不准确的测试。只有当小猫"闪电"能够表达自己的意见时，我们才能真正知道广告中的猫粮是否好吃。[13]

金融领域也同样提供了一些很好的例子，其中，缺乏经验者在成熟有经验者的操纵下表现拙劣。传统金融学得出的结论并不正确，其中一项最基本的定理就是股票是按照它们的"基础价值"来定价的，也就是说股票价格等于未来期望收益（如分红、股票回购等）按照某种适当价格折现后得到的值。但事实上这不可能是正确的。因为股票价格波动如此之大，不可能按照收益折现定价。[14]而且，金融市场经常有各类奇怪的现象发生,用常规的收益折现故事难以解释。比如,为什么股票交易量如此高?为什么股票投资者平均持股时间如此短?这样的问题不胜枚举。

大多数金融学家(但不是全部!)都承认常规模型存在非常严重的缺陷。因此,他们转而构建了一个包含两类人的股票市场(以及其他资产市场)。[15]一方面,市场中有"消息灵通"的交易员。这类人真正了解股票市场;根据这一理论,只要他们占据主导地位,他们将非常无畏地推动股价直至达到自己认定的"基础"价格。然而,故事继续展开,市场中还有一部分"不知情"的股民,他们并不懂"基本面"。金融学家称他们为"噪声交易者",因为这类股票购买者并不是基于基本面数据进行交易,而是基于某种随机的"噪声"价格。20世纪90年代科技股泡沫破灭前,疯狂购入网络股票的那些人就是一个生动的例子。[16]引入了噪声交易后,研究者声称可以据此解释许多股价"异常",包括股票相比于债券更高的收益、股价相比于基准价格更高的波动等。[17]

对噪声交易的检验是一个成功的研究范例。在数学模型中,欺骗确实发生了,表现为成熟有经验的投资者利用噪声交易者获利。事实上,这类模型甚至可以用精确的公式计算出"消息灵通"与"不知情"交易者各自的福利水平。[18]

经济学和金融学领域的这些案例在区分缺乏经验者与富有经验者、消息灵通者与不知情者方面,发挥了很大的作用。富有经验者与消息灵通者总是能够比那些缺乏经验者与不知情者做得更好。然而,无论在哪里发生,这都算是欺骗行为。

新观点，新视角

如果即使在行为经济学和金融学中已经有如此多有关缺乏经验和不知情的讨论，人们还是在不断地问我们想说什么，那么本书也没有新的观点可以讨论了。倘若这种情况不幸发生，我们也希望你能够喜欢本书以及书中的小故事。但是，我们仍然希望能够为读者提供一种新视角。现在，我们将介绍本书如何通过三种方式展示一种与现行经济学相比有新意的观点。

均衡在竞争性市场中的作用

第一个观点主要涉及行为经济学在经济学中的地位。正如我们在前言以及本章开头部分所讨论过的，经济学家的基本思想都发源于亚当·斯密。他们的核心观点可以用斯密著名的屠夫、酿酒师和面包师的例子来表述——传统供应商完全响应消费者的需求，根据消费者愿意支付的价格来决定供应产品的数量。这套体系会迅速达到均衡状态。如果经济偏离了这样的均衡，那么就有套利的空间。如果确实是这样，那么我们可以预见有人将会利用这个机会获利。正如谚语所说"自然界厌恶真空"，我们也期望经济系统厌恶未被使用的获利机会的存在。用我们生活中的例子来说，如果机场或者其他商场中没有店家出售肉桂卷或者其他类似产品，那么很快就会有一家出售肉桂卷的门店开张。

在过去的两个半世纪中，这种普遍的思考方式，以及对一般均衡的坚持，已经成为经济学思维体系的中枢。然而，行为经济学（我们会很快扩展到金融学）似乎偏离了这种主流思考方式。我们利用两个行为经济学的案例说明了这一点，包括德拉维格纳—马尔门迪尔的模型，还有加贝克斯—莱布森的例子。按照学术文章的风格来看，他们的模型和例子都非常特殊。在德拉维格纳和马尔门迪尔对健身房的讨论中，那些报名的未来"健身达人"们都有特殊的即时倾向。加贝克斯–莱布森对"隐藏属性"市场的描述也同样特别：他们给出了一个有关基本商品和附加补给品的供求模型；某些消费者非常精明，另一些则比较短视，企业会据此决定是否要隐藏那些附加补给品的价格。[19] 根据经济学学术期刊论文的标准，这些文章都证明了欺骗确实存在。他们是通过建立模型或举例来证明的，在他们设定的这些特殊情形下，无法否认欺骗的存在。但是学术期刊也因此要付出一些代价，这意味着欺骗现象存在的普遍性无法被展示出来。

这正是本书的意义所在。用亚当·斯密描述一般均衡框架的方式——一般均衡正是所有经济学家思考的基础——来展示欺骗现象，并凸显其普遍性。这种普遍性使得我们发现，欺骗的发生难以避免。

让我们回到之前"为什么经济学家难以察觉金融危机"的问题上来。如果我们早就认识到欺骗是一种普遍现象，只要人们在信息或者心理上存在可以被用来获取利润的弱点，或者可以制造出这样一种弱点，欺骗就会存在，那么经济学家就会不断寻找并发现那些能在短期内导致经济崩溃的欺骗问题，这才是我们应当看到的情形。

无可置疑的显示性偏好

还有一个原因导致行为经济学和行为金融学没能成功地描述出欺骗的普遍性,尽管它们用特殊案例展示了各种偏误和市场问题。标准经济学中一个最常见的信条就是,人们只会选择那种最大化自身福利的选项。这个假设甚至还有一个很美妙的名字——显示性偏好,即人们通过选择来显示到底什么使得自己感觉更好。[20]我们之前讨论过"人们真正想要什么(他们需要的)"与"人们认为自己想要什么(他们喜欢的)"之间的差异。非常明显,显示性偏好的假设与此相矛盾。行为经济学的特性——不管是基于特殊心理偏差,比如即时倾向,还是基于特殊市场情况,比如垄断竞争市场——强调了人们需要的和喜欢的之间存在差异并不是一种常态。他们可能是从每个案例的角度来考察的——如同讨论罕见的特例。这类信息并不是被刻意传递出来的,但是行为经济学在日常宣讲过程中已经不知不觉地透露出了这一点。

因此,大多数经济学家都认为可以接受"人们的选择确实反映了他们自己真正想要的"这种假设,如果更进一步,那就是人们做出的那些"不正常"的选择,无论从数量还是结果来看都是非常少的。这种观点与人们在发达国家中观察到的情况比较一致,生活在那里的大多数人都通过有条理的计划来获取自己的基本需求品。这种目标性可能会使我们相信,我们真实福利的帕累托最优与我们感受到的福利的帕累托最优之间并不存在太大的差别。也就是说,也许在我们签订健身房合同或者购买墨盒时确实会出现偏差,但是这些都是特例,因此显示性偏好仍然是正确的,起码在大部分时间是这样的。

但是，如果像我们这样从更普遍的层面上来认识欺骗，那么你就会发现，事实上欺骗并不是偶然出现的令人讨厌的东西，而是到处都有其踪迹。它不仅影响了许多决策，在某些情形下，它也对福利造成了相当大的影响。我们列举的例子都经过了精心选择，这不仅仅是为了显示出欺骗的可能性，也是为了体现其普遍性以及在经济生活中的重要性。这些例子与传统经济学（不是行为经济学）的直觉相矛盾，说明事实并非像他们所说的那样没有差异，因为在大多数情况下，我们也是有目的地做出我们认为对自己最好的选择。

我们之所以把欺骗带入那些有着诱惑性偏好的一般均衡中去，是为了指出一个超越了当前行为经济学的事实，这个事实应当对每一个从一般均衡的角度思考的人都成立。那就是关于欺骗的必然性。让我们再次来谈谈我们"最喜欢的例子"。在一般均衡中，如果在机场开一家Cinnabon餐厅能够获取利润——假设没有销售类似产品的店，那么就会有一家这样的店在机场开业。同样的，如果我们具有某种弱点（因而有某种方法可以使我们被欺骗），那么就会有准备如此欺骗我们的人在暗中等待时机。这与斯密的例子类似，只要我们有足够的资源支付得起面包、啤酒和肉，那么市场中就会有面包师、酿酒师和屠夫存在。因此，骗子们也会在某处等待着我们上钩。

故事嫁接

相比于行为经济学，我们所讨论的"钓愚"有更进一步的贡献。正如目前所写的，行为经济学主要从心理学家的实验证据出发，但在我们的叙述中，人们会做出不正常的决定，而这主要是根据他们受到诱惑的偏好，而不是根据他们真正的偏好。心理学家们列出了关于异常动机的列表。

我们认为，对于那些列表的内容，人们存在心理偏差。但是本书的主要目的是从更普遍的角度来看待这些偏差——超越了欺骗均衡的定义。正如经济学家（可见第一章中关于财务焦虑和苏茜·欧曼的讨论）在消费者行为方面强加了自己的假设（例如假设他们有非常精确的预算），心理学家和行为经济学家根据传统，假设决策者根据某些模式来进行操作，通常是根据西奥迪尼列表。如同经济学家花费大量精力来确定决策者可能面临的"约束"，心理学家也编制了一张令人印象深刻的可能的"非理性"行为列表。但是在我们看来，这张列表可能存在一个问题，尽管它被众多社会学家和人类学家所认同。我们固然可以认为人们是根据"列表"中的某些偏差行为来表现的，但是也有可能人们并不这么做。经济学家、心理学家和更普遍的社会学家应该更具包容性：我们要把所有人们想到的，包括意识到的和潜意识里的，都看作人们决策的基础。

在这方面，跟随社会学家和文化人类学家，我们找到了一种更通用的方法来描绘人类决策时的思维框架。欺骗理论的后半段已经逐渐摆脱了行为经济学中行为偏差列表的旧模式；同时，我们也在逐渐通过这种新视角来重塑我们的观点。一方面，它包含了列表中可能导致失常决策的种种心理偏差；另一方面，它也显得更为普遍。

我们通过描绘人们的决策心理框架图来获取这种更加通用的视角。我们称之为"人们告诉自己的故事"。这种描述方式还为我们带来一种优势，它使得我们可以非常自然地发现欺骗是如何发生的。欺骗其实就是使得某人做出对欺骗者有利的决策，而不选择真正对自己有利的决策。因为我们的决策通常是基于我们告诉自己的关于当前情形的故事，这就使得其动机特征一览无余，因此我们可以很容易理解大多数情形下欺骗是如何发生的。

这种新视角也为经济学带来了新变量。该变量是人们告诉自己的那些故事。此外，它也阐述了一个很自然的概念，那就是人们做出的决策可能离自身福利的最大化非常远，因此表明这些"故事"很容易被操纵。仅仅通过转移关注点，人们就可能会改变自己做出的决定。

总结

总之，也许本书中没有什么观点可以被认为是"新经济学"。如果我们非常希望能重构经济学，那么我们的观点将会既不正确，也难以令人信服。但是，我们的目标一直不在于此。我们主要想说明，欺骗现象将带给我们一个与传统经济学非常不同的结论。现代经济通过自由市场使得发达国家居民的生活水平大幅提高——这种生活水平会让我们所有的先祖羡慕不已。但是，我们也不要自欺欺人，它还带来了欺骗，严重影响了我们的福利。

PHISHING FOR PHOOLS

The Economics of Manipulation and Deception

致谢

本书可能涉及很多有关操纵和欺骗的内容，但是我们必须承认，世界上还是充满了善良和美好，这也是我们一直重复强调的一点，比如在第十一章中有众多英雄的事迹。事实上，无数慷慨奉献的英雄们成就了此书。

完成本书的一大乐趣就在于能够提笔撰写致谢部分，向众多对本项目有极大贡献的人士致以由衷的感谢。如果两位作者只是孤坐在一个房间中，默默思考下一句应该怎么写，那么这本书不可能完成。事实与此正相反，本书的思想和基础研究工作中的很大一部分都来自作者与朋友的交流学习，尤其是经济学界的同人，还有研究助理的极为优秀的工作，都为我们提供了很多帮助。

首先，我们要向各位同事致谢，他们的基础思路和基本想法直接启发了本书的写作。

我们第一位要感谢的人是保罗·罗默，他曾与乔治一起合作撰写了论文《掠夺：从破产获利的经济地下世界》(*Looting: The Economic Underworld of Bankruptcy for Profit*)。本书第九章和第十章主要讨论了储蓄和贷款危机以及垃圾债，其内容正是在那篇文章的基础上，按照本书的风格进行了改写。我们非常感谢保罗允许我们这样做。本书的另一个话题（关于叙述）也在很大程度上归功于乔治的另一位合作者。在乔治与雷切尔·克拉顿（Rachel Kranton）合作的《身份经济学》(*Identity Economics*)一书中，其中一个话题正是讨论人们告诉自己有关他们是谁、应该做什么、不应该做什么的故事；还包括这些故事如何体现了背后的动机。无独有偶，在罗伯特之前讨论资本市场的《非理性繁荣》(*Irrational Exuberance*)一书中，他也曾经独立发现了"故事"的作用，尤其是在金融危机方面。因此，叙述的作用——这可能是本书最重要的论点——综合了两方的思路。我们同样非常感激雷切尔。此外，我们也要感谢童汇（Hui Tong，音译），他与乔治合作了一篇名为《柠檬市场与信息缺乏》(*Lemons with Naïveté*)的论文，主要描述了基于信息不透明的欺骗均衡。在几年中，这篇文章都是我们"钓愚"主题学术讨论班的工作基础。

我们还需要感谢马克西姆·博伊科（Maxim Boycko），他是罗伯特的一位合著者，他们是在美国国家经济研究局与苏联科学院世界经济和国际关系研究所于1989年在莫斯科举办的一次联合会议中认识的。罗伯特至今还与他在公众对市场的观点、公众与市场的关系等方面保持合作研究，通过比较国家间的差异来解释社会规范与态度在市场运作中的作用。

2012年秋天，书稿还在不断完善中，罗伯特认为已经是时候聘请一些研究助理来为我们提供帮助了。他发布了招聘广告，并收到了近80份申请。最终我们录用了三位耶鲁大学的本科生，他们在本书的编撰过程中发挥了非常重要的作用。他们不仅仅是我们的研究助理，还是我们的编辑，与来自普林斯顿大学出版社的彼得·多尔蒂（Peter Dougherty）一起参与了编辑工作。我们曾经不止一次地给他们布置为本书评分的任务：具体到每一章、每章的每一节，以及每一章节中的每一段落。他们并不总是给我们最高分，尤其是考虑到现代打分标准中存在的"分数膨胀"，他们向我们耐心解释了为什么这些文字只能得这么少的分数，此类交谈使得我们成功地走出了困住自己的障碍。这三位研究助理中的每一位都非常优秀。

维多利亚·比勒在接受研究助理工作时还是一位大学三年级的学生，她的表现非常优异，戴维·布鲁克斯曾经专门在《纽约时报》（New York Times）专栏中撰文称赞她在耶鲁课堂中写的一篇文章。当维多利亚本科毕业后到剑桥大学攻读研究生时，她选择继续为我们的这本《钓愚》担任研究助理。这一年正逢罗伯特获得诺贝尔经济学奖，他不得不花费好几个月的时间全力投入相关工作，此时维多利亚发挥了重要作用，填补了这一段"真空时期"。她对国际政治很感兴趣，而且在此方面天赋卓绝。乔治承认他曾经给她写过一封邮件，其中开头便是"当你担任国务卿时"，他甚至没有使用"如果"之类假设的文字。

戴安娜·李也是三位研究助理中的一员。我们发现，我们可以向她提出任何问题、请她做任何工作，因为她总能完成。我们似乎向她提出了很多要求，并且担心是不是让她承担了太多的工作。她是一位明星辩论手，课余时间为《耶鲁每日新闻》（*Yale Daily News*）撰写有关市政厅的报道，在校主修专业为经济学。最近，她告诉我们她将出发去参加在马来西亚举行的世界辩论锦标赛。戴安娜总是会做这样的事情。每一位《钓愚》的读者都会从她提供的内容中获益。她是一位技术高超的采访者，她把"欺骗"带入生活中的计划常常使得我们开怀大笑。有一次，《魅力》杂志邀请戴安娜成为某一奖项的候选者，我们为她写了推荐信，但是她最终没能获得这一奖项。非常明显，评选者并不明白什么是真正的魅力，在我们的心目中，戴安娜·李就是魅力的代表。

杰克·纽舍姆（Jack Newsham）也是最早的三名研究助理中的一位。与戴安娜和维多利亚一样，他也为本书贡献良多。他为我们做了很多采访工作，并且为我们提供整理后的观点：受访者总是正确的。他在有关广告的那章中发挥了特别重要的作用，因为他直接引导我们注意到了哈定的总统竞选，其中拉斯克是他的竞选策划人，这与本书内容尤其契合。在耶鲁，杰克一直立志当一名记者，他也将种种报道技巧带入了我们的项目之中。毕业后，他去了《波士顿环球报》（*Boston Globe*）工作，获得了一个很好的职位，尤其在当前报业工作机会稀少的情况下这非常难得。我们非常幸运，能够有机会拥有杰克为我们的《钓愚》项目工作两年。

在《钓愚》一书的收尾阶段，斯蒂芬·施耐博格（Stephan Schneeberger）为我们的书稿提供了非常专业的编辑意见，并且为书稿的第四至第八章的内容进行了核对。我们非常感谢他为本书的付出。同样的，我们也要感谢宜佳·路（Yijia Lu，音译），他负责的从前言到第三章的核对工作非常出色。还有德尼兹·迪茨（Deniz Dutz）在最后阶段做出的细致工作，他负责再次核对整本书稿。马德琳·亚当斯在2015年5月和6月的6个星期的时间内担任了我们的文字编辑，她为我们的书稿增添了很多优雅而有魅力的文字。

本书的观点融合了我们作为经济学家平时所学到和听到的各种内容。从这方面来说，我们还需要特别感谢四位人士。丹尼尔·卡尼曼（没错，就是那位）在25或30年前曾经告诉我们，心理学的显著特点是将人们看作不完美的机器。他说，心理学家的工作正是指出这些机器在什么时候、为什么会出现功能障碍。与此相反，经济学的基本概念是均衡。我们认为，我们在本书中把这些观察现象都汇集了起来。理查德·塞勒（Richard Thaler）也同样对本书影响巨大，罗伯特曾经与他共同组织了超过25年的行为经济学讨论会，理查德在大约20年前就建议我们俩应该一起工作。他是我们的介绍人。我们从他那里收益良多。马里奥·斯莫尔（Mario Small）和米歇尔·拉蒙特（Michele Lamont）启发我们去思考，为何人们的决策很大程度上取决于潜意识，而不是意识。我们认为这使得人们更容易被操纵，这种思考是我们开始撰写本书的关键一步。

普林斯顿大学出版社的彼得·多尔蒂不仅仅是本书的编辑，还是我们的好朋友，在整本书写作过程中对我们帮助很大。他不仅具有良好的编辑判断力，还指导我们应该如何组织书稿内容以及为什么要这样做，这才使得本书的诞生成为可能。比如前言中"平静的绝望"一节就是从与彼得的对话中获得的灵感。

还有许多人为本书做出了贡献，尤其是乔治在国际货币基金组织的同事，4年来他一直在撰写本书——从2010年10月一直到2014年10月，还有罗伯特在耶鲁大学的同事。这些可敬的同事和朋友们包括：维韦克·阿罗拉（VivekArora）、迈克尔·阿什（Michael Ash）、拉里·鲍尔（Larry Ball）、罗兰·本那波（Roland Benabou）、奥利维尔·布兰查德（Olivier Blanchard）、艾琳·布劳玛德（Irene Bloemraad）、尼拉·布兰斯科姆（NylaBranscombe）、露西亚·博诺（Lucia Buono）、约翰·坎贝尔（John Campbell）、伊利·卡内蒂（Elie Canetti）、卡尔·凯斯（Karl Case）、菲利普·库克、威廉·达里蒂（William Darity）、斯特法诺·德拉维格纳、拉斐尔·迪·泰拉（Rafael Di Tella）、阿维纳什·迪克西特（Avinash Dixit）、柯特·伊顿（Curt Eaton）、约书亚·费尔曼（Joshua Felman）、妮科尔·福廷（Nicole Fortin）、皮埃尔·福廷（PierreFortin）、亚历山大·哈斯拉姆（Alexander Haslam）、凯瑟琳·哈斯拉姆（Catherine Haslam）、约翰·哈利韦尔（John Helliwell）、罗伯特·约翰逊（Robert Johnson）、安东·科里内克（Anton Korinek）、拉里·科特利科夫（Larry Kotlikoff）、安德鲁·莱文（Andrew Levin）、安娜玛利亚·卢萨蒂、乌尔丽克·马尔门迪尔、森德希·穆来纳森（SendhilMullainathan）、阿伯西内·穆素（AbhinayMuthoo）、菲利普·奥里欧普洛斯（Philip Oreopoulos）、罗伯特·奥克索比（Robert Oxoby）、塞拉·巴扎巴西奥格鲁（CeylaPazarbasioglu）、谢莉·菲利普斯（Shelley Phipps）、亚当·波森（Adam Posen）、佐尔坦·波绍尔（ZoltanPoszar）、娜塔莎·舒尔、埃尔达尔·沙菲尔（EldarShafir）、卡尔·夏皮罗、丹尼斯·斯诺尔（Dennis Snower）、迈克尔·斯特普尼（Michael

Stepner)、约瑟夫·斯蒂格利茨(Joseph Stiglitz)、菲利普·斯瓦格尔、乔治·瓦里恩特、特奥多拉·比利亚格拉、乔斯·维纳尔斯(Jose Vinals)、贾斯汀·沃尔弗斯(Justin Wolfers)以及佩顿·杨(Peyton Young)。

我们还曾在以下高校和研究机构就我们的研究结果做过报告,包括:马萨诸塞大学阿默斯特分校、加州大学伯克利分校、杜克大学、乔治·华盛顿大学、乔治城大学、约翰·霍普金斯大学、马里兰大学、普林斯顿大学(作为本德海姆金融讲座系列之一)、华威大学;以及加拿大经济学会、国际货币基金组织、世界银行、新经济思维研究院、彼得森研究所、纽约协和神学院以及加拿大高等研究院社会互动、身份认同及福利小组。

罗伯特已经将本书内容引入他在耶鲁大学开设的行为与制度经济学课程,这门课程为研究生院、法学院以及管理学院同时开设。课堂上学生们的反馈以及他们多样性、年轻化的观点都被证明非常有价值。

乔治希望在此感谢国际货币基金组织的慷慨资助,他在2010年10月至2014年10月间是该组织的访问学者,从2014年11月开始他在乔治城大学担任访问学者。他还要感谢加拿大高等研究院对他和社会互动、身份认同及福利小组的慷慨资助,这对本书写作有重要作用。

我们的家庭一直是我们前进的动力,特别要提到的是我们的孩子们:罗比·阿克洛夫(Robby Akerlof),目前在英国华威大学任教;本·席勒(Ben Shiller),目前在布兰代斯大学任教,他们都成为经济学家。还有德里克·席勒（Derek Shiller），他目前在内布拉斯加大学奥马哈分校的哲学系任教。弗吉尼亚·席勒（Virginia Shiller）一直支持我们的工作，多年来，我们总是需要她的判断力来评价某个想法好还是不好，她也慷慨贡献自己的观点。我们也想感谢我们的行政助理邦妮·布莱克（Bonnie Blake）、卡罗尔·科普兰（Carol Copeland）、香提·卡鲁纳拉特纳（Shanti Karunaratne）和帕特里夏·麦地那（Patricia Medina），他们的帮助使得我们有足够的时间来进行写作。

注 释

前言

1. "A Nickel in the Slot," *Washington Post,* March 25, 1894, p. 20.

2. "A Crying Evil," *Los Angeles Times,* February 24, 1899, p. 8.

3. Bernard Malamud, "Nevada Gaming Tax: Estimating Resident Burden and Incidence" (University of Nevada, Las Vegas, April 2006), p. 1, last accessed May 5, 2015, https://faculty.unlv.edu/bmalamud/estimating.gaming.burden.incidence.doc.

4. Richard N. Velotta, "Gaming Commission Rejects Slot Machines at Cash Registers," *Las Vegas Sun,* March 18, 2010, last accessed May 12, 2015, http://lasvegassun.com/news/2010/mar/18/gaming-commission-rejects-slot-machines-cash-regis/?utm_source=twitterfeed&utm_medium=twitter. 参议员哈里·瑞德（Harry Reid）是内华达州赌博委员会主席，他因抵制黑手党而闻名。电影《赌场风云》（*Casino*）据说就是以他和黑帮首领之一的弗兰克·罗森塔尔（Frank Rosenthal）斗争的事迹改编的。(see "Harry Reid," *Wikipedia,* accessed December 1, 2014, http://en.wikipedia.org/wiki/Harry_Reid).

5. Natasha Dow Schüll, *Addiction by Design: Machine Gambling in Las Vegas* (Princeton: Princeton University Press, 2012).

6. Ibid., p. 24–25.

7. 她时常去赌博的地方包括加油站的便利店和一个超市，但常去的地方还是皇宫站赌场。

8. Schüll, *Addiction by Design,* p. 2. 莫拉告诉舒尔："我不是为了赢钱而玩，而是为了玩而玩——当我在老虎机前时，什么都忘却了。"我们感谢舒尔在2014年2月13日接受了电话访谈。在那次访谈中，她进一步描述了莫拉的一举一动。

9. Ibid., p. 33. 舒尔讲诉了某次急救的监控录像："尽管那个男子就倒在他们脚边，并碰到了他们的椅子腿，但没有一个人停下来看他一眼。"

10. John Elfreth Watkins Jr., "What May Happen in the Next Hundred Years," *Ladies Home Journal,* December 1900, p. 8, https://secure.flickr.com/photos/jonbrown17/2571144135/sizes/o/in/photostream/. See "Predictions of the Year 2000 from *The Ladies Home Journal* of December 1900," accessed December 1, 2014, http://yorktownhistory.org/wp-content/archives/homepages/1900_predictions.htm, for confirmation that the issue was for December.

11. *Oxford English Dictionary,* s.v. "phish," accessed October 29, 2014, http://www.oed.com/view/Entry/264319?redirectedFrom=phish#eid.

12. 现代认知心理学的创始人丹尼尔·卡尼曼和阿莫斯·托夫斯基几乎同时进行认知幻觉的研究。关于人类思维的扭曲，卡尼曼在25年前曾私下告诉乔治，那就像视觉幻觉一样。

13. Kurt Eichenwald, *A Conspiracy of Fools: A True Story* (New York: Random House, 2005), and Bethany McLean and Peter Elkind, *The Smartest Guys in the Room: The Amazing Rise and Fall of Enron* (New York: Portfolio / Penguin Books, 2003).

14. Bethany McLean and Peter Elkind, "The Guiltiest Guys in the Room," *Fortune,* July 5, 2006, last accessed May 12, 2015, http://money.cnn.com/2006/05/29/news/enron_guiltyest/.

15. Henry David Thoreau, *Walden: Or, Life in the Woods* (New York: Houghton Mifflin, 1910), p. 8, https://books.google.com/books/about/ Walden.html?id=HVIXAAAAYAAJ.

16. 根据瑞贝卡·米德（Rebecca Mead）的说法，在康泰纳仕集团的关于美国人婚礼的年度研究报告中有美国人婚礼平均成本的数据。在2006年，这个数字是27 852美元，约合美国人均GDP的60%。Mead, *One Perfect Day: The Selling of the American Wedding* (New York: Penguin Books, 2007), Kindle locations 384–92 out of 4013. 在"大萧条"后，这个比重随之下降。根据最新的2014年的估计，平均开销"不低于28 000美元"，约合美国人均GDP的51%。"BRIDES Reveals Trends of Engaged American Couples with American Wedding Study," July 10, 2014, accessed December 1, 2014, http://www.marketwired.com/press-release/brides-reveals-trends-of-engaged-american-couples-with-american-wedding-study-1928460.htm.

17. Jessica Mitford, *The American Way of Death Revisited* (New York: Knopf, 1998), Kindle location 790–92 out of 5319.

18. "From your very first appointment until your baby arrives your PRA will provide you with personal guidance on everything you'll need for baby." Babies "R" Us, "Baby Registry: Personal Registry Advisor," accessed March 20, 2015, http://www.toysrus.com/shop/index.jsp?categoryId=11949069.

19. 关于人们担心无力支付账单的说法可以参见美国心理学会有关美国人心理压力的年度调查。在美国人生活中，来自金钱的压力最大。最近的一份调查报告写道（第2页）："金钱和财务方面的忧虑严重影响了美国人的生活。"大约有3/4（72%）的成年人说，自己总在一些时候会感受到财务压力，而接近1/4的人认为压力巨大（如果对过去一个月里的财务压力的大小按1~10打分，有22%的人给出了8、9或者10分）。"有时候，因为财务困难，人们甚至不得不放弃治疗疾病。"此外，事业方面的压力位列第二，但这实际上是财务压力的另一种表现形式。American Psychological Association, *Stress in America: Paying with Our Health*, February 4, 2015, last accessed March 29, 2015, http://www.apa.org/news/press/releases/stress/2014/stress-report.pdf.

20. 这种情况下，我们说消费者被商家"宰"了，也就是消费者以过高的价格购买了服务。除了少数场合，这种宰客行为通常是合法的。维基百科这样解释"宰客"行为："一种不良交易。通常指消费者为商品支付了过高的价格。" Accessed November 13, 2014, http://en.wikipedia.org/wiki/Ripoff.

21. 根据谢哈耶·波克哈利（Sheharyar Bokhari）、沃特·托罗斯（Walter Torous）以及威廉·威顿（William Wheaton），在房地产行业繁荣之前，也就是19世纪末、20世纪初，美国仅有40%的购房交易是通过将房产抵押给房利美获得贷款而完成的，贷款–价值比不到80%。房产交易费用大约为房产价格的10%（6%为房地产费，4%为手续费），这些费用占买家首付的50%以上。Bokhari et al., "Why Did Household Mortgage Leverage Rise from the Mid-1980s until the Great Recession?" Massachusetts Institute of Technology, Center for Real Estate, January 2013, last accessed May 12, 2015, http://citeseerx.ist.psu.edu/viewdoc/download?doi=10.1.1.269.5704&rep=rep1&type=pdf.

22. See Carmen M. Reinhardt and Kenneth Rogoff, *This Time Is Different: Eight Centuries of Financial Folly* (Princeton: Princeton University Press, 2009).

23. John Kenneth Galbraith, *The Great Crash*, 50th anniversary ed. (New

York: Houghton Mifflin, 1988), Kindle location 1943–45 out of 4151.

24. James Harvey Young, *The Toadstool Millionaires: A Social History of Patent Medicines in America before Federal Regulation* (Princeton: Princeton University Press, 1961), p. 248.

25. 见戴维·J·格兰姆(David J. Graham)2004 年 11 月 18 日在参议院财政委员会上的证词, http://www.finance.senate.gov/imo/media/doc/111804dgtest.pdf. 在作证时, 格兰姆是美国食品药品监督管理局安全办公室科学与药品副主管。据他估计, 万络导致了 88 000~139 000 起额外的心脏病或者心搏骤停, 其中 30%~40% 导致死亡（第 1 页）。我们将在第六章里细述戴维·格兰姆的调查。

26. John Abramson, *Overdosed America: The Broken Promise of American Medicine*, 3rd ed. (New York: Harper Perennial, 2008), p. 70. 这份调查研究了英国的百万妇女健康普查中的发现。2003 年 8 月《柳叶刀》(*The Lancet*) 杂志上的一篇文章总结道: "在英国, 激素替代疗法在过去的 10 年里使用于 50~64 岁的女性, 据估计, 造成了 20 000 例额外的乳腺癌, 其中 15 000 例与雌激素-孕激素紊乱有关, 由此导致的死亡还没有被估计出来。" Valerie Beral, Emily Banks, Gillian Reeves, and Diana Bull, on behalf of the Million Women Study Collaborators, "Breast Cancer and Hormone-Replacement Therapy in the Million Women Study," Lancet 362, no. 9382 (August 9, 2003): 419–27. 这项调查的结论还是保守的, 因为激素替代疗法在美国的运用比在英国更普遍。

27. Centers for Disease Control and Prevention, *Health, United States, 2013: With Special Feature on Prescription Drugs*, p. 213, table 64, accessed December 1, 2014, http://www.cdc.gov/nchs/data/hus/hus13.pdf. 图片显示了 2011~2012 年 20 岁以上成年人的情况。与 1988 年的 22% 相比, 肥胖者比重到 1994 年上升了 50% 以上。

28. Dariush Mozaffarian et al., "Changes in Diet and Lifestyle and Long-Term Weight Gain in Women and Men," *New England Journal of Medicine* 364, no. 25 (June 23, 2011): 2395–96, accessed October 30, 2014, http://www.nejm.org/doi/full/10.1056/NEJMoa1014296?query=TOC#t=articleTop.

29. Michael Moss, *Sugar, Salt and Fat* (New York: Random House, 2013), Kindle location 287–89 out of 7341.

30. 成年人的吸烟率从 1965 年的 43% 下降到了 2014 年的 18%。"Message from Howard Koh, Assistant Secretary of Health," in US Surgeon General, *The*

Health Consequences of Smoking—50 Years of Progress (2014), accessed March 6, 2015, http://www.surgeongeneral.gov/library/ reports/50-years-of-progress/full-report.pdf.

31. 在这一点上，最著名的广告就是"少吃甜食，多吸烟"。这个广告说，如果饭后抽一支烟，可以增进健康与美貌："食用适量的甜食是合理的，但是权威机构确认，过多摄入甜食对人体有害，而美国人的确食用了过多的甜食。所以，我们认为，少吃甜食，多吸烟。"好彩香烟在1929年的广告。出自 Julian Lewis Watkins, *The 100 Greatest Advertisements, 1852–1958: Who Wrote Them and What They Did* (Chelmsford, MA: Courier, 2012), p. 66. Reproduced at https://beebo.org/smackerels/lucky-strike.html. Last accessed March 29, 2015。

32. David J. Nutt, Leslie A. King, and Lawrence D. Phillips, 代表关于毒品的独立科学委员会所做的调查，"Drug Harms in the UK: A Multicriteria Decision Analysis," *Lancet* 376, no. 9752 (November 6–12, 2010): 1558–65; Jan van Amsterdam, A. Opperhuizen, M. Koeter, and Willem van den Brink, "Ranking the Harm of Alcohol, Tobacco and Illicit Drugs for the Individual and the Population," *European Addiction Research* 16 (2010): 202–7, DOI:10.1159/000317249.

33. Nutt, King, and Phillips, "Drug Harms in the UK," p. 1561, fig. 2.

导论　防不胜防的陷阱：欺骗均衡

1. 可以将夏娃被蛇引诱偷吃禁果的故事看成对本书中基本思想的一个绝佳隐喻。我们可以把这个故事看成一个均衡结果。也就是说，那条蛇事先精心策划好了一切，诱骗夏娃上当。而且，在那么多动物里，是一条蛇，而不是一只兔子或者长颈鹿什么的，"恰好"出现在那棵树上引诱夏娃。看来，由谁出面来引诱都是有预谋的。另外，有一些读物把"创世纪"作为《圣经》的第一个故事，但我们搜索了一下，发现很多读物还是将"夏娃偷吃禁果"列为《圣经》里的第一个故事。

2. 25年前，卡尼曼在和乔治的一次谈话中讲了经济学和心理学的差别。

3. 参见 Paul Krugman and Robin Wells, *Microeconomics*, 2nd ed. (New York:Worth Publishers, 2009), pp. 12–13. 书中采用了这个例子说明均衡的性质。罗伯特·弗兰克和本·伯南克也在《微观经济学原理》(*Principles of*

Macroeconomics》(New York: McGraw Hill, 2003)一书中援引了这个例子。

4. 参见Cinnabon, Inc., "The Cinnabon Story," accessed October 31, 2014, http://www.cinnabon.com/about-us.aspx.

5. Ibid.

6. "Cinnabon," *Wikipedia*, accessed October 22, 2014, http://en.wikipedia.org/wiki/Cinnabon.

7. Stefano DellaVigna给乔治·阿克洛夫的电子邮件, October 25, 2014。

8. International Health, Racquet, and Sportsclub Association, "Industry Research," accessed October 22, 2014, http://www.ihrsa.org/industry-research/.

9. Stefano DellaVigna and Ulrike Malmendier, "Paying Not to Go to the Gym," *American Economic Review* 96, no. 3 (June 2006): 694–719. 另外，可参见 DellaVigna and Malmendier, "Contract Design and Self-Control: Theory and Evidence," *Quarterly Journal of Economics* 119, no. 2 (May 2004): 353–402。

10. DellaVigna and Malmendier, "Paying Not to Go to the Gym," p. 696.

11. DellaVigna and Malmendier, "Contract Design and Self-Control," p. 391, and p. 375, table 1.

12. 参见DellaVigna与Malmendier在《美国经济评论》上的文章。

13. M. Keith Chen, Venkat Lakshminarayanan, and Laurie R. Santos, "How Basic Are Behavioral Biases? Evidence from Capuchin Monkey Trading Behavior," *Journal of Political Economy* 114, no. 3 (June 2006): 517–37.

14. Stephen J. Dubner and Steven D. Levitt, "Keith Chen's Monkey Research," *New York Times*, June 5, 2005.

15. Venkat Lakshminarayanan, M. Keith Chen, and Laurie R. Santos, "Endowment Effect in Capuchin Monkeys," *Philosophical Transactions of the Royal Society B: Biological Sciences* 363, no. 1511 (December 2008): 3837–44.

16. Adam Smith, *The Wealth of Nations* (New York: P. F. Collier, 1909; originally published 1776), p. 19. Emphasis added.

17. 需要看Pareto原著的话，参见：*Vilfredo Pareto, Manualof Political Economy: A Critical and Variorum Edition*, ed. Aldo Montesanoet al. (Oxford: Oxford University Press, 2014). 这一版本译自*Manuale di Economia*，于1906年出版于意大利，而后又在法国出版。

18. 1954年，肯尼斯·阿罗（Kennth Arrow）和杰拉德·德布鲁（Gerard Debreu）共同发表了一篇文章，证明了这种均衡在相当一般的条件下都存在。这一成果使得他们获得了诺贝尔奖：阿罗在1972年得奖，德布鲁在1983年得奖。一般均衡的存在本身不是个太有趣的问题（其数学推理是显而易见的）。但基于那些均衡存在的条件，我们很快就能得到这种市场均衡是帕累托最优的结论，而这才是关键所在。这个结论意味着，在相当一般的假设下，市场竞争均衡会带来相当好的结果。这就支持了亚当·斯密最初的观点。原文参见 Kenneth J. Arrow and Gerard Debreu, "Existence of an Equilibrium for a Competitive Economy," *Econometrica22*, no. 3 (July 1954): 265–90。

19. 当然，导致经济出现低效率的原因还有其他要素，比如完全垄断和寡头垄断。经济学家对此开展了深入的研究，不过这不是自由市场带来的问题，而是偏离自由市场导致的问题。

20. Milton Friedman and Rose D. Friedman, *Free to Choose: A Personal Statement* (New York: Harcourt Brace Jovanovich, 1980).

21. Vance Packard, *The Hidden Persuaders: What Makes Us Buy, Believe—and Even Vote—the Way We Do* (Brooklyn: Ig Publishing, 2007; original ed., New York: McKay, 1957), pp. 90–91 (cake mixes); p. 94 (insurance).

22. Robert B. Cialdini, *Influence: The Psychology of Persuasion* (New York: HarperCollins, 2007).

23. 这个概念与西奥迪尼的互惠、喜好、权威：被控制的尊重、社会认同、承诺与一致，以及稀缺等概念相关联。这里，我们把稀缺解释为"损失厌恶"，这是因为西奥迪尼认为，"人们爱一样东西就等于说他们意识到有可能失去这样东西"。对此，行为经济学家有略微不同的定义。

24. Ibid., p. 229–30.

25. 伦敦经济学院的经济学家艾瑞克·艾斯特（Eric Eyster）告诉作者，他在芝加哥地铁里亲眼见过这种魔术。表演者上了地铁后把几个杯子扣在车厢地板上不停地转，然后让乘客猜硬币在哪个杯子里。刚开始的几次，有乘客猜对了。然后表演者就邀请乘客继续玩，不过变成如果乘客猜对了就赢100美元，错了就输100美元。这一次，表演者转过杯子后，硬币其实已经不在任何杯子里了。在乘客输了100美元后，这个表演者马上下地铁，消失得无影无踪。

26. 我再举几个例子来说明一下。在万斯·帕卡德的案例中，烤蛋糕的家庭主妇沉浸在她们自己想象的故事中，买保险的人也沉浸在自己想象的故事中。我们可以看看西奥迪尼列举的行为。这些行为涵盖了人类的大多数心理偏向，这些偏向构成了行为经济学的基础。根据西奥迪尼的说法，理查德的买家都觉得自己会"失去"眼前的这辆车（这就是卡尼曼所说的损失厌恶）。这种想象出来的故事被他称为"精神框架。"人们如何选择实际上取决于他们内心的那个故事是什么。如果人们希望互赠礼物和表达善意，他们就必须假想自己处在这样的情境中：某人正在赠送礼物，而如果不回赠则是不妥当的；如果人们希望得到他人的关爱，他们就必须假想自己处于爱和被爱的情境中；如果人们希望服从权威，他们就必须假想自己处在一个被权威支配的环境中。例如，在著名的由斯坦利·米尔格拉姆（Stanley Milgram）主持的实验里，一个"老师"让实验对象去电击一下某个"学生"，实验对象居然言听计从。这是因为在当时的情境下，他们无法不服从老师的"权威"。(Stanley Milgram, *Obedienceto Authority: An Experimental View* (New York: Harper & Row, 1974))。人们倾向于从众（社会认同效应）：如此一来，他们必须告诉自己一个故事，要么是别人能更好地判断或有更全面的信息（信息型），要么是他们自己不想被认为不合群（心理型）。人们希望自己的判断是一贯的，为此，他们必须有一个连贯的故事，但其实他们的决定往往前后矛盾。当然，弗洛伊德学派里有的是这样的故事，或有意识的，或无意识的。

第一章 诱惑之路

1. Suze Orman, *The 9 Steps to Financial Freedom: Practical and Spiritual Steps So You Can Stop Worrying*, 2nd paperback ed. (New York: Crown /Random House, 2006). 据苏茜·欧曼的网站介绍，截至 2014 年 11 月 4 日，该书的销售量超过了 300 万册。参见 http://www.suzeorman.com/books-kits/books/the-9-steps-to-financial-freedom/。

2. 有兴趣的话可以阅读尼可拉斯·曼昆的《经济学原理》。该书是一本很棒的经济学入门读物，里面有很多精彩的例子。在该书第二十一章"消费者选择理论"中，作者没有采用其他教材常用的苹果和橙子的例子，而是采用了百事可乐和比萨饼的例子。在例子中，预算约束是指消费者的收入是 1 000 美元。在百事可乐单价 2 美元、比萨饼单价 1 美元的情况下，消费者的最优选择参见原图（p. 456）。在该章的最后，作者写道："人们真的这样想吗？现在你也许会对消费者选择理论有一些怀疑……而且你知道你并不写出预算约束线和无差异曲线来做出决定，你对自己做出决策的了解是否证明了与这种理论不一样？回答是否定的。消费者选择理论并不想对人们如何做出决策提供一种忠实的描述。它只是一个模型……理论的检验在其运用。"这一辩解没错，但是读者并没有被告知这个模型对无数的苏茜读者的行为的预测并不正确。也许这个模型有时候是对的，但你不知道它什么时候对。经济学家艾伦·布林德（Alan Blinder）解释过模型的局限性。模型就像地图，我们不能去南极旅行时带家乡的地图，就像我们不能在找家附近杂货店的位置时看一张南极地图一样。曼昆也说道，在"更高级的经济学课程中……这个模型提供了一个可以不断扩展的理论框架"。这个时候他又不提前面的"它只是一个模型"的说法。(p. 471)

3. 参见欧曼，*9 Steps to Financial Freedom*, "Step 3, Being Honest with Yourself," especially pp. 38 and 42. 她告诉我们："我的大部分客户在发现自己低估了实际支出时，都感到震惊。而他们已经是最诚实地在估计了。"

4. Board of Governors of the Federal Reserve, Current Release, Consumer Credit, table G-19, for August 2014, released on October 7, 2014, accessed November 5, 2014, http://www.federalreserve.gov/releases/g19/current/.

5. Annamaria Lusardi, Daniel Schneider, and Peter Tufano, "Financially Fragile Households: Evidence and Implications," *Brookings Papers on Economic Activity* (Spring 2011): 84.

6. Greg Kaplan, Giovanni Violante, and Justin Weidner, "The Wealthy Hand-to-Mouth," *Brookings Papers on Economic Activity* (Spring 2014): 98, table 2, "Household Income, Liquid Income, Liquid and Illiquid Wealth Holdings, and Portfolio Composition, Sample Countries." 他们在报告中指出，根据2010年美国消费者财务状况调查，尽管家庭收入的中位数为47 040美元，家庭拥有的现金和支票、储蓄以及货币市场账户余额的中位数为2 640美元（相当于平均月收入的2/3）。

7. David Huffman and Matias Barenstein, "A Monthly Struggle for Self-Control? Hyperbolic Discounting, Mental Accounting, and the Fall in Consumption between Paydays," *Institute for the Study of Labor (IZA) Discussion Paper* 1430 (December 2005): 3.

8. FINRA Investor Education Foundation, *Financial Capability in the United States: Report of Findings from the 2012 National Financial Capability Study,* p. 23, last accessed May 14, 2015, http://www.usfinancialcapability. org/

downloads/NFCS_2012_Report_Natl_Findings.pdf.

9. Ibid., p. 26. 截至2012年，在持续衰退的经济体中，这一比例上升至3.5%。

10. 在50年里，如果每两年破产的概率为2.5%，那么平均而言，每个人在成年期会经历的平均破产次数为0.625次。但如果有人已经破产过1次，那么他的平均破产次数为3次（2次重复），在总人口中经历过1次破产的人的比例为20.83%；在这种情况下，他们平均还会再遭遇2次破产。我们还没有找到关于重复破产的统计数据。法律通常会限制人们通过破产来清除债务的频率。

11. Matthew Desmond, "Eviction and the Reproduction of Urban Poverty," *American Journal of Sociology* 118, no. 1 (July 2012): 88–133. 根据他的这项研究，在60万名研究对象中，平均每年有1.6万个成年人与儿童被勒令搬离住宅（p. 91）。被勒令搬离租赁住宅的比例为3.5%；而在贫困地区，这一比例为7.2%（p.97）。作者还讲述了那些被勒令搬离租赁住宅的人所要面对的诸多生活困难。例如，一旦有因为无法清偿债务而被勒令搬离的法院记录，这些人就很难再租到其他房屋居住。即便这些被勒令搬离租赁住宅的人的数量由于某些未知的原因被高估了，我们还是可以很肯定地说，一定存在大量被勒令搬离租赁住宅的家庭，而且这些家庭很难再找到其他栖身之处。

12. John Maynard Keynes, "Economic Possibilities for Our Grandchildren," in *Essays in Persuasion* (London: Macmillan, 1931), pp. 358–73.

13. 关于8倍的说法可参见上一条注释，第365页。关于美国人均收入的数据可参见Angus Maddison的"US Real Per Capita GDP from 1870–2001," September 24, 2012, accessed December 1, 2014, http://socialdemocracy21stcentury.blogspot.com/2012/09/us-real-per-capita-gdp-from-18702001.html. 关于2000~2010年的人均收入数据，可参见《2013年总统经济报告》中表B-2（收入增长）和表B-34（人口增长）（2014年12月1日发布）。http://www.whitehouse.gov/sites/default/files/docs/erp2013/full_2013_economic_report_of_the_president.pdf. 根据上面的数据计算，美国实际人均收入在1930~2010年增长了5.6倍。

14. Keynes, "Economic Possibilities," p. 369.

15. Ibid., p. 366–67.

16. 关于美国家庭主妇缺少闲暇的介绍可参见Arlie Russell Hochschild, *The Second Shift: Working Parents and the Revolution at Home* (New York: Viking, 1989)。

17. 歌词可参见 http://www.oldielyrics.com/lyrics/patti_page/how_much_is_that_doggy_in_the_window.html. Last accessed November 5, 2014。

18. Paco Underhill, *Why We Buy: The Science of Shopping* (New York: Simon and Schuster, 1999), p. 85.

19. 可参见Oren Bar-Gill and Elizabeth Warren, "Making Credit Safer," *University of Pennsylvania Law Review* 157, no. 1 (November 2008): 1–101。两位作者给出了很多信用卡引诱人们过度消费的例子，同时还有一些关于信用消费的其他例子。

第二章 信誉透支与金融危机

1. Alan S. Blinder, *After the Music Stopped: The Financial Crisis, the Response, and the Work Ahead* (New York: Penguin Press, 2013),关于宏观经济；Roddy Boyd, *Fatal Risk: A Cautionary Tale of AIG's Corporate Suicide* (Hoboken, NJ: Wiley, 2011); William D. Cohan, *Money and Power: How Goldman Sachs Came to Rule the World* (New York: Doubleday, 2011); Greg Farrell, *Crash of the Titans: Greed, Hubris, the Fall of Merrill Lynch, and the Near-Collapse of Bank of America* (New York: Crown Business, 2010); Kate Kelly, *Street Fighters: The Last 72 Hours of Bear Stearns, the Toughest Firm on Wall Street* (New York: Penguin, 2009); Michael Lewis, *Boomerang: Travels in the New Third World* (New York: W. W. Norton, 2011) and *The Big Short: Inside the Doomsday Machine* (New York: W. W. Norton, 2010),关于金融投机；Lawrence G. McDonald, with Patrick Robinson, *A Colossal Failure of Common Sense: The Inside Story of the Collapse of Lehman Brothers* (New York: Crown Business, 2009); Gretchen Morgenson and Joshua A. Rosner, *Reckless Endangerment: How Outsized Ambition, Greed, and Corruption Led to Economic Armageddon* (New York: Times Books / Henry Holt, 2011),关于房地美和房利美；Henry M. Paulson, *On the Brink: Inside the Race to Stop the Collapse of the Global Financial System* (New York: Business Plus, 2010),关于美国财政部；Raghuram Rajan, *Fault Lines: How Hidden Fractures Still Threaten the World Economy* (Princeton: Princeton University Press, 2010),关于财政体系；Robert J. Shiller, *Subprime Solution: How Today's Global Financial Crisis Happened and What to Do about It* (Princeton: Princeton University Press, 2008); Andrew Ross Sorkin, *Too Big to Fail: The Inside Story*

of How Wall Street and Washington Fought to Save the Financial System (New York: Viking, 2009),关于美国财政部;Gillian Tett, *Fool's Gold: How the Bold Dream of a Small Tribe at J. P. Morgan Was Corrupted by Wall Street Greed* (New York: Free Press, 2009); and David Wessel, *In Fed We Trust: Ben Bernanke's War on the Great Panic* (New York: Crown Business, 2009)。特别有用的是十分清晰、记录全面的 *Financial Crisis Inquiry Report: Final Report of the National Commission on the Causes of the Financial and Economic Crisis in the United States* (Washington, DC: Government Printing Office, 2011), http://www.gpo.gov/fdsys/ pkg/GPO-FCIC/pdf/GPO-FCIC.pdf。以上所有书籍是关于本章内容的重要背景材料。

2. Carl Shapiro, "Consumer Information, Product Quality, and Seller Reputation," *Bell Journal of Economics* 13, no. 1 (1982): 20–35.

3. Tobias Adrian and Hyun Song Shin, "Liquidity and Leverage," *Journal of Financial Intermediation* 19, no. 3 (July 2010): 418–37. 艾德里安和申铉松计算了从20世纪90年代到2008年第一季度5家领先的投资银行:贝尔斯登、雷曼兄弟、美林、高盛和摩根士丹利。它们平均总资产为3 450亿美元,平均负债3 310亿美元,平均拥有133亿美元股本。见表2投资银行统计汇总。

4. 参见 Paulson, *On the Brink*,以及 Blinder, *After the Music Stopped*,以及其他人的作品。

5. 参见 Charles Ellis, *The Partnership: The Making of Goldman Sachs* (New York: Penguin Press, 2008)中的第97页。埃利斯的书显著而准确地描述了一家金融公司内部发生的事情。由于要求匿名,这些账户非常少见。

6. Goldman Sachs, *Annual Report 2005*,第65页,合并财务状况声明中的表格,2014年12月6日得到,http://www.goldmansachs.com/investor-relations/financials/ archived/annual-reports/2005-annual-report.html。高盛的股东权益为280.02亿美元,总资产7 068.04亿美元。

7. Council of Economic Advisors, *Economic Report of the President 2007*,见表格B-26, http://www.gpo.gov/fdsys/pkg/ERP-2007/pdf/ERP-2007.pdf。后来这一数据在2013年的报告中被向上调整到12.2。

8. 参见 Ellis 的 *The Partnership*. 第4章,"Ford: The Largest IPO," pp. 53–72。

9. 税收情况很棘手,因为家族放弃自己所垄断的投票权,股息归基金会所得。Ibid., p. 55.

10. Ibid., pp. 60–61.

11. Ibid., p. 185.

12. See ibid., p. 347，这也告诉我们，"制约参与辛迪加的规则更像出自兄弟会的而不是出自固执的按业绩支付的企业"。

13. 因此在金融危机中，迈克尔·托马斯先生感叹过去穆迪的首席债券评级分析师 Albert Esokait 和 Dominic de Palma "严谨、清廉"。托马斯，"由白痴评级"。*Forbes*，9 月 16 日，2008。

14. Ellis, *The Partnership,* p. 103.

15. Ibid., p. 114，从支付和观察来看，公司的资本可能已经枯竭了；p. 103，企业所有的资本属于合伙人。

16. Ellis, *The Partnership,* 第 569~570 页告诉我们，高盛上市的时候，"很多高盛的人把个人总资产的 85% 以上投资于该公司。因此，即使到那个时候，它还是一种有限责任公司，合伙人在企业失败破产时仍面临很多麻烦"。

17. "Today is Moving Day for Goldman Sachs," *New York Times,* April 1, 1957.

18. Goldman Sachs, "Who We Are," "What We Do," and "Our Thinking," all accessed December 1, 2014, http://www.goldmansachs.com/index.html.

19. Source for opening date: "200 West Street," *Wikipedia,* accessed October 22, 2014, http://en.wikipedia.org/wiki/200_West_Street.

20. Paul Goldberger, "The Shadow Building: The House That Goldman Built," *New Yorker,* May 17, 2010, accessed October 22, 2014, http://www.newyorker.com/magazine/2010/05/17/shadow-building.

21. 我们感谢 ZoltanPozsar 与我们分享他的见解，银行的决策取决于企业的担忧，企业担心如果银行违约，自己的传统存款将遭受到巨额损失。来源：与乔治·阿克洛夫的私人谈话。国际货币基金组织，2010~2011 年。

22. Catherine Clifford and Chris Isidore, "The Fall of IndyMac," Cable News Network, July 13, 2008, accessed December 1, 2014, http://money.cnn.com/2008/07/12/news/companies/indymac_fdic/.

23. See Ellis, *The Partnership,* p. 78.

24. Ibid., p. 5.

25. *Cohan, Money and Power,* p. 602.

26. 参见穆迪官网 "Moody's History: A Century of Market Leadership," 访问于 11 月 9 日，2014 年，https://www.moodys.com/Pages/atc001.aspx. 根据

该资料,"过去和现在发生这一变化的理由是发行人要为市场准入提供的目标对象评级价值付费"。"美国外交关系委员会中的三巨头显然也是这样。"新闻背景是:"信用评级的争议",其更新于 2013 年 10 月 22 日。http://www.cfr.org/financial-crises/credit-rating-controversy/p22328。

27. 美国参议院关于"华尔街与金融危机"的听证会表明,"投资银行频频把压力施加给信用评级过程,使银行获得了很多它们原本不应享受到的优厚待遇"。美国参议院、国土安全和政府事务委员会常务调查小组 *Wall Street and the Financial Crisis: Anatomy of a Financial Collapse*, Majority and Minority Staff Report,2011 年 4 月 13 日,第 278 页,http://www.hsgac.senate.gov//imo/media/doc/Financial_Crisis/FinancialCrisisReport.pdf? attempt=2。

28. 因此,正如《财政危机调查报告》所述(第 126 页)"证券监管交易委员会或任何其他监管机构没有对评级机构进行充分监管,以确保评级质量和准确性。委员会以穆迪为该地区的研究案例,而穆迪依靠有缺陷且过时的模型为抵押贷款相关证券做出错误的评级,其未能执行对标的资产证券尽职调查,并且即使能明显看出模型是错误的,穆迪仍然沿用了该模型"。

29. Kristopher Gerardi, Andreas Lehnert, Shane M. Sherlund, and Paul Willen, "Making Sense of the Subprime Crisis," *Brookings Papers on Economic Activity*(2008 秋季):第 69 页至第 139 页,"强调未能预见未来价格下跌是评级过高的主要因素。人们认为房价下降是不可能的,但后来房价"崩溃性"大幅度下降(第 142 页)。

30. *Financial Crisis Inquiry Report*, p. xxv. 此外,根据 Charles W. Calomiris ("The Subprime Crisis: What's Old, What's New, and What's Next,"为圣路易斯联储经济研讨会准备的文章"Maintaining Stability in a Changing Financial System," Jackson Hole, WY, August 2008,第 21 页),80%的次级抵押贷款被评为 AAA 级,95%的评为 A 级以上或者更高。*The Financial Crisis Inquiry Report* (p. xxv) 进一步指出:"你还会读到穆迪崩溃背后的力量,包括有缺陷计算机模型,来自为评级付费的金融公司的压力,市场份额无情的驱动,以及缺乏资源来完成这项工作。尽管其利润创了纪录,并且缺乏有意义的监督。"

31. 美国参议院国土安全和政府事务委员会常设调查小组委员会,*Wall Street and the Financial Crisis*,第 245 页。

32. Lewis, *The Big Short*.

33. 他为约翰·保尔森做空抵押贷款市场的巨大交易所警醒,但后来他通过自己的模型做了调查。Cohan, *Money and Power*, pp. 493–95.

34. Ibid., p. 567.

35. Ibid., p. 595.

36. Associated Press, "Timeline of United Airlines' Bankruptcy," *USA Today,* February 1, 2006, accessed November 9, 2014, http://usatoday30 .usatoday.com/travel/flights/2006-02-01-united-timeline_x.htm; Bloomberg News, "United Airlines Financial Plan Gains Approval from Creditors," *New York Times,* Dec 31, 2005; and Micheline Maynard, "United Air Wins Right to Default on Its Employee Pension Plans," *New York Times,* May 11, 2005.

37. 参见 Ellis, *The Partnership*，第 2 页，脚注。

38. Bloomberg News, "Cuomo Announces Reform Agreements with 3 Credit Rating Agencies," http://www.bloomberg.com/apps/ news?pid=newsarchive&sid=a1N1TUVbL2bQ."42 个月协议"参见 Michael Virtanen, "NY Attorney General Looks at Ratings Agencies," Associated Press, February 8, 2013.accessed March 21, 2014. http://bigstory.ap.org/article/ny-attorney-general-looks-ratings-agencies-0。

39. Danielle Carbone, "The Impact of the Dodd-Frank Act's Credit-Rating Agency Reform on Public Companies," *Corporate and Securities Law Advisor* 24, no. 9 (September 2010): 1–7, http://www.shearman.com/ ~/media/Files/NewsInsights/ Publications/2010/09/The-Impact-of-the-DoddFrank-Acts-Credit-Rating-A__/ Files/View-full-article-The-Impact-of -the-DoddFrank-Ac__/FileAttachment/ CM022211InsightsCarbone.pdf.

40. Boyd, *Fatal Risk.*

41. *Financial Crisis Inquiry Report,* pp. 141 and 267.

42. Ibid., p. 267.

43. Ibid., p. 141.

44. Ibid.

45. Ibid.

46. Boyd, *Fatal Risk,* p. 196.

47. Ibid., p. 182.

48. *Financial Crisis Inquiry Report,* pp. 347–50.

49. US Department of the Treasury, "Investment in AIG," 访问于 2015 年 3 月 21 日，http://www.treasury.gov/initiatives/financial-stability/TARP -Programs/aig/Pages/status.aspx.

50. 图出自René M. Stulz, "Credit Default Swaps and the Credit Crisis," *Journal of Economic Perspectives* 24, no. 1 (Winter 2010): 80, 2008年6月30日。

51. Ibid., p. 82.

第三章　广告商知晓如何放大大众的弱点

1. Lemelson Center, "Edison Invents!" 作者文件副本。原始出处：http://invention.smithsonian.org/centerpieces/edison/000_story_02.asp.

2. 参见Roger C. Schank and Robert P. Abelson, *Scripts, Plans, Goals, and Understanding: An Inquiry into Human Knowledge Structures* (Hillsdale, NJ: L. Erlbaum Associates, 1977)。

3. 我们的观点与布鲁纳对叙事心理的解释一致，"行动是基于信念、愿望和道德约束"。要了解人，你必须了解他的经历和行动是如何受其意愿影响的。Bruner, *Acts of Meaning: Four Lectures on Mind and Culture* (Cambridge, MA: Harvard University Press, 1990), pp. 23 and 33. 因此，布鲁纳所说的"我们脑海中潦草而永久改变我们的自传草稿"（第33页）是我们行动的主要决定因素。我们称之为"脑海中的自传"，人们自己给自己讲的"故事"在他们的决定中发挥重大作用。布鲁纳强调"文化"在故事中的决定作用，我们把文化当作很多主导因素的其中之一。例如，从"叙事心理"的角度，参见Michele L. Crossley, "Introducing Narrative Psychology," in *Narrative, Memory and Life Transitions*, ed. Christine Horrocks, Kate Milnes, Brian Roberts, and David Robinson (Huddersfield: University of Huddersfield Press, 2002), pp. 1–13。

故事作用在经济学也有先例。我们其中之一（罗伯特）探讨故事的迅速传播对投机泡沫的重要性；参见Robert J. Shiller, *Irrational Exuberance* (Princeton: Princeton University Press, 2000), 例如第161页和第163页。同样的主题在我们的合著中也是重要话题。*Animal Spirits: How Human Psychology Drives the Economy, and Why It Matters for Global Capitalism* (Princeton: Princeton University Press, 2009). 故事同样和身份经济相关，就像George 和 Rachel Kranton在"Economics and Identity"描述的那样，*Quarterly Journal of Economics* 115, no. 3 (August 2000): 715–53, and *Identity Economics: How Our Identities Shape Our Work, Wages, and Well-Being* (Princeton: Princeton University Press, 2010). 相对于身份经济学，布鲁纳所谓的"脑海中的自

传"，将包括个人"社会类别"——"他是谁"——及影响他们的规范。并且社会类别和规范都能影响他们的意图。与布鲁纳对叙事心理学的描述一致，在这种方式下，人们自己所讲的"故事"影响他们自身的行为。因为人们对于影响他们的自己的社会类别以及规范的看法是可以改变的，这种看法可能改变得相当迅速，从而身份经济学进一步抓住布鲁纳所提到的发生在"故事"中的变化，而故事变化也是我们这本书所强调的。这也是叙事心理学研究在身份经济学近期所做的贡献。史蒂芬·博斯沃思（Steven Bosworth）、塔尼亚·桑格（Tania Singer）和丹尼斯·斯诺尔（Dennis J. Snower）描述的身份，不只包括"生活故事"，也包括更常出现的故事（"个人在不同情境下对空间、形势和社会角色的适应"）；参见他们的论文"Cooperation, Motivation and Social Balance"（发表于 the American Economic AssociationMeeting, Boston, January 3, 2015）。因此他们强调身份的改变特性。保罗·科利尔（Paul Collier）采用更狭义的叙述，即具体的故事本身，但他以同样的方式来考虑"身份、叙述和规范"，尤其强调三者如何通过社会关系传导。参见Collier, "The Cultural Foundations of Economic Failure: A ConceptualToolkit" (mimeo, Oxford University, February 2015), p. 6。科利尔强调叙述的扩展与观察一样重要(p. 5)。

4. 市场营销的权威教材，*Principles of Marketing*, 14th ed.(Upper Saddle River, NJ: Prentice Hall, 2010), by Philip Kotler and Gary Armstrong, 在这章回顾了那些影响很大的广告，在奥格威的案例分析中，他们写道："广告的最终目标不是为了获奖或者让人喜欢广告，而是让人在接触广告后以某种方式去思考、感受以及行动。最终，无论广告怎样好玩或者文艺，如果广告不能卖出商品，那么广告就不是具有创造性的。"（第460页）。还值得注意的是，就像科特勒和阿姆斯特朗所定义的广告，广告只是市场营销大众领域的一个方面，广告和公共关系方面的内容在那本613页的书中只占了28页。

5. 下面是第二段歌词：

我必须前往加利福尼亚
把我亲爱的一个人留下
如果他有只狗，他就不会那么孤独
而这只狗也有了幸福的家。

这首歌继续讲了她亲爱的有了这只狗后的好处，它的叫声还会吓走小偷。http://www.oldielyrics.com/lyrics/ patti_page/how_much_is_that_doggy_in_ the_window.html.

6. Jane Austen, *Pride and Prejudice* (New York: Modern Library, 1995), chap. 15 of volume 3, or chapter 57 of the whole book.

7. 一些数据大致显现了广告在经济上的总体规模及其分布。虽然正如我们所示，不同的数据库给出了不同的估算。据科恩结构化广告支出数据集（www.galbithink.org/cs-ad-dataset.xls），它给出了一系列长期历史数据，广告总支出在1970年为195.5亿美元,约占10 383亿美元GDP的1.9%。广告总支出在2007年增长到2 796.12亿美元，而GDP为140 287亿美元，广告总支出占比约为2.0%。因此，广告总支出占GDP的比例已经增长了，但增长并不明显，只有5%左右。

但不同类型的发布渠道之间已经发生了巨大变化，特别是纸媒。在数据集的部分章节，我们发现报纸和杂志在1970年的广告总支出占比为35.79%，而在2007年仅占20%，下降近45%。包括广播和电视台在内，播音和电视的份额在2007年已显著增加，从25.1%增长到32.2%。同时直邮广告的份额也增加了超过50%，从14.1%增至21.5%。（在本章后面部分，我们可以看到原因所在，例如增加直邮广告。）据此数据集，2007年互联网占广告收入的比例仅不到4%（为105亿美元），但从那时起变化极其快速。我们已经注意到的变化以及一些对广告占比GDP的比例总的估计，给出了一个相当不错的整体描述，但确切的数字仍令人存疑。例如，有另一来源认为互联网广告2007年增长超过一倍，达212亿美元。Interactive Advertising Bureau, *Internet Advertising Revenue Report: 2013 Full-Year Results*, conducted by Price waterhouse Coopers (PwC), accessed March 7, 2015, http://www.iab.net/media/file/IAB_Internet_Advertising_Revenue_Report_FY_2013.pdf. 据该来源称自那时以来，互联网广告收入在2013年增加超过一倍多，正如报告科恩结构化广告支出数据集提到的，达428亿美元，这比2007年所有的报纸广告收入（421亿美元）都要多，报纸广告的另一个数据来源：Newspaper Associationof America, "The American Newspaper Media Industry Revenue Profile2012," April 8, 2013, accessed March 7, 2015, http://www.naa.org/trends-and-numbers/newspaper-revenue/newspaper-media-industry-revenue-profile-2012.aspx。

8. Jeffrey L. Cruikshank and Arthur W. Schultz, *The Man Who Sold America* (Boston: Harvard Business Review Press, 2010), p. 17.

9. "The Personal Reminiscences of Albert Lasker," *American Heritage* 6,

no. 1 (December 1954), 访问于 May 21, 2015. http://www.americanheritage .com/content/personal-reminiscences-albert-lasker?page=2.

10. Cruikshank and Schultz, *The Man Who Sold America,* pp. 31–32.

11. Ibid., p. 33.

12. For later variant of ad, ibid., picture between pp. 152 and 153.

13. Ibid., p. 52.

14. "The Propaganda for Reform," *Journal of the American Medical Association* 61, no. 18 (November 1, 1913): 1648.

15. Claude Hopkins, *My Life in Advertising and Scientific Advertising: Two Works by Claude C. Hopkins* (New York: McGraw Hill, 1997), p. 20.

16. Ibid., pp. 43–44.

17. Ibid., pp. 46–47.

18. Ibid., p. 61.

19. Cruikshank and Schultz, *The Man Who Sold America,* p. 95.

20. Ibid., pp. 91–92.

21. Ibid., p. 97.

22. Stephen R. Fox, *The Mirror Makers: A History of American Advertising and Its Creators* (Urbana: University of Illinois Press, 1984), p. 192.

23. Cruikshank and Schultz, *The Man Who Sold America,* p. 100.

24. Ibid., p. 106.

25. 霍普金斯在《科学的广告》中解释了这种优惠券的使用，以及更普遍地使用科学方法。(*My Life in Advertising and Scientific Advertising,* pp. 215–16).

26. Cruikshank and Schultz, *The Man Who Sold America,* pp. 115–21.

27. David Ogilvy, *Confessions of an Advertising Man* (New York: Atheneum, 1988), p. 30.

28. Kenneth Roman, *The King of Madison Avenue: David Ogilvy and the Making of Modern Advertising* (New York: Macmillan, 2009), p. 44.

29. Ogilvy, *Confessions of an Advertising Man,* p. 51.

30. Ibid.

31. 参见 David Ogilvy, *Ogilvy on Advertising* (New York: Random House / Vintage Books, 1985), p. 10。

32. Ibid., pp. 59 and 79.

33. Fox, *The Mirror Makers*, p. 231.

34. Ogilvy, *Confessions of an Advertising Man*, pp. 145–46. 注意奥格威谈到"故事吸引力"。"哈罗德·鲁道夫把这种神奇元素称为故事吸引力,并证明了在图片中注入越多的故事吸引力,就有越多的人去注意广告。"(p. 144).

35. Hopkins, *My Life in Advertising and Scientific Advertising*, p. 34.

36. Ogilvy, *Confessions of an Advertising Man*, p. 20.

37. 这是他的格言,"The most important word in the vocabulary of advertising is TEST." Ibid., p. 114.

38. 两篇近期的文章,Song Han, Benjamin Keys, and Geng Li, "Credit Supply to Bankruptcy Filers: Evidence from Credit Card Mailings" (U. S. Federal Reserve Board, Finance and Economics Discussion PaperSeries Paper No. 2011-29, 2011), http://www.federalreserve.gov/pubs/feds/2011/201129/201129pap.pdf, and by Hong Ru and Antoinette Schoar, "Do Credit Card Companies Screen for Behavioral Biases?"(发表于美国金融协会会议,2014年1月。)阐述了私人商业如何运用大数据。信用卡公司针对不同的消费者提供不同的服务。例如,写明优惠利率(醒目),但后来会提高利率(在附属条款披露),这一方法系统地针对贫困和受教育程度低的消费者。这些消费者不太可能搞清楚他们所签的条款是什么。在另一方面,如(Ru)和舍布尔(Schoar)在2006年也写道,在金融危机之前,美国的信用卡公司一个月发出了6亿张信用卡。美国成年人平均一年可以得到36张新的信用卡。信用卡滥发支持了我们下一章关于信用卡总支出的讨论。如果公司是邮寄信用卡,那么羊毛出在羊身上。

39. 参见John A. Morello, *Selling the President, 1920: Albert D. Lasker, Advertising and the Election of Warren G. Harding* (Westport, CT: Praeger, 2001), Kindle locations 831–48 and following out of 1801。

40. Ibid., Kindle locations 1074–84.

41. Ibid., Kindle locations 942–90.

42. Sasha Issenberg, *The Victory Lab: The Secret Science of Winning Campaigns,* 1st paperback ed. (New York: Crown / Random House, 2012), pp. 244–46. 注意1万亿选民是之前2008年竞选活动得到的数据,到2012年该数字已经增长。

43. 艾森伯格(Issenberg)描述了数据是怎样使用的。他说没有调查的选民的数据是"模拟"的。Ibid., p. 248.

44. 艾森伯格解释了这种技巧。Ibid., pp. 129–30.

45. Ronald B. Tobias, *Twenty Master Plots: And How to Build Them,* 2nd paperback edition (Blue Ash, OH: F + W Media, 1993), p. 139.

第四章　汽车、房地产和信用卡中的欺骗

1. 正如前面（前言）所提到的，我们使用"宰客"一词，在这个意义上，人们为他们所接受的服务付出了高昂的代价。

2. 所出售的新车（或二手车）的数量除以家庭数。新车的销售量在2013年是1 560万（参见Zacks Equity Research, "Strong U.S. Auto Sales for 2013," January 6, 2014, 访问于2014年12月1日, http://www.zacks.com/stock/news/118754/strong-us-auto-sales-for-2013）。二手车2013年的销售量是4 100万（参见Keith Griffin, "Used Car Sales Figures from 2000 to 2014," 访问于2014年12月1日, http://usedcars.about.com/od/research/a/Used-Car-Sales-Figures-From-2000-To-2014.htm）。美国住宅数量（包括独立屋），2013年的数量为12 250万（参见US Census Bureau, "America's Families and Living Arrangements: 2013," table H1, 访问于2014年12月1日, https://www.census.gov/hhes/families/data/cps2013.html）。

3. Ian Ayres and Peter Siegelman, "Race and Gender Discrimination in Bargaining for a New Car," *American Economic Review* 85, no. 3 (June 1995): 304–21.

4. Ibid., p. 309, table 2. 目前的美元是基于1989年的价格，调整为2014年的价格。在我们进行研究时，1989年是我们所做出的最好的估计。我们用美国劳工统计局的消费者价格指数：http://data.bls.gov/cgi-bin/cpicalc.pl?cost1=635.6&year1=1989&year2=2014. 访问于2014年3月25日。我们引用了最后1美元利润数的固定效应结果。

5. Ayres and Siegelman, "Race and Gender Discrimination," table 2.

6. Ibid, p. 317.

7. 我们假设最终报价的分布遵循一个截尾正态分布，是一个完全的零利润点模式。在这些利润点之下，经销商将不会进行交易。

8. Ian Ayres, "Fair Driving: Gender and Race Discrimination in Retail Car Negotiations," *Harvard Law Review* 104, no. 4 (February 1991): 854.

9. 我们再次重申，对于"宰客"，我们是指通过欺骗人们为他们所购买

的商品或服务付出了高昂的代价。

10. 参见 US Census Bureau, *Statistical Abstracts of the United States*, 2012, Table 992, "Homeownership Rates by Age of Householder and Household Type: 1990 to 2010," 最后一次访问于 2015 年 5 月 22 日,https://www.census.gov/compendia/statab/2012/tables/12s0992.pdf。在 2010 年,年龄在 60~64 岁的居民中,有 80.4% 的人拥有自己的住房。

11. 24 年可能显得出奇得长,因为有一个完全不同的、更为人知的、更具有误导性的统计。它给人们的印象是美国人频繁搬家。正如我们所引用的那样,这一数字并非业主们花费在他们当前房屋的平均时间,而是当前购房者停留在他们将要购买的房子中的时间。但是这两种标准是非常不同的。这是因为,在买房者的平均逗留时间中,那些频繁买房的人占有相对更大的比例。例如,每两年买一套房子的人的停留时间是那些每 24 年买一套房子的人的停留时间的 12 倍。但是如果要给出人们搬家频率,我们不想知道购房者会在他们所要购买的房屋中待多久,而我们想知道的是典型的人(或典型的业主)会在他们所拥有的房屋中住多久。这样,在当前居住者搬家时我们对于其平均占有房屋的时间测量才是合适的。

我们从业主自用住房的当前占有房屋时间的分布中,计算了"超过 24 年"的部分。相关资料来源于 Peter Mateyka and Matthew Marlay, "Residential Duration by Race and Ethnicity: 2009"(论文发表在 Annual Meeting of the American Sociological Association, Las Vegas, 2011), p. 29, table 3。按给定分布计算,通过将当前居住者的保有时间的平均值加倍计算得到。当他们搬家时,这个加倍计算就可以很好地得出他们占有房屋时间的近似值:因为在稳定状态下,通过他们的停留时间来进行抽样的话,平均会有一半的房主被抽样。(近似值低估了预期的停留时间,因为它省略了房屋所有权的增长;但这种低估是比较小的,因为房屋所有权的增长很缓慢。)

购房者在他们将要买的独立屋所停留的时间的长度,通过一个不同的方法来进行估计。我们估计大约为 13.1 年。我们通过划分 2000 年独立屋存量来进行估计。(数量为 7 631.3 万;资料来源:US Census Bureau, "Historical Census of Housing Tables," October 31, 2011,访问于 2014 年 12 月 1 日,https://www.census.gov/hhes/www/housing/census/historic/units.html。)同一年,我们还估计了 584 000 万独立屋的销售数量。资料来源:通过增加现有的房屋销售和新的私人拥有的独立屋销售而得到 (US Census Bureau, *Statistical Abstracts of the United States*, 2012,访问于 2014 年 12 月 1 日 https://www.

census.gov/ prod/www/statistical_abstract.html, tables 979 and 974），并且减去了公寓和酒店式公寓的销售数量(table 980)。

尚未有进一步有关所有搬家者居住时间的测量，包括租房时间。通过测量，美国所有搬家者在新租住房或者新买住房的平均居住时间是 8.3 年。但是，关于人们多久搬一次家的统计是具有误导性的，因为它太看重人们搬家频繁程度的比例。(我们用总人口数除以每年搬家人口数进行估计。全国搬家率资料来源：US Census Bureau, "Census Bureau Reports National Mover Rates Increases after a Record Low in 2011," December 10, 2012,访问于 2014 年 12 月 1 日, https://www.census.gov/newsroom/ releases/archives/mobility_of_the_population/cb12-240.html.)

12. Susan E. Woodward, *A Study of Closing Costs for FHA Mortgages*, prepared for US Department of Housing and Urban Development, Office of Policy Development and Research, May 2008, http://www.urban.org/UploadedPDF/411682_fha_mortgages.pdf.

13. 逻辑很简单。出售一套由买方负担 18 000 美元的房地产费，价格为 300 000 美元的房产和一套由卖方负担 18 000 美元房地产费，价格为 318 000 美元的房产，这对于买方和卖方都是没有影响的。在两种情况下，卖方的净收益都是 300 000 美元；买方支付 318 000 美元。如果该项交易双方都同意由卖方支付费用的话，那么同样该项交易也可以由买方来承担费用。

14. 即使在降低抵押贷款约束之前，首次购买房屋者的平均首付是非常低的。在 20 世纪 80 年代初约为 15%，然后逐步下降，在 2007 年该平均值低于 10%，在金融危机爆发之前。John V. Duca, John Muellbauer, and Anthony Murphy, "House Prices and Credit Constraints: Making Sense of the US Experience," Economic Journal 121 (May 2011): 534, fig. 1.

15. 对于经济学家来说，为何美国房地产交易费用那么高，高出其他发达国家 1.5%~2.5%，这一直是个谜。Robert W. Hahn, Robert E. Litan, and Jesse Gurman, "Bringing More Competition to Real Estate Brokerage," *Real Estate Law Journal* 34 (Summer 2006): 89. 尽管可能存在互联网竞争，但是这些费用看起来仍然很高。Alex Tabarrok, "The Real Estate Commission Puzzle," April 12,2013, 访问于 2014 年 12 月 1 日, http://marginalrevolution.com/marginalrevolution/2013/04/the-real-estate-commission-puzzle.html.

16. 根据伍德沃德的样本来看，20 世纪 90 年代、21 世纪初的按揭费用平均为 3 400 美元 (*A Study of Closing Costs for FHA Mortgages*, p. viii)，并且

产权费平均是 1 200 美元 (p. xii)。因为所提供的住房抵押贷款平均为 105 000 美元，这些费用平均是抵押贷款价值的约 4.4% (p. viii)。

17. 对于最后的结果，参见 US Bureau of Financial Protection, "Loan Originator Compensation Requirements under the Truth in Lending Act" (Regulation Z), 12 CFR Part 1026, Docket No. CFPB—2012-0037, RIN 3170-AA132, 访问于 2014 年 11 月 11 日，http://files.consumerfinance.gov/f/201301_cfpb _final-rule_loan-originator-compensation.pdf。"为防止激励消费者对其贷款的'向上收费'，最后的规则一般禁止贷款发起人根据交易或交易池的盈利能力进行赔偿"（第 4 页）。

18. Susan E. Woodward and Robert E. Hall, "Consumer Confusion in the Mortgage Market: Evidence of Less Than a Perfectly Transparent and Competitive Market," *American Economic Review* 100, no. 2 (May 2010): 511–15.

19. Ibid., p. 513. 93% 是 2 600 名借款人单一贷款样本的 88% 和 6 300 名借款人 FHA 样本的 95% 的加权平均。

20. 利差溢价是在贷款超过票面标准时，银行支付给抵押贷款经纪人的那部分。

21. Carolyn Warren, *Mortgage Rip-offs and Money Savers: An Industry Insider Explains How to Save Thousands on Your Mortgage and Re-Finance* (Hoboken, NJ: Wiley, 2007), pp. xviii–xix.

22. 阿拉斯加的人口只占美国总人口的 0.25%，说潜在买家来自附近的宾夕法尼亚或纽约更可信。

23. Richard A. Feinberg, "Credit Cards as Spending Facilitating Stimuli: A Conditioning Interpretation," *Journal of Consumer Research* 13, no. 3 (December 1986): p. 349, table 1. 总体而言，当使用信用卡支付时，小费通常为支票的 16.95%，然而用现金支付时却只有 14.95%。

24. Elizabeth C. Hirschman, "Differences in Consumer Purchase Behavior by Credit Card Payment System," *Journal of Consumer Research* 6, no. 1 (June 1979): 58–66. 结果参见 Hypothesis 2a, p. 62。

25. 在美联储 1988~1999 年的消费者支出调查中，Matias F. Barenstein 发现信用卡持卡人的平均收入为 43 396 美元，而非信用卡持卡人为的 25 155 美元。参见 Barenstein, "Credit Cards and Consumption: An Urge to Splurge?" in "Essays on Household Consumption" (PhD diss., University of California, Berkeley, 2004), p. 44, table A2。

26. 这样看来实验是在 1982 年或许更早的时候进行的，因为范伯格所指的报告是在那一年。我们用这一年来计算当前的美元价值。

27. Feinberg, "Credit Cards as Spending Facilitating Stimuli," p. 352, table 1.

28. Drazen Prelec and Duncan Simester, "Always Leave Home without It: A Further Investigation," Marketing Letters 12, no. 1 (2001): 8.

29. 参见关于下面问题的回答 "Can the merchant charge credit card users more than cash customers for the same item?" "Making Purchases with Credit Cards—The Best Credit Cards to Use," August 26, 2014, accessed November 14, 2014, http://www.creditinfocenter.com/cards/crcd_buy.shtml#Question6.

30. FINRA Investor Education Foundation, *Financial Capability in the United States: Report of Findings from the 2012 National Financial Capability Study,* May 2013, p. 21, 最后一次访问于 2015 年 5 月 4 日，http://www.usfinancialcapability.org/downloads/NFCS_2012_Report_Natl_Findings.pdf。

31. Robin Sidel, "Credit Card Issuers Are Charging Higher," *Wall Street Journal,* October 12, 2014.

32. 在 2012 年户主自用住宅和租客占用住宅的抵押贷款利息为 4 210 亿美元。参见 Bureau of Economic Analysis, "Mortgage Interest Paid, Owner- and Tenant-Occupied Residential Housing," 访问于 2014 年 10 月 29 日，https://www.google.com/#q=BEA+mortgage+Interest+payments+2010。

33. 在 2012 年，食品和饮料的场外消费支出为 8 550 亿美元；个人对于汽车及零部件的消费支出为 3 950 亿美元。参见 Bureau of Economic Analysis, "National Income and Product Accounts," table 2.3.5, "Personal Consumption Expenditures by Major Type of Product," for 2012, 访问于 2014 年 11 月 15 日，http://www.bea.gov/iTable/iTable.cfm?ReqID=9&step=1#reqid=9&step=3&isuri=1&904=2010&903=65&906=a&905=2011&910=x&911=0。

34. 我们从对资源的整合中得到这个粗略的分解。我们在美国人口普查局的 2012 年美国统计摘要中得到关于信用卡支出总利息的粗略估计。据表 1188 显示，2009 年维萨卡、万事达卡、发现卡和美国运通卡债务总额达到 7 740 亿美元。据表 1190 显示，周转信用率为 0.1340，这就产生了 1 037 亿美元的利息支出。2009 年《纽约时报》就已经报道了高达 205 亿美元的罚款费用 (Ron Lieber and Andrew Martin, "Overspending on Debit Cards Is a Boon for Banks," *New York Times,* September 8, 2009, 访问于 2015 年 5 月 2 日，http://www.nytimes.com/2009/09/09/your-money/credit-and-debit-cards/09debit.

html?PageWanted=all&_r=0)。我们可算出一年的手续费为 480 亿美元，这一数字来源于 John Tozzi, "Merchants Seek Lower Credit Card Interchange Fees," *Businessweek Archives*, October 6, 2009, 访问于 2015 年 5 月 2 日, http://www.bloomberg.com/bw/stories/2009-10-06/merchants-seek-lower-credit-card-inter Change-fees。这三个数字总计达 1 710 亿美元，在 Robin Sidel, "Credit Card Issuers Are Charging Higher" 中，这差不多相当于 2009 年的当年 1 670 亿美元。可以看到，滞纳金和手续费是大体不变的，但是利息费用作为变量，我们能够得到这一部门（在 2012 年收益达到 1 500 亿美元）的特征。

35. http://truecostofcredit.com/400926。这一网站现在已经关闭了。Harper 随后开了一家咨询公司（随后被接管），公司在关于如何最小化商家的手续费中提出了建议。从他所记录的高收费来看，这一服务很受认同。Harper 收费的例子在网上一些零星的资料中仍能被找到。在他原始博客里也有备份。

36. 来源于集成信息系统的行业研究报告显示，杂货店平均总毛利率为 10.47%，因此除了成本之外的收益率是少于 12% 的。参见 Tim Berry, "On Average, How Much Do Stores Mark Up Products?" December 2, 2008, 访问于 2014 年 10 月 23 日, http://www.entrepreneur.com/answer/221767。

37. Michelle J. White, "Bankruptcy Reform and Credit Cards," *Journal of Economic Perspectives* 21, no. 4 (Fall 2007): 178.

38. Ibid., p. 177.

39. Ibid., p. 179.

第五章 政治欺骗

1. 答应给真心请教我们的政治候选人指点一二，这也算是我们这些无党派人士对公共服务的一点贡献吧。服务对象也包括学生家长。

2. Iowa Legislature, "Legislators," accessed December 1, 2014, https://www.legis.iowa.gov/legislators/legislator/legislatorAllYears?personID=116.

3. Sue Morris, "Small Runs for Senate," *Le Mars Daily Sentinel*, March 24, 2004.

4. 对于 2001 年减税计划的成本估算，请参见 Joint Committee on Taxation, "Estimated Budget Effects of the Conference Agreement for H.R. 1836," May 26, 2001, p.8, accessed December 1, 2014, https://www.jct.gov/publications.html?func=startdown&id=2001；以及，对于 2003 年减税计划的

成本估算，请参见"Estimated Budget Effects of the Conference Agreement for H.R. 2, the 'Jobs and Growth Tax Relief Reconciliation Act of 2003,'" May 22, 2003, p.2, accessed December 1, 2004, https://www.jct.gov/publications.html?func=startdown&id=1746。同时参见Glen Kessler, "Revisiting the Cost of the Bush Tax Cuts," *Washington Post*, May 10, 2011, https://www.washingtonpost.com/blogs/fact-checker/post/revisiting-the-cost-of-the-bush-tax-cuts/2011/05/09/AFxTFtbG_blog.html。

5. 我们的计算表明，假如小布什这些年减免的税收能够收上来，并加以使用，那么这笔钱能够极大地弥合大衰退带给美国的创伤。我们继续算一算。1.7万亿美元并非在2008年之前就全部减掉了，大概有6 000亿美元是在2008年之后削减的。（关于减税总成本和时间表，详情请见本章注释4引用的两份Joint Committee on Taxation的报告。）粗略地讲，在零利率的情况下，政府支出乘数大致为2。（参见International Monetary Fund, World Economic Outlook, April 2012, accessed December 1, 2014, https://www.imf.org/external/pubs/ft/weo/2012/01/, chap.1, part 3。）在利率为常数时，税收乘数大致为1，并且此时预算平衡乘数也接近于1，所以这个政府支出乘数的估计也讲得通。这意味着，政府支出每增加1 000亿美元，GDP就会增加2 000亿美元。要知道，2008年美国GDP为14.3万亿美元。（参见Council of Economic Advisors, *Economic Report of the President 2013*, table B-1, accessed December 1, 2014, http://www.whitehouse.gov/sites/default/files/docs/erp2013/full_2013_economic_report_of_the_president.pdf）, 所以，政府支出如果增加1 000亿美元，GDP就会增长1.4%。由此，我们可以用奥肯定律粗略估计一下，要知道奥肯定律至今看上去仍然是可信的。（参见Laurence Ball, João Tovar Jalles, and Prakash Loungani, "Do Forecasters Believe in Okun's Law？An Assessment of Unemployment and Output Forecasts," *IMF Working Paper*, 14/24 [February 2014] : 7, table 1）。奥肯定律告诉我们，GDP每增长2%，伴随而来的是，失业率就下降1%。也就是说，我们本来可以用1.1万亿美元来降低失业率，这样的话，2009~2012年的年均失业率为9%，就可以降到差不多7%。

6. Center for Responsive Politics, "Sen. Chuck Grassley," accessed November 16, 2014, http://www.opensecrets.org/politicians/summary.php?cycle=2004&type=l&cid=n00001758&newMem=N.

7. Jessica Miller, "Ads Prove Grassley's Greener on His Side of the

Ballot," *Waterloo–Cedar Falls Courier,* October 25, 2004, accessed November 16, 2014, http://wcfcourier.com/news/metro/article_fdd73608-4f6d-54be-aa34-28f3417273e9.html.

8. 投票结果，请参见"Statics of the Presidential and Congressional Election of November 2，2004,"June 7,2005,accessed November 16，2014，http://clerk.house.gov/member_info/electioninfo/2004election.pdf。

9. 计算结果来源于美国人口普查局的数据，*Statistical Abstracts of the United States*，2012，table 426，"Congressional Campaign Finances-Receipts and Disbursements,"accessed December I，2014，https://www.census.gov/prod/www/statistical_abstract.html，并且有关席位数量的数据仍有争议。

10. Anthony Downs，"An Economic Theory of Political Action in a Democracy," *Journal of Political Economy* 65，no.2（April 1957）：135-50。邓肯·布莱克此前也提出了中间选民理论，"On the Rationale of Group Decision-making," *Journal of Political Economy* 56，no.1（February 1948）：23-34。

11. 这一结论同时需要假设，偏好是单峰的，离选民最偏好的结果越远——无论是在左边，还是在右边——他们就会越不满意。

12. Lawrence Lessig, *Republic Lost: How Money Corrupts Congress-And a Plan to Stop It*（New York：Hachette Book Group，2011）。此书给出了我们能够在文献中找到的最为接近的描述。政治学家们已经强调了不知情的选民。Arther Lupia，"Busy Voters，Agenda Control，and the Power of Information," *American Political Science Review* 86，no.2（June 1992）：390-403。此文描述选民拥有不完全信息，并且有散布误导性信息的兴趣。Arther Lupia and Mathew D. McCubbins, *The Democratic Dilemma: Can Citizens Learn What They Really Need to Know?*（New York：Cambridge University Press，1998）。此书同样提供了相关证据，表明公民在获取为做出正确决定而确实需要的信息方面存在困难，并且也证明了误导行为——由那些需要误导大众的人来完成。Gene M. Grossman and Elhanan Helpman，*Special Interest Politics*（Cambridge，MA：MIT Press，2001）。这本书也展现了一个选战捐赠模型，其中的选民没有充分知情。

13. James R. Healey，"Government Sells Last of Its GM Shares," *USA Today*, December 10, 2013.

14. Emergency Economic Stabilization Act of 2008，H.R.1424，110th US Congress，https://www.govtrack.us/congress/bills/110/hr1424/text。总则全文如

下:"为了给联邦政府提供授权,使其可以购买和承保特定类型的问题资产,以提供稳定性,并阻止经济和金融系统崩溃,并保护纳税人;为了修正1986年的《国内税收法》,从而激励能源生产和保护;为了使个人所得税减免,以及为了其他目的。"

15. 斯瓦格给出了对于不同授权的准确解释,以及该法案是怎样被解释的。参见2012年4月2日给阿卡洛夫的电子邮件。

16. 在这次财政部的戏剧性会议上,九大银行总裁被告知,他们已经上了接受问题资产救助计划旗下资金注入的名单。正如财政部部长保尔森对富国银行总裁理查德·科瓦切维奇(Richard Kovacevich)所讲的,实际的手段远不止含蓄的恫吓。如果他不签字,他"明天就会接到(来自其监管当局的)电话,告知你资本金不足";并且,富国银行将无法在私募市场融资。Alan S. Blinder, *After the Music Stopped: The Financial Crisis, the Response, and the Work Ahead*(New York:Penguin Press,2013),p.201。花旗银行、富国银行以及摩根大通银行每家得到了250亿美元;美国银行,150亿美元;高盛、美林以及摩根士丹利,每家100亿美元;纽约梅隆银行,30亿美元;以及道富银行,20亿美元。总计:1 250亿美元。Henry M. Paulson, On the Brink:Inside the Race to Stop the Collapse of the Global Financial System(New York:Business Plus,2010),p.364.

17. Emergency Economic Stabilization Act, H.R.1424, p. 3, https://www.govtrack.us/congress/bills/110/hr1424/text.

18. Ibid.

19. Center for Responsive Politics, "Lobbying Database," accessed December 1, 2014, https://www.opensecrests.org/lobby/.

20. 德·菲格雷多去了杜克大学法学院和福库商学院。

21. Center for Responsive Politics, "Lobbying Database"。我们的数据来自1999~2000年竞选周期,出自Stephen Ansolabehere, John M. de Figueiredo, and James M. Snyder, "Why Is There So Little Money in U.S. Politics?" *Journal of Economic Perspectives* 17, no. 1(Winter 2003):105-30。

22. Ansolabehere, de Figueiredo, and Snyder, "Why Is There So Little Money in U.S. Politics?" p.108。他们极具批判性地发现,在1999~2000年国会和总统竞选周期中花费了30亿美元。其中,只有3.8亿美元是公司、工会和其他组织资助的。

23. Robert G. Kaiser, *So Damn Much Money: The Triumph of Lobbying*

and the Corrosion of American Government (New York: Vintage Books/Random House, 2010).

24. Steven V. Roberts, "House Votes Permitting Study on MX to Continue," *New York Times*, December 9, 1982. 阿斯平做出如此让人难忘的评论，是针对反对为MX导弹筹资的投票而言，随后他说："这是一次极为关键的投票，一次重要的投票，但是这并非意味着MX导弹已经胎死腹中了。"

25. MoJo New Team, "Full Transcript of the Mitt Romney Secret Video," *Mother Jones*, September 19, 2012, accessed December 1, 2014, http://www.motherjones.com/politics/2012/09/full-transcript-mitt-romney-secret-video.

26. Mayhill Fowler, "Obama: No Surprise That Hard-Pressed Pennsylvanians Turn Bitter," *Huffington Post,* November 17, 2008, last assessed April 30, 2015, http://www.huffingtonpost.com/mayhill-fowler/obama-no-surprise-that-ha_b_96188.html.

27. Marianne Bertrand、Matilde Bombardini 和 Francesco Trebbi 发现，游说更多依赖于你认识谁，而非你知道什么："Is It Whom You Know or What You Know? An Empirical Assessment of the Lobbying Process," *American Economic Review* 104, no. 12（December 2014）:3885-3920。同样的，Jordi Blanes i Vidal、Mirko Draca 和 Christan FonsRosen 报告认为，与美国参议员联系的说客在他们的关系人离任之后（p.3731），其收入会下降24%："Revolving Door Lobbyists," *American Economic Review* 102, no.7（December 2012）: 3731-48。

28. 有关结论，参见我们对最高院 Citizens United v. Federal Elections Commission 决定的讨论。在政治学中，认为选民也许缺乏"信息"的观点，体现为知情选民和不知情选民之间的一般区别。

29. Elliot Gerson, "To Make America Great Again, We Need to Leave the Country," *Atlantic Monthly*, July 10, 2012, accessed May 22, 2015, http://www.theatlantic.com/national/archive/2012/07/to-make-america-great-again-we-need-to-leave-the-country/259653/.

30. Jeff Connaughton, *The Payoff: Why Wall Street Always Wins* (Westport, CT: Prospecta Press, 2012), Kindle locations 304-5, out of 2996.

31. Ibid., Kindle locations 343-345。

32. Ibid., Kindle locations 408-12。

33. 2013财年联邦预算支出大约有3.8万亿美元。Council of Economic Advisors, *Economic Report of the President 2013*, table B-78.

34. Kaiser, *So Damn Much Money*.

35. Ibid., p. 238.

36. Ibid., pp. 228 and 232.

37. Raquel Meyer Alexander, Stephen W. Mazza, and Susan Scholz, "Measuring Rates of Return for Lobbying Expenditures: An Empirical Case Study of Tax Breaks for Multinational Corporations," *Journal of Law and Politics* 25, no.401 (2009): 401-57. 对汇回本国的收益不再执行35%这一税率，以及5.25%优惠税率，参见第412页。

38. Ibid., p. 427, table 1. 在参与游说但没有加入联盟的其他公司中，相对游说成本的税收节省更低一些，但在表1上仍有1.54亿美元。比较政治学中心的杰森·法雷尔（Jason Farrell）已经说过，这些数字夸大了游说收益。他指出，也许这个观点也是对的，即没有证据表明游说资金改变了国会中的哪怕一张投票。而且，当然，那些要收回收益的公司也许在没有任何游说的情况下也会得到一个不同于35%满额税率的减免税率。Farrell, "Return on Lobbying Overstated by Report," August 23, 2011, accessed November 18, 2014, http://www.campaignfreedom.org/2011/08/23/return-on-lobbying-overstated-by-report/. 但是我们确实有其他来源的证据表明游说实实在在地改变了投票。而且，如果游说确实最终在这次减免中起到了上传下达的作用，那么在表1中游说收益将远高于255倍，这是因为1.8亿美元的很大一部分是联盟公司的游说总成本，所以这笔支出的很大一部分本来会被用在游说计划上，而不是用在争取《美国创造就业法》第965节上。

39. Kaiser, *So Damn Much Money*, p.227.

40. Ibid., p. 228.

41. Sonia Reyes, "Ocean Spray Rides Diet Wave," *Adweek*, February 6, 2006, accessed November 18, 2014, http://www.adweek.com/news/advertising/ocean-spray-rides-diet-wave-83901.

42. 卡西迪和公司冲锋陷阵般游说到了大学专项拨款。菲格雷多和布莱恩·西尔弗曼已经就他们的收益完成了一篇经济研究。他们使用大学外联开销率来衡量游说支出，并估计认为，对于由某个参议员在参议院拨款委员会上代表的大学而言，在游说上每增加1美元，就会在专项拨款上增收5.24美元；对于由某个众议员在众议院拨款委员会上代表的大学而言，在游说上每增加1美元，就会在专项拨款上增收4.52美元。对于其他没有此类代表的大学而言，它们的研究估计的专项拨款增长为1.57美元，但是在很多具体情况下，这一效果并不显著。Figueiredo and Silverman, "Academic Earmarks and the Returns to Lobbying," *Journal of Law and Economics* 49, no.2 (2006): 597-625.

43. Stephen Pizzo, Marry Fricker, and Paul Muolo, *Inside Job: The Looting of America's Savings and Loans* (New York: Harper Perennial, 1991), p.410.

44. 这些话是参议员丹尼斯·德孔西尼（Dennis DeConcini）的开场白。Ibid., p.416.

45. Nathaniel C. Nash, "Savings Institution Milked by Its Chief, Regulators Say," *New York Times*, November 1, 1989.

46. Jason Linkins, "Wall Street Cash Rules Everything around the House Financial Services Committee, Apparently," *Huffington Post*, July 22, 2013, accessed May 22, 2015, http://www.huffingtonpost.com/2013/07/22/wall-street-lobbyists_n_3635759.html.

47. US Internal Revenue Service, "Tax Gap for Tax Year 2006: Overview," Table 1, Net Tax Gap for Tax-Year 2006. January 6, 2012, accessed November 18, 2014, http://www.irs.gov/pub/irs-soi/06rastag12overvw.pdf.

第六章　食品欺诈、制药与舌尖上的欺骗

1. Anthony Arthur, *Radical Innocent: Upton Sinclair* (New York: Random House, 2006), Kindle locations 883–86 out of 7719; also 912–16.

2. 当辛克莱受到肉类加工公司的J·奥格登·阿默尔（J. Ogden Armour）的诉讼威胁时，他给《纽约时报》写了回信。辛克莱如实描述他的所见：

> 售卖那些用患有结核病、放线菌病和坏疽病的猪和牛制成的食品；用硼酸和水杨酸保存腐坏的火腿；给罐头肉用苯胺染料上色；给香肠防腐并以次充好。所有这些都意味着会导致成百上千的男人、女人与儿童的突然死亡。

放肆如辛克莱，他又撂下一句狠话："若我所控句句属实，则只要其中1%就够将罪人送上绞架。若我所控子虚乌有，那么只要其中1%就够让我身陷囹圄。" *New York Times*, May 6, 1996.

3. 有关香肠掺有毒鼠肉，参见Upton Sinclair, *The Jungle*（Mineola, NY: Dover Thrift Editions, 2001；originally published 1906），p.112；猪油掺入骨架，

参见其中 p.82。

4. James Harvey Young, *The Toadstool Millionaires: A Social History of Patent Medicines in America before Federal Regulation* (Princeton: Princeton University Press, 1961), p.239.

5. Ibid., p. 59.

6. Ibid., pp. 65–66.

7. Ibid., pp. 144–57.

8. 6种完全不同的添加剂如下：硼酸和硼砂、水杨酸和水杨酸盐、硫酸和硫酸盐、苯甲酸和苯甲酸盐、福尔马林，以及硫酸铜和硝酸盐。Harvey W. Wiley, *An Autobiography* (Indianapolis: Bobbs-Merrill, 1930), p.220.

9. Ibid., pp. 215-20.

10. 正如在前言中提到的，我们向读者特别推荐这本著作：Michael Moss, *Sugar, Salt and Fat*（New York：Random House，2013）。

11. Garret A. FitzGerald, "How Super Are the 'Super Aspirins'? New COX-2 Inhibitors May Elevate Cardiovascular Risk," University of Pennsylvania Health System Press Release, January 14, 1999.

12. Gurkirpal Singh, "Recent Considerations in Nonsteroidal Anti-Inflammatory Drug Gastropathy," *American Journal of Medicine* 105, no.1, supp. 2 (July 27, 1998): 31S-38S. 戈科尔帕奥·辛格估算认为，各类非类固醇消炎药导致的肠胃并发症保守估计也会导致16 500例死亡。如果单列出来的话，这一数字使非类固醇消炎药成为美国人的第15大死因。

13. John Abramson, *Overdosed America: The Broken Promise of American Medicine,* 3rd ed. (New York: Harper Perennial, 2008), p.25. See also Tom Nesi, *Poison Pills: The Untold Story of the Vioxx Scandal* (New York: Thomas Dunne Books, 2008), pp.25-28.

14. Nesi, *Poison Pills*, p.134.

15. Abramson, *Overdosed America*, p.106.

16. Justin E. Bekelman, Yan Li, and Cary P. Gross, "Scope and Impact of Financial Conflicts of Interest in Biomedical Research: A Systematic Review," *Journal of the American Medical Association* 289, no. 4 (January 22, 2003): 454-65; Joel Lexchin, Lisa A. Bero, Benjamin Djulbegovic, and Otavio Clark, "Pharmaceutical Industry Sponsorship and Research Outcome and Quality: Systematic Review," *British Medical Journal* 326, no. 7400 (May 31, 2003):

1167. Bekelman, Li and Gross同样也参考了"multiple reporting of studies with positive outcomes, further compounding publication bias"的两篇研究。

17. Bob Grant, "Elsevier Published 6 Fake Journals," *The Scientist*, May 7, 2009, accessed November 24, 2014, http://classic.the-scientist.com/blog/display/55679/.同样参见Ben Goldacre, *Bad Pharma: How Drug Companies Mislead Doctors and Harm Patients* (New York: Faber and Faber/Farrar, Straus and Giroux, 2012), pp.309–10.

18. Claire Bombardier et al., "Comparison of Upper Gastrointestinal Toxicity of Rofecoxib and Naproxen in Patients with Rheumatoid Arthritis," *New England Journal of Medicine* 343, no. 21 (November 23, 2000): 1520–28.

19. Ibid., p. 1522.

20. Ibid., p. 1525, table 4.

21. 17和4这两个数字没有在原文章中出现，仅仅是从万络试验组与萘普生试验组中发生心肌梗死的比例中大致推断出来的数字。17与4这两个数字是在《新英格兰医学杂志》随后社论的表1中才公布出来的：Gregory D. Curfman, Stephen Morrissey, and Jeffrey M. Drazen, "Expression of Concern: Bombardier et al., 'Comparison of Upper Gastrointestinal Toxicity of Rofecoxib and Naproxen in Patients with Rheumatoid Arthritis,' N Engl J Med 2000;343;1520-8," *New England Journal of Medicine* 353, no 26 (December 29, 2005): 2813–14。更让人困惑之处是另外3例万络试验组急性心肌梗死，以及VIGOR报告的一例中风。这些问题，默克公司在文章发表时就一清二楚。文章作者则回应表示，这些事件是在样本截止日期之后才观察到的，因此当时未将其计入。

22. 庞巴迪等（Bombardier et al. "Comparison of Upper Gastrointestinal Toxicity of Rofecoxib and Naproxen in Patients with Rheumatoid Arthritis," pp.1527 and 1526）写道，在治疗心脏病发作上，萘普生具有与阿司匹林相似的效果。这一论点非常出人意料，因为Aleve经销商们从来没有把这一特点放在广告中。

23. Gregory D. Curfman, Stephen Morrissey, and Jeffrey M. Drazen, "Expression of Concern Reaffirmed," *New England Journal of Medicine* 354, no.11 (March 16, 2006): 1193, supplementary appendix 1, table 3, "Summary of Adjudicated Cardiovascular Serious Adverse Experience."

24. Nesi, *Poison Pills*, pp.109–110.

25. Merck had funded FitzGerald and his coauthors' work, and was "delay[ing its] publication for years." Ibid., n. 19, p. 110.

26. FitzGerrald, "How Super Are the 'Super Aspirins'?"

27. Nesi, *Poison Pills*, pp.96-97. Searle公司开发了西乐葆，但是VIGOR结束之前Searle公司就合并到辉瑞公司了。

28. Ibid. 专家参会：p.35；60位：p.41；卡帕路亚丽思卡尔顿酒店：p.34。

29. Ibid., pp.22–23.

30. Carolyn B. Sufrin and Joseph S. Ross, "Pharmaceutical Industry Marketing: Understanding Its Impact on Women's Health," *Obstetrical and Gynecological Survey* 63, no.9 (2008): 585–96. 这一数字自文章发表后也许已经下降了，因为医生们更多地依赖网络来获取信息。

31. US Congress, Representative Henry A. Waxman, Memorandum to Democratic Members of the Government Reform Committee Re: The Marketing of Vioxx to Physicians, May 5, 2005, with accompanying documents, p. 3, http://oversight-archive.waxman.house.gov/documents/ 20050505114932-41272.pdf.

32. Ibid., p. 17.

33. Ibid., p. 18.

34. Eric J. Topol, "Failing the Public Health—Rofecoxib, Merck, and the FDA," *New England Journal of Medicine* 351, no.17 (October 21, 2004): 1707-9.

35. Nesi, *Poison Pills*, p.155.

36. Topol, "Failing the Public Health," p.1707.

37. David J. Graham et al., "Risk of Acute Myocardial Infarction and Sudden Cardiac Death in Patients Treated with Cyclo-oxygenase 2 Selective- and Non-selective Non-steroidal Anti-inflammatory Drugs: Nested Case-Control Study," *Lancet* 365, no. 9458 (February 5–11, 2005): 475–81. 这篇研究把凯撒医疗机构患者（他们都服用了万络）的结果与对照患者（他们没有服用万络）的结果进行对比。前者出现心肌梗死的比例明显高于后者。并且，可信的是，两者的比例会随着万络剂量的增加而大幅提升。尽管这一研究结果到了2005年2月才发表，数据却是在1999年1月1日至2001年12月31日之间通过凯撒医疗机构的患者获得的。由于格雷厄姆在美国食品药品监督管理局工作，所以这些数据在正式发表之前就已经尽人皆知了，比默克公司将万络推向市场要早。

38. Nesi, *Poison Pills*, p.11.

39. Topol, "Failing the Public Health," p.1707.

40. 参见格雷厄姆在参议院金融委员会2004年11月18日的证词，http://www.finance.senate.gov/imo/media/doc/111804dgtest.pdf.

41. US Food and Drug Administration, Center for Drug Evaluation and Research (CDER), *Guidance for Industry Providing Clinical Evidence of Effectiveness for Human Drugs and Biological Products*, May 1998, accessed December 1, 2014, http://www.fda.gov/downloads/Drugs/.../Guidances/ucm078749.pdf. 该指南表示："考虑到数量问题，美国食品药品监督管理局的立场是国会通常希望获得至少两次充分对照的研究，每次自圆其说，以确保有效性"（p.3）。参见David Healy, *Pharmageddon*（Berkeley：University of California Press，2012），p.77。

42. Nesi, *Poison Pills*, p.14.

43. Curfman, Morrissey, and Drazen, "Expression of Concern Reaffirmed," p.1193. 他们很不赞同地写道："这一日期是资助者在试验快要结束前选择的，其比报告胃肠道不良症状的截止日期只早一个月。试验设计存在缺陷，不可避免地扭曲了试验结果，也没有告知编辑和作者。"

44. Bombardier et al., "Comparison of Upper Gastrointestinal Toxicity of Rofecoxib and Naproxen in Patients with Rheumatoid Arthritis," p.1526.

45. Abramson, *Overdosed America*, p.102. 该文报告了止痛药奥施康定对安慰剂的一个研究结论。不出意料的是，奥施康定证明有效，因为接受奥施康定的患者要比根本没有接受该药的患者疼痛减少了。但是，当然，后者可能也服用了其他东西。

46. 引自Nesi, *Poison Pills*, p.163。

47. Goldacre, *Bad Pharma*, p.113.

48. Adriane Fugh-Berman, "Prescription Tracking and Public Health," *Journal of General Internal Medicine* 23, no.8 (August 2008): 1277–80, published online May 13, 2008, accessed May 24, 2005, http://www.ncbi.nlm.nih.gov/pmc/articles/PMC2517975. 对于销售代表而言，这一信息非常有用，销售代表将会根据医生开的药获得提示，这对安排医学研讨也是有用的。

49. 参见前言注释26。

50. Susanna N. Visser et al., "Trends in the Parent-Report of Health Care Provider–Diagnosed and Medicated Attention-Deficit / Hyperactivity Disorder:

United States, 2003–2011," *Journal of the American Academy of Child and Adolescent Psychiatry* 53, no. 1 (January 2014): 34–46. 州差异参见图 1。父母所上报的用药治疗数远低于确诊数，但各州用药与确诊还是存在高相关性。参见图 2。

51. Center for Responsive Politics, "Lobbying: Top Industries," last accessed April 30, 2014, https://www.opensecrets.org/lobby/top.php?showYear=1998&indexType=i. 全部年份，1998~2015 年。健康保障的总花费超过 30 亿美元。

52. Robert Pear, "Bill to Let Medicare Negotiate Drug Prices Is Blocked," *New York Times*, April 18, 2007, last accessed April 30, 2015, http://www.nytimes.com/2007/04/18/washington/18cnd-medicare.html?_r=0. 覆盖 650 万人的药品保险从医疗补贴被转移到医疗保险中，这使得药品价格被极大地推高了，让制药业发了一笔横财。参见 Milt Freudenheim, "Market Place: A Windfall from Shifts to Medicare," *New York Times*, July 18, 2006, accessed November 4, 2014, http://www.nytimes.com/2006/07/18/business/18place.html?_r=1&pagewanted=print。

53. http://www.amazon.com/Principles-Economics-N-Gregory-Mankiw/dp/0538453052, last accessed April 30, 2015.（这些价格几乎肯定是要变化的。）教科书与药品之间还有一个相同点。就像教科书受著作权保护一样，药品受专利保护。不过还是有些许不同，有旧书市场，但没有给已经服用的药剂准备的市场。但是，制药公司必须处理药品专利 20 年后过期的问题。它们处理此问题的方式与教材编辑处理旧书的方法差不多一样。制药公司开发出一款新药，但是跟上一款只有细微差别。奥美拉唑和耐信就是如法生产出来的药品。就在奥美拉唑的专利快要过期而要公开配方之前，生产商阿斯利康公司研发了一种新药，就是耐信。药品中的一些分子具有手性：它们要么遵从右手性，要么遵从左手性。而耐信与奥美拉唑唯一的区别，在于其分子的手性上。（参见 Goldacre, *Bad Pharma*, pp.146–48。）市场营销部因此被安排了任务：说服医生开这些新药，就像好老师有意识地要求使用最新版教材一样。

第七章 创新：好的、坏的和丑的

1. 美国人口普查局估计，在 2014 年年中，全世界（超过 20 岁的）成年人有 47.25 亿。US Census Bureau, "World Population by Age and Sex," last

accessed December 1, 2014, http://www.census.gov/cgi-bin/broker.（在计算买者/卖者组合方面，我们由此估计为 50 亿。）

2. 基于世界成年人口总数平均为 30 亿。计算基于 1915 年 18 亿的总人口数，并使用现在成年人口占比、考察期内的人口增长率来计算成年人口规模。

3. 该计算只需要发达国家人均收入增长率仅仅是 2.2% 多一点，以 80 岁作为现行预期寿命。

4. 根据安格斯·麦迪逊（Angus Maddison）的研究，20 世纪 40 年代美国人均 GDP 是 6 838 美元（按照 1990 年吉尔里-哈米斯美元计算）。按照同样的度量标准，2008 年墨西哥人均 GDP 是 7 919 美元。Maddison, "Historical Statistics of the World Economy: Per Capita GDP," accessed November 26, 2014, http://www.google.com/url? sa=t&rct=j&q=&esrc=s&source=web&cd=6&ved=0CEIQFjAF&url=http%3A%2F%2Fwww.ggdc.net%2Fmaddison%2FHistorical_Statistics%2Fhorizontal-file_02-2010.xls&ei=4t11VJfsG4uZNoG9gGA&usg=AFQjCNFFKKZ1UysTOutlY4NsZF9qwdu2Hg&bvm=bv.80642063,d.eXY. 2008~2013 年，墨西哥以美元计算扣除物价因素的人均收入变动很小。World Bank, "GDP Per Capita (Current US$)," accessed November 26, 2014, http://data.worldbank.org/indicator/NY. GDP .PCAP .CD.

5. 不幸的是，经济学中的世界资本有多重意义。Investopedia 网站给出了资本的两种定义："1. 金融资产或者资产的金融价值，比如现金。2. 业务所有并用于生产的工厂、机器和装备。" Investopedia, "Definition of Capital," accessed May 25, 2015, http://www.investopedia.com/terms/c/capital.asp. 与金融家们不同，这里我们跟几百年前的经济学家们惯常的做法一致，我们使用定义 2，具体指一国全部业务的所有此类资本。

6. Robert M. Solow, "Technical Change and the Aggregate Production Function," *Review of Economics and Statistics* 39, no. 3 (August 1957): 312–20. 索洛考察了美国 1909~1949 年的情况。他的方法可以估计资本增加到底能够让生产率提高多少。劳动力投入单位雇佣小时的资本增加了大约 31%。在总产出中资本所得占比（即分红加上租金加上未分配利润等）大概是 1/3。他做了大致的假设，即资本占比代表其对于产出的贡献（该假设在如果市场是完全竞争的条件下是成立的）。他做了进一步的计算，证明了在资本不变的情况下，每人每小时产出会改变 80%。单位雇佣劳动力小时的资本存量中 31% 的变化会引发每人每小时产出大概 10% 的变化，由此在考察期内引发了

1/8 的变化。

7. 美洲原住民和非洲裔美国人音乐的作用是以下著作的探讨主题：Joseph Horowitz, *Dvořák in America: In Search of the New World*（Chicago：Cricket Books，2003）。

8. Hanna Krasnova, Helena Wenninger, Thomas Widjaja, and Peter Buxmann, "Envy on Facebook: A Hidden Threat to Users' Life Satisfaction?" *Wirtschaftsinformatik Proceedings 2013*, Paper 92, p. 4, table 1, and p. 5, table 2, http://aisel.aisnet.org/wi2013/92. 受访者允许对"沮丧感"列出至少一个原因。表2列出了受访者的构成，这些人认为不同的"社交原因"就是一种"沮丧"。不幸的是，作者并没有说多重反映在"社交原因"中是如何分配的，只是给出了一张表。总而言之，80.7%的受访者提到只有一个原因导致沮丧；17.3%提到了两个，2%提到了三个。基于这些占比，我们估计，大约有60%的人列出了至少一种社交原因。

9. Steve Annear, "The 'Pavlov Poke' Shocks People Who Spend Too Much Time on Facebook: It's Meant to Condition Social Media 'Addicts' to Step Away from the Screen and Enjoy the Real World," *Boston Daily*, August 23, 2013, accessed November 26, 2014, http://www.bostonmagazine.com/news/blog/2013/08/23/pavlov-poke-shocks-people-who-spend-too-much-time-on-facebook/.

10. 联合航空公司网站如此描述其登机过程：

（在残障乘客登机后）开始提前登机。本组包括Global Services[SM]会员和现役军人。

提前登机结束之后，请听广播叫您的登机组号。为知晓您的登机组号，以下是两舱飞机的列表——按照Premier Access[SM]会员级别排列。

第一组——贵宾通道登机

• Global Services[SM]会员（没有在提前登机阶段登机的该组会员请在此时优先登机）

• Premier 1K[®]会员

• Premier[®]白金会员

• 贵宾舱，包括United First[®]

注意：如果是三舱飞机，United Business[®]会员在本组登机。（并且，对于三舱飞机，在特定的国际航线上，United First指的就是United Global

First®，并且 United Business® 指的就是 United BusinessFirst®。）

第二组——贵宾通道登机
- Star Alliance™ 金卡会员
- Premier® 银卡会员
- MileagePlus® 贵宾室卡会员
- Presidential Plus^SM 卡会员
- MileagePlus® Explorer 卡会员
- MileagePlus® Awards 卡会员

第三、四、五组——普通登机

注意：带小于 4 岁的小孩或婴儿的家庭在被叫到组号后可以登机。

"Arriving at a Single Boarding Process," April 22, 2013, accessed November 26, 2014, https://hub.united.com/en-us/news/company-operations/pages/arriving-at-a-single-boarding-process.aspx.

11. 我们知道杰弗瑞·巴特勒为完成其伯克利博士学位而做了一次实验，尝试能否通过试验引发不同身份的情感。实验对象随机分为两组，高身份组和低身份组，分组取决于他们抽中的是橘红色筹码还是紫色筹码。高身份实验对象们一排椅子坐三位，同时有好吃好喝；与之相对的，低身份实验对象一排要坐五人，而且还要完成给按字母给姓名排序的无聊任务。我们不会感到意外的是，当这些实验对象们随后开始玩"信任博弈"和"真实游戏"时候，如此给定身份的分组会产生不同。被分到高身份组的人更有可能会惩罚违背信任的行为，无论是对他们自己组的人，还是对低身份组的人。Jeffrey Vincent Butler, "Status and Confidence," in "Essays on Identity and Economics" (PhD diss., University of California, Berkeley, 2008).

12. Nicholas Lemann, *The Big Test: The Secret History of the American Meritocracy*, 1st rev. paperback ed. (New York: Farrar, Straus and Giroux, 2000).

13. Ibid., pp. 7–8.

14. Garey Ramey and Valerie A. Ramey, "The Rug Rat Race," *Brookings Papers on Economic Activity* (Spring 2010): 129–99. 这篇文章的题目取自美国电视动画连续剧 *Rugrats*（1991–2004），这部剧描写了聪明幼儿们的滑稽事。并且还取自词组 *rat race*，意思是没没没了且毫无意义的追逐，正如实验鼠被放到科学家的迷宫或者跑步机上所做的一样。把两者相结合，用来评论现代社会逼迫儿童获得成功的压力。

15. 最出名的分级也许就来自《美国新闻与世界报道》。参见http://colleges.usnews.rankingsandreviews.com/best-colleges。

16. 甚至有一个网站，从中人们可以获得按照5种不同标准进行的期刊分级：学科领域、学科分类、地域和国家、排序的不同标准，以及期刊的引用数量。SCImago Journal and Country Rank, "Journal Rankings," accessed November 26, 2014, http://www.scimagojr.com/journalrank.php?country=US.

17. 例如，"h-index"根据教授的文章引用情况把教授分级。

18. Thom Patterson, "United Airlines Ends Coach Preboarding for Children," CNN, May 23, 2012, accessed April 30, 2015, http://www.cnn.com/2012/05/23/travel/united-children-preboarding/.

19. Prosper Mérimée, *Carmen and Other Stories* (Oxford: Oxford University Press, 1989).

20. Allan M. Brandt, *The Cigarette Century: The Rise, Fall, and Deadly Persistence of the Product That Defined America* (New York: Basic Books, 2007), p. 27.

第八章　烟草与酒精

1. 这一点已经在有关上瘾的神经学证据中被发现。对此观点以及对该证据的回顾，参见B. Douglas Bernheim and Antonio Rangel, "Addiction and Cue-Triggered Decision Processes," *American Economic Review* 94, no.5 (December 2004): 1558–90. 正如该文章指出的，"最近关于上瘾神经科学的研究已经证实了，在有关上瘾物质的消费决策方面，大脑具有似乎会产生系统错误的特征"（p.1562）。

2. Centers for Disease Control and Prevention, "Smoking and Tobacco Use: Fast Facts," accessed December 9, 2014, http://www.cdc.gov/tobacco/data_statistics/fact_sheets/fast_facts/.

3. Allan M. Brandt, *The Cigarette Century: The Rise, Fall and Deadly Persistence of the Product That Defined America* (New York: Basic Books, 2007), picture between pp.184 and 185.

4. US Surgeon General, *Smoking and Health: Report of the Advisory Committee to the Surgeon General of The Public Health Service* (1964), p.5, accessed November 28, 2014, http://www.surgeongeneral.gov/library/reports/.

5. 15岁及以上人群的人均消费量参见：Ibid., chap.5, p.45, table 1。

6. Ibid., p.25. 到 1955 年，达到了 27 000 例；到 1962 年，超过了 41 000 例。

7. Brandt, *The Cigarette Century*, pp.131–34.

8. Ernst L. Wynder and Evarts A. Graham, "Tobacco Smoking as a Possible Etiologic Factor in Bronchogenic Carcinoma Study of Six Hundred and Eighty-Four Proved Cases," *Journal of the American Medical Association* 143, no.4 (May 27, 1950): 329–36. 他们发现只有 3.5% 的癌症组病人不属于"在常年连续吸烟者里中等严重的"。而对照样本的比较数字是 26.3%（p.336）。

9. Brandt, *The Cigarette Century*, pp.131–32.

10. Ibid., p. 157. 但不幸的是，他戒烟戒得太晚，最终还是死于肺癌。

11. 对于男性，其中不抽烟者，肺癌样本与对照样本的比例是 0.075；每天吸 1~4 支烟的吸烟者的比例是 0.56；每天吸 5~14 支烟的比例是 0.87；每天吸 15~24 支烟的比例是 1.03；每天吸 25~49 支烟的比例是 1.91；每天吸 50 支烟以上的比例是 2.5。Richard Doll and A. Bradford Hill, "Smoking and Carcinoma of the Lung: Preliminary Report," *British Medical Journal* 2, no.4682 (September 30, 1950): 742, fig. 1. 对于女性，这一结果同样呈现上升趋势，尽管这一增加趋势有更多干扰，但是由于肺癌病人中只有 6% 是女性，这一现象也并不意外。在 644 例肺癌的样本中只有 41 名女性患有肺癌（p.742, table 5）。

12. Ernst L. Wynder, Evarts A. Graham, and Adele B. Croninger, "Experimental Production of Carcinoma with Cigarette Tar," *Cancer Research* 13, no. 12 (1953): 863.

13. Oscar Auerbach et al., "Changes in the Bronchial Epithelium in Relation to Smoking and Cancer of the Lung: A Report of Progress," *New England Journal of Medicine* 256, no. 3 (January 17, 1957): 97–104.

14. Jeffrey K. Cruikshank and Arthur W. Schultz, *The Man Who Sold America* (Boston: Harvard Business Review Press, 2010), pp. 354–56.

15. Kenneth Roman, *The King of Madison Avenue: David Ogilvy and the Making of Modern Advertising,* paperback ed. (New York: Macmillan, 2009), p. 223.

16. Brandt, *The Cigarette Century*, p.165; Naomi Oreskes and Erik M. Conway, *Merchants of Doubt: How a Handful of Scientists Obscured the Truth on Issues from Tobacco Smoke to Global Warming* (New York: Bloomsbury, 2010), p.15. 娜奥米·奥瑞思（Naomi Oreskes）和埃里克·康威（Erik Conway）记

录了怀疑的创造过程，不仅仅是有关吸烟效果的怀疑，也有有关酸雨、臭氧空洞、全球变暖，以及杀虫剂DDT的。他们证明了，在策略上将怀疑引入与以上每个领域相关的公共话题是多么的容易。

17. Brandt, *The Cigarette Century*, pp.171 and 175.

18. "Little, Clarence Cook, Sc.D. (CTR Scientific Director, 1954–1971)," accessed November 28, 2014, http://tobaccodocuments.org/profiles/little_clarence_cook.html. 网页已经不存在，来自作者存档。

19. Ibid.; *Time Magazine*, "Clarence Cook Little": Cover Story, April 22, 1937; George D. Snell, "Clarence D. Little, 1888–1971: A Biographical Memoir by George D. Snell" (Washington, DC: National Academy of Sciences, 1971).

20. Brandt, *The Cigarette Century*, p. 176.

21. Ibid., p. 175.

22. Ibid., p. 177.

23. 这当然是公共健康警示语。该警示语按1970年《公共健康烟草吸烟法》要求强制执行，印刷在每个烟盒上。"Public Health Cigarette Smoking Act," *Wikipedia*, accessed March 28, 2015, http://en.wikipedia.org/wiki/Public_Health_Cigarette_Smoking_Act.

24. US Surgeon General, *The Health Consequences of Smoking—50 Years of Progress* (2014), pp.21–22, accessed March 6, 2015, http://www.surgeongeneral.gov/library/reports/50-years-of-porgress//full-report.pdf.

25. US Surgeon General, *Smoking and Health* (1964), p.102, table 19.

26. Jason Bardi, "Cigarette Pack Health Warning Labels in US Lag behind World: Internal Tobacco Company Documents Reveal Multinational Effort to Block Strong Warning to Smokers," University of California at San Francisco, November 16, 2012, accessed December 8, 2014, http://www.ucsf.edu/news/2012/11/13151/cigarette-pack-health-warning-labels-us-lag-behind-world. 有关美国，亦见Mark Joseph Stern, "The FDA's New Cigarette Labels Go Up in Smoke," *Wall Street Journal*, September 9 2012, accessed March 28, 2015, http://www.wsj.com/articles/SB10000872396390443819404577633580009556096；以及US Food and Drug Administration, "Tobacco Products: Final Rule 'Required Warnings for Cigarette Packages and Advertisements,'" accessed March 28, 2015, http://www.fda.gov/TobaccoProducts/Labeling/Labeling/CigaretteWarningLabels/ucm259953.htm. 对于澳大利亚，见Tobacco Labelling

Resource Center, "Australia: Health Warnings, 2012 to Present," accessed March 28, 2015, http://www.tobaccolabels.ca/countries/australia/.

27. 电视和广播广告由1970年4月的《公共健康烟草吸烟法》禁止。从那时起，该法案就一直被修订。2009年《烟草控制法》带来了新增的限制。"Tobacco Advertising," *Wikipedia*, accessed December 8, 2014, http://en.wikipedia.org/wiki/Tobacco_advertising.

28. Brandt, *The Cigarette Century*, pp.432–37. 除了46个州的判决以外，还有对于密西西比州、佛罗里达州、得克萨斯州，以及明尼苏达州的额外400亿美元的判决。

29. Ibid., pp. 267–69.

30. Ibid., p. 271.

31. Ibid., p. 288.

32. US Surgeon General, *Smoking and Health: A Report of the Surgeon General* (1979), "Appendix: Cigarette Smoking in the United States, 1950–1978," p. A-10, table 2, accessed November 28, 2014, http://www.surgeongeneral.gov/library/reports/.

33. 2014年的数据, Centers for Disease Control and Prevention, "Cigarette Smoking in the United States: Current Cigarette Smoking among U.S. Adults 18 Years and Older," accessed March 28, 2015, http://www.cdc.gov/tobacco/campaign/tips/resources/data/cigarette-smoking-in-united-states.html。

34. Centers for Disease Control and Prevention, "Trends in Current Cigarette Smoking among High School Students and Adults, United States, 1965–2011," November 14, 2013, accessed December 9, 2014, http://www.cdc.gov/tobacco/data_statistics/tables/trends/cig_smoking/.

35. 使用table 2来自http://www.lung.org/finding-cures/our-research/trend-reports/Tobacco-Trend-Report.pdf, 1965年人均卷烟消费量（18岁及以上）为4 259支，2011年为1 232支。Table 4来自http://www.lung.org/finding-cures/our-research/trend-reports/Tobacco-Trend-Report.pdf指出，1965年成人样本总体中的42.4%是吸烟者，2011年成人样本总体的19.0%是吸烟者（http://www.cdc.gov/tobacco/data_statistics/tables/trends/cig_smoking/）。因此，在1965年，平均每个吸烟者每天要抽掉27.52支烟，2011年是17.76支，或者1965年是1 376包，2011年是0.89包。根据世界卫生组织2015年的估计，巴西15岁及以上人群的样本总体中，15.2%的人吸烟；中国有26.3%的人吸咽；法国

有24.7%的人吸烟；德国有26.2%的人吸烟；俄罗斯有37.3%的人吸烟。

36. Centers for Disease Control and Prevention, "Smoking and Tobacco Use: Tobacco-Related Mortality," accessed March 28, 2015, http://www.cdc.gov/tobacco/data_statistics/fact_sheets/health_effects/tobacco_related_mortality/. 估计数字是2005~2009年由吸烟引发的年平均死亡人数。吸烟引发的年死亡总人数估计有4 803 137例。吸烟直接导致127 700例死于肺癌，113 100例死于呼吸道疾病，以及160 000例死于心血管和代谢疾病。41 300例死亡由二手烟导致——其中7 300例来自肺癌，34 000来自冠状心脏病。

37. Bridget F. Grant et al., "The 12-Month Prevalence and Trends in DSM-IV Alcohol Abuse and Dependence: United States, 1991–1992 and 2001–2002," *Drug and Alcohol Dependence* 74, no.3 (2004): 228, table 2.

38. Mandy Stahre et al., "Contribution of Excessive Alcohol Consumption to Deaths and Years of Potential Life Lost in the United States," *Preventing Chronic Disease* 11 (2014), accessed March 28, 2014, http://www.cdc.gov/pcd/issues/2014/13_0293.htm. 我们用斯达勒（Mandy Stahre）对于酒精导致死亡的数量除以可比时期的总死亡人数。

39. George E. Vaillant, *Triumphs of Experience: The Men of the Harvard Grant Study* (Cambridge, MA: Harvard University Press, 2012), pp.54-55.

40. Ibid., p.67: 这些年轻人在哈佛被挑选出来，他们都是"特别有可能引领'成功'生活"的人。

41. Ibid., p. 66.

42. Ibid., p. 54.

43. Ibid., p. 296.

44. Ibid., p.298. 这23%包括了滥用者和依赖者。对于这一百分比的分母，我们使用了持续参加这一项目的受访者的总数（242），而不是项目最开始的数字，268。

45. Ibid., p.301.

46. Ibid., pp.303-7.

47. 在资助研究对象中，57%的离婚夫妻双方至少一方是酗酒者（Ibid., p.358）。鉴于酗酒在男人中比在女人中出现的概率更大（这一点我们可以通过NESARC来了解），并且在哈佛研究对象中，酒精滥用者与依赖者的比重大约是23%，这是一个庞大的数字。亦见Fred Arne Thorberg and Michael Lyvers, "Attachment, Fear of Intimacy and Differentiation of Self among Clients

in Substance Disorder Treatment Facilities," *Addictive Behaviors* 31, no.4 (April 2006): 732–37; and Frank P. Troise, "The Capacity for Experiencing Intimacy in Wives of Alcoholics or Codependents," *Alcohol Treatment Quarterly* 9, no.3 (October 2008): 39–55.

48. Vaillant, *Truimphs of Experience*, pp.321–26.

49. Dave Newhouse, *Old Bears: The Class of 1956 Reaches Its Fiftieth Reunion, Reflecting on the Happy Days and the Unhappy Days* (Berkeley: North Atlantic Books, 2007).

50. Ibid., pp. 17–31.

51. Ibid., pp. 33–39.

52. Ibid., pp. 290–91.

53. Ibid., pp. 127–28.

54. Ibid., pp. 57 and 316.

55. National Institutes of Health, National Institute on Alcohol Abuse and Alcoholism, *Alcohol Use and Alcohol Use Disorders in the United States: Main Findings from the 2001–2002 National Epidemiologic Survey on Alcohol and Related Conditions (NESARC)*, January 2006, "Exhibit 2, National Epidemiologic Survey on Alcohol and Related Conditions (Section 2B): DSM-IV Alcohol Abuse and Dependence Diagnostic Criteria and Associated Questionnaire Items," pp. 8–9, accessed November 12, 2014, http://pubs.niaaa.nih.gov/ publications/ NESARC_DRM/NESARCDRM.pdf.

56. Philip J. Cook, *Paying the Tab: The Costs and Benefits of Alcohol Control* (Princeton: Princeton University Press, 2007), p. 210, n. 14.

57. Ibid., p. 71.

58. Ibid., pp. 72–73.

59. Ibid., pp. 103–5 and tables 6.4 and 6.5.

60. US Department of the Treasury, Alcohol and Tobacco Tax and Trade Bureau, "Tax and Fee Rates," accessed April 30, 2015, www.ttb.govtax_audit/ atftaxes.shtml.

61. Urban Institute and the Brookings Institution, Tax Policy Center, "State Alcohol Excise Tax Rates 2014," accessed December 13, 2014, http://www.taxpolicycenter.org/taxfacts/dispalyafact.cfm?Docid=349.

62. Jeanette DeForge, "Ballot Question to Revoke Sales Tax on Alcohol

Approved by Massachusetts Voters," *Republican,* November 3, 2010, accessed December 13, 2014, http://www.masslive.com/news/index.ssf/2010/11/ballot_question_to_revoke_sale.html; and Dan Ring, "Massachusetts Senate Approves State Sales Tax Increase to 6.25 Percent as Part of $1 Billion Tax Hike," *Republican,* May 20, 2009, accessed December 13, 2014, http://www.masslive.com/news/index.ssf/2009/05/massachusetts_senate_approves.html.

63. Mothers against Drunk Driving, "History and Mission Statement," accessed March 28, 2015, http://www.madd.org.

64. "Drunk Driving Statistics," accessed December 13, 2014, http://www.alcoholalert.com/drunk-driving-statistics.html. 可比时期为1982~2011年。由于机动车行驶里程的总数增长比样本总数增长快很多，因此更多的清醒驾驶员在这段时期末上路。所以，对他们而言，这也许并不是一个坏的安全记录。样本总体统计数据来自 Council of Economic Advisors, Economic Report of the President 2013, p.365, table B-34, accessed December 1, 2014, http://www.whitehouse.gov/sites/default/files/docs/erp2013/full_2013_economic_report_of_the_president.pdf。

65. US Department of Transportation, National Highway Traffic Safety Administration, "Traffic Safety Facts, 2011: Alcohol Impaired Driving," December 2012, accessed May 25, 2015, http://www-nrd.nhtsa.dot.gov/Pubs/811700.pdf.

66. "Voices of Victims," on the official MADD website, accessed December 13, 2014, http://www.madd.org/drunk-driving/voices-of-victims/.

67. National Institutes of Health, National Institute on Alcohol Abuse and Alcoholism, *Surveillance Report #95 Apparent Per Capita Ethanol Consumption, United States, 1850-2010* (August 2012), table 1, http://pubs.niaaa.nih.gov/publications/Surveillances95/CONS10.htm.

第九章 为利润而破产

1. George A. Akerlof and Paul M. Romer, "Looting: The Economic Underworld of Bankruptcy for Profit," *Brookings Papers on Economic Activity* 2 (1993): 36. 另一个由国家金融机构改革、振兴和执行委员会给出的成本的备择估计是在7%~11%或者更高。

2. James H. Stock and Mark W. Watson, "Forecasting Output and Inflation: The Role of Asset Prices," *Journal of Economic Literature* 41 (2003): 797. 对于商业周期的日期，见 National Bureau of Economic Research, "U.S. Business Cycle Expansions and Contractions," accessed January 13, 2015, http://www.nber.org/cycles.html。

3. Akerlof and Romer, "Looting."

4. 隧道技术概念的使用，见 Simon Johnson, Rafael La Porta, Florencio López de Silanes, and Andrei Shleifer, "Tunneling," *Ameircan Economic Review* 90, no.2 (May 2000): 22–27.

5. Council of Economic Advisors, *Economic Report of the President 2013*, table B-64, "Year-to-Year Inflation of the Consumer Price Index," accessed December 1, 2014, http://www.whitehouse.gov/sites/default/files/docs/erp2013/full_2013_economic_report_of_the_president.pdf.

6. Ibid., table B-73, "Bond Yields and Interest Rates, 1942–2012," column 1.

7. US Department of Labor, Bureau of Labor Statistics, Tables and Calculators by Subject; Unemployment Rates by Month, http://data.bls.gov/pdq/SurveyOutputServlet.

8. Council of Economic Advisors, *Economic Report of the President 2013*, table B-73, column 9.

9. 货币市场基金在20世纪80年代几乎持有零资产。见图，"The Future of Money Market Funds," September 24, 2012, http://www.winthropcm.com/TheFutureofMoneyMarketFunds.pdf. 图中的数字与投资公司协会2014年资料册的数据一致。该数据不包括1980~1984年，但是它们确实表明，在1990年之前，货币市场基金资产已经达到4 980亿美元。http://www.icifactbook.org/fb_data.html. Last accessed January 1, 2015.

10. Akerlof and Romer, "Looting," p. 23.

11. Ibid., p.34，以1993年美元计价的200亿~300亿美元的纾困方案成本，换算成现在的美元价值。

12. 对于得克萨斯州达拉斯的繁荣与破灭的描述，见同上, pp. 39–42.

13. Ibid., pp.23–24.

14. R. Alton Gilbert, "Requiem for Regulation Q: What It Did and Why It Passed Away," *Federal Reserve Bank of St. Louis Review* (February 1986): 22–37. 储蓄贷款协会的利率上限比银行储蓄存款的监管上限要稍微高一些。

在20世纪80年代，银行的上限大约是5.5%。见p. 29, chart 3。

15. Akerlof and Romer, "Looting," p.24.

16. Garn-St. Germain的10%，见Carl Felsenfeld and David L. Glass, *Banking Regulation in the United States*, 3rd, ed. (New York: Juris, 2011), pp.424–25. 对于储蓄贷款协会如何自由解释10%，见"Top Ten U.S. Banking Laws of the 20th Century," accessed December 1, 2014, http://www.oswego.edu/~dighe/topten.htm.

17. Akerlof and Romer, "Looting," p.27. 作为丰厚的分红，开发商可以抽取一个"开发费"（例如2.5%），从而发起项目。

18. James E. O'Shea, *The Daisy Chain: How Borrowed Billions Sank a Texas S & L* (New York: Pocket Books, 1991), 尤其是29~34页。在相关例子中，资金以一种不同的证券购买方式通过渠道被转移出去。

19. 在奥谢的例子中，开发商以虚高的价格从储蓄贷款协会的所有者手中购买产品。

20. Stephen Pizzo, Mary Fricker, and Paul Muolo, *Inside Job: The Looting of America's Savings and Loans* (New York: Harper Perennial, 1991), p.108.

21. Ibid., p.14.

22. Akerlof and Romer, "Looting," p.40, table 11.2. 当然，达拉斯建筑业也逐渐收缩，但是与休斯敦相比，相当缓慢，也没那么剧烈。

23. Steve Brown, "Office Market Outlook: Dallas," *National Real Estate Investor News*, June 1982, p.46.

24. Steve Brown, "City Review: Dallas," *National Real Estate Investor News*, October 1983, p.127.

25. Steve Brown, "City Review: Dallas," *National Real Estate Investor News*, October, 1984, pp.183 and 192.

26. Steve Brown, "City Review: Dallas," *National Real Estate Investor News*, June 1985, pp.98–100.

27. Pizzo, Fricker, and Muolo, *Inside Job*.

第十章 米尔肯的骗局：以垃圾债为饵

1. Bryan Burrough and John Helyar, *Barbarians at the Gate: The Fall of RJR Nabisco* (New York: Random House, 2010), Kindle locations 10069–72 out

of 11172.

2. 据传闻，约翰逊的遣散费高达 5 000 万美元，具体参见 Bryan Burrough, "RJR Nabisco: An Epilogue," *New York Times,* March. 12,1999,http://www.nytimes.com/1999/03/12/opinion/rjr-nabisco-an-epilogue.html.

3. 参见 Graef S. Crystal, *In Search of Excess: The Overcompensation of American Executives* (New York: W. W. Norton, 1991) 中的第 46~47 页；珍妮楚（Jenny Chu）、乔纳森·法斯（Jonathan Faasse）和拉·哈文达·劳（P. Raghavendra Rau）认为管理层雇用的顾问（而不是董事会顾问）能更大程度地提高高管薪酬，具体可见：Chu, Faasse, and Rau, "Do Compensation Consultants Enable Higher CEO Pay? New Evidence from Recent Disclosure Rule Changes" (September 23, 2014), p. 23, accessed May 27, 2015,http://papers.ssrn.com/sol3/Papers.cfm?abstract_id=2500054.

4. 参见 W. Braddock Hickman, *Corporate Bond Quality and Investor Experience* (Princeton: National Bureau of Economic Research and Princeton University Press, 1958)，其中表 1 在第 10 页。

5. George Anders and Constance Mitchell, "Junk King's Legacy: Milken Sales Pitch on High-Yield Bonds Is Contradicted by Data," *Wall Street Journal,* November 20, 1990, p. A1.

6. Lindley B. Richert, "One Man's Junk Is Another's Bonanza in the Bond Market," *Wall Street Journal,* March 27, 1975.

7. 参见 John Locke, *An Essay Concerning Human Understanding,* 30th ed. (London:William Tegg, 1849)，原文第 104 页写道："我尽最大可能来从谬误中拯救自己，尽管人们往往倾向于欺骗自我，把名字当作实物。"

8. Gary Smith, *Standard Deviations: Flawed Assumptions, Tortured Data, and Other Ways to Lie with Statistics* (New York: Duckworth Overlook, 2014).

9. Jesse Kornbluth, *Highly Confident*: The Crime and Punishment of Michael Milken (New York: William Morrow, 1992), p. 45.

10. Hickman, *Corporate Bond Quality and Investor Experience,* p. 10.

11. Jeremy J. Siegel and Richard H. Thaler, "Anomalies: The Equity Premium Puzzle," *Journal of Economic Perspectives* 11, no. 1 (Winter 1997): 191.

12. United States Federal Deposit Insurance Corporation et al. v. Michael R. Milken et al. (1991), Southern District of New York (January 18), Amended Complaint Class Action, Civ. No. 91-0433 (MP), pp. 70–71.

13. 参见 James B. Stewart, *Den of Thieves* (New York: Simon and Schuster, 1992), pp. 521–22; 以 及 Benjamin Stein, *A License to Steal: The Untold Story of Michael Milken and the Conspiracy to Bilk the Nation* (New York: Simon and Schuster, 1992).

14. Kornbluth, *Highly Confident*, p. 64. 在后来的雷诺兹·纳贝斯克公司收购案中，德崇证券在几个小时内就筹集到了 50 亿美元的资金。Burrough and Helyar, *Barbarians at the Gate*, Kindle locations 10069–72.

15. FDIC v. Milken, pp. 146–47.

16. Ibid., pp. 149–50.

17. Stein, *License to Steal*, pp. 89–92.

18. 在后来的上诉中，基廷案的判决被推翻，此时他已经在狱中服刑 4 年 6 个月，并且承认了许多其他罪行。Robert D. McFadden, "Charles Keating, 90, Key Figure in '80s Savings and Loan Crisis, Dies," *New York Times*, April 2, 2014, accessed May 27, 2015, http://www.nytimes.com/2014/04/02/business/charles-keating-key-figure-in-the-1980s-savings-and-loan-crisis-dies-at-90.html?_r=0. 斯皮格尔被控多项罪名，但历经 7 个星期的审判，被无罪释放。Thomas S. Mulligan, "Spiegel Found Not Guilty of Looting S & L," *Los Angeles Times*, December 13, 1994, accessed May 1, 2015, http://articles.latimes.com/1994-12-13/news/mn-8437_1_thomas-spiegel. 卡尔曾经接受警方调查，但是从未被正式起诉。Scot J. Paltrow, "Executive Life Seizure: The Costly Comeuppance of Fred Carr," *Los Angeles Times*, April 12, 1991, accessed May 1, 2015, http://articles.latimes.com/1991-04-12/business/fi-342_1_executive-life.

19. 此书详细讨论了这个问题：Sanford J. Grossman and Oliver D. Hart, "Takeover Bids, the Free-Rider Problem, and the Theory of the Corporation," *Bell Journal of Economics* 11, no. 1 (1980): 42–64.

20. Connie Bruck, *The Predators' Ball: The Inside Story of Drexel Burnham and the Rise of the Junk Bond Raiders* (New York: Penguin Books, 1989), pp. 193–240; Robert J. Cole, "Pantry Pride Revlon Bid Raised by $1.75 a Share," *New York Times,* October 19, 1985, accessed March 17, 2015, http://www.nytimes.com/1985/10/19/business/pantry-pride-revlon-bid-raised-by-1.75-a-share.html.

21. Paul Asquith, David W. Mullins Jr., and Eric D. Wolff, "Original Issue High Yield Bonds: Aging Analyses of Defaults, Exchanges and Calls," *Journal of Finance* 44, no. 4 (1989): 924.

22. Bruck, *The Predators' Ball,* p. 76.

23. Asquith, Mullins, and Wolff, "Original Issue High Yield Bonds," p. 929, table 2: weighted average of first four numbers in right-hand column.

24. Ibid. 1977~1980年新发行的债券中，成功进行债务置换但最终违约的债券数量为16家（可见935页表7），而1977~1980年新发行的债券总数为155家（可见928页的表1）。

25. Bruck, *The Predators' Ball,* p. 10.

26. Stewart, *Den of Thieves,* p. 243.

27. Kurt Eichenwald, "Wages Even Wall St. Can't Stomach," *New York Times,* April 3, 1989, 此文章中谈到米尔肯拿到了美国历史上单一年度最高的薪酬。

28. 比如Michael C. Jensen, "Takeovers: Their Causes and Consequences," *Journal of Economic Perspectives* 2, no. 1 (Winter 1988): 21–48.

29. 有关此类观点的讨论可见这篇文章：Andrei Shleifer and Lawrence H. Summers, "Breach of Trust in Hostile Takeovers," in *Corporate Takeovers: Causes and Consequences*, ed. Alan J. Auerbach (Chicago: University of Chicago Press, 1988), pp. 33–68.

30. Brian Hindo and Moira Herbst, "Personal Best Timeline, 1986: 'Greed Is Good,'" *Business Week,* http://www.bloomberg.com/ss/06/08/personalbest_timeline/source/7.htm.

31. Bruck, *The Predators' Ball,* p. 320.

32. Bruck, *The Predators' Ball.*

33. FDIC v. Milken, pp. 70–71.

34. Alison Leigh Cowan, "F.D.I.C. Backs Deal by Milken," *New York Times,* March 10, 1992.

35. See Thomas Piketty, *Capital in the Twenty-First Century* (Cambridge, MA: Harvard University Press, 2014), p. 291, fig. 8.5, and p. 292, fig. 8.6.

36. Andrei Shleifer and Robert W. Vishny, "The Takeover Wave of the 1980s," *Science* 249, no. 4970 (1990): 745–49.

第十一章 反制欺骗的英雄

1. 2013年数据。World Bank, "Life Expectancy at Birth, Male (Years)" and

"Life Expectancy at Birth, Female (Years)," accessed March 29, 2015, http://data.worldbank.org/indicator/SP.DYN.LE00.MA.IN/countries and http://data.worldbank.org/indicator/SP.DYN.LE00.FE.IN/countries.

2. Ralph Nader, *Unsafe at Any Speed: The Designed-In Dangers of the American Automobile* (New York: Grossman, 1965).

3. Jad Mouawad and Christopher Drew, "Airline Industry at Its Safest since the Dawn of the Jet Age," *New York Times,* February 11, 2013, http://www.nytimes.com/2013/02/12/business/2012-was-the-safest-year-for-airlines -globally-since-1945.html?pagewanted=all&_r=0.

4. US Food and Drug Administration, "About FDA: Commissioner's Page. Harvey Washington Wiley, MD," http://www.fda.gov/AboutFDA/CommissionersPage/ucm113692.htm. Wiley called it the Imperial Health Laboratory in his autobiography: Harvey W. Wiley, *An Autobiography* (Indianapolis: Bobbs-Merrill, 1930), p. 150.

5. Stuart Chase and Frederick J. Schlink, *Your Money's Worth: A Study of the Waste of the Consumer's Dollar* (New York: Macmillan, 1927), pp. 4–5.

6. Ibid.

7. US Department of Agriculture, Grain Inspection, Packing, and Stockyard Administration, "Subpart M—United States Standards for Wheat," accessed May 1, 2015, http://www.gipsa.usda.gov/fgis/standards/810wheat .pdf.

8. Interview with Anthony Goodeman of the GIPSA, January 2015; US Department of Agriculture, Grain Inspection, Packing, and Stockyards Administration, "Explanatory Notes," table 5, "Inspection and Weighing Program Overview," pp. 20–33, accessed May 1, 2015, http://www.obpa.usda.gov/ exnotes/FY2014/20gipsa2014notes.pdf. 在表格中，检查了多少粮食的数据很含糊，这是因为其中的一部分（尤其是那些用来出口的）会被检查两次。

9. Ibid., Interview with Anthony Goodeman of the GIPSA.

10. US Department of Agriculture, Farm Service Administration, "Commodity Operations: United States Warehouse Act," accessed March 14, 2015, http://www.fsa.usda.gov/FSA/webapp?area=home&subject=coop&topic=was-ua; *Kansas Statutes Annotated* (2009), chap. 34, "Grain and Forage," article 2, "Inspecting, Sampling, Storing, Weighing and Grading Grain; Terminal and Local Warehouses, 34-228: Warehouseman's License; Application; Financial Statement;

Waiver; Qualifications; License Fee; Examination of Warehouse," accessed May 1, 2015, http://law.justia.com/codes/kansas/2011/ Chapter34/Article2/34-228.html.

11. Underwriters Laboratories, "Our History" and "What We Do," accessed March 3, 2015, http://ul.com/aboutul/history/ and http://ul.com/ aboutul/what-we-do/.

12. American National Standards Institute, "About ANSI" and "ANSI: Historical Overview," accessed March 14, 2015, http://www.ansi.org/about _ ansi/overview/overview.aspx?menuid=1 and http://www.ansi.org/about_ansi/ introduction/history.aspx?menuid=1.

13. Lawrence B. Glickman, *Buying Power: A History of Consumer Activism in America* (Chicago: University of Chicago Press, 2009), p. 195.

14. Ibid., p. 212.

15. Gwendolyn Bounds, "Meet the Sticklers: New Demands Test Consumer Reports," *Wall Street Journal,* May 5, 2010, accessed March 14, 2015, http://www.wsj.com/articles/SB10001424052748703866704575224093017379202 #mod=todays_us_personal_journal. 这730万份中包含了电子订阅数量。

16. Consumer Federation of America, "Membership," accessed March 14, 2015, http://www.consumerfed.org/about-cfa/membership.

17. Glickman, *Buying Power,* pp. 31–32 and following, and p. 69 and following.

18. Florence Kelley, *Notes of Sixty Years: The Autobiography of Florence Kelley,* ed. Kathryn Kish Sklar (Chicago: Illinois Labor History Society, 1986).

19. Glickman, *Buying Power.* pp. 182–83.

20. National Consumers League, "Our Issues: Outrage! End Child Labor in American Tobacco Fields," November 14, 2014, accessed March 15, 2015, http://www.nclnet.org/outrage_end_child_labor_in_american_tobacco_fields.

21. *The Guardians, or Society for the Protection of Trade against Swindlers and Sharpers* (probably London, 1776), https://library.villanova.edu/Find/ Record/1027765.

22. David Owen, "The Pay Problem," *New Yorker,* October 12, 2009, accessed March 12, 2015, http://www.newyorker.com/magazine/2009/10/12/ the-pay-problem; David A. Skeel Jr., "Shaming in Corporate Law," University of Pennsylvania Law Review 149, no. 6 (June 2001): 1811–68.

23. Skeel, "Shaming in Corporate Law," p. 1812.

24. National Association of Realtors, "Code of Ethics," accessed March 15, 2015, http://www.realtor.org/governance/governing. 16$\frac{1}{4}$页纸是采用WORD文档打印。

25. M. H. Hoeflich, "Laidlaw v. Organ, Gulian C. Verplanck, and the Shaping of Early Nineteenth Century Contract Law: A Tale of a Case and a Commentary," *University of Illinois Law Review* (Winter 1991): 55–66. Also see the case itself: Laidlaw v. Organ, 15 U.S. 178, 4 L. Ed. 214, 1817 U.S. LEXIS 396 (Supreme Court 1817).

26. 下面的解释来自霍弗里奇（Hoeflich）的观点，当时一位很有影响力的法学家韦普郎克（Verplanck）认为，"并不是马歇尔大法官不将道德纳入法律中来，而是在这个特殊案例中，他误解了隐瞒的事实与何种程度的隐瞒造成欺诈；'因此隐瞒是不诚实的、具有欺诈性的；对卖方拒绝交割货物的争论是缺乏良心的表现'"（Hoeflich, "Laidlaw v. Organ," p. 62）。欺诈能使得奥根提出的诉求无效。欺诈的作用可以从马歇尔大法官判决的措辞中看出，"每一方都需要注意不要说任何会强加给另一方的语句"。

27. Sally H. Clarke, "Unmanageable Risks: MacPherson v. Buick and the Emergence of a Mass Consumer Market," *Law and History Review* 23, no. 1 (2005): 1.

28. Ibid., p. 2.

29. MacPherson v. Buick Motor Co., New York Court of Appeals, accessed March 15, 2015, http://www.courts.state.ny.us/reporter/archives/ macpherson_buick.htm.

30. US Legal Inc., "U.S. Commercial Code," accessed March 15, 2015, http://uniformcommercialcode.uslegal.com/.

31. Ibid.

32. LawInfo, "Legal Resource Library: What Is the U.C.C.?" accessed March 15, 2015, http://resources.lawinfo.com/business-law/uniform -commercial-code/does-article-2-treat-merchants-the-same-as-no.html.

33. DealBook, "Goldman Settles with S.E.C. for $550 Million," *New York Times,* July 15, 2010.

34. Knowledge@Wharton, "Goldman Sachs and Abacus 2007-AC1: A Look beyond the Numbers," April 28, 2010, accessed March 15, 2015, http://knowledge.wharton.upenn.edu/article/goldman-sachs-and-abacus-2007-ac1-a-

look-beyond-the-numbers/.

35. Ibid.

36. US Securities and Exchange Commission, "Goldman Sachs to Pay Record $550 Million to Settle SEC Charges Related to Subprime Mortgage CDO," July 15, 2010, accessed March 15, 2015, http://www.sec.gov/news/press/2010/2010-123.htm.

37. Christine Harper, "Goldman's Tourre E-Mail Describes 'Frankenstein' Derivatives," Bloomberg Business, April 25, 2010, accessed March 15, 2015, http://www.bloomberg.com/news/articles/2010-04-24/-frankenstein-derivatives-described-in-e-mail-by-goldman-s-fabrice-tourre.

38. Justin Baer, Chad Bray, and Jean Eaglesham, "'Fab' Trader Liable in Fraud: Jury Finds Ex-Goldman Employee Tourre Misled Investors in Mortgage Security," *Wall Street Journal,* August 2, 2013, accessed March 15, 2015, http://www.wsj.com/articles/SB10001424127887323681904578641843284450004.

39. Nate Raymond and Jonathan Stempel, "Big Fine Imposed on Ex-Goldman Trader Tourre in SEC Case," Reuters, March 12, 2014, accessed March 15, 2015, http://www.reuters.com/article/2014/03/12/us-goldmansachs-sec-tourre-idUSBREA2B11220140312.

40. Karen Freifeld, "Fraud Claims Versus Goldman over Abacus CDO Are Dismissed," Reuters, May 14, 2013, accessed March 15, 2015. http://www.reuters.com/article/2013/05/14/us-goldman-abacus-idUSBRE94D10120130514.

41. Joshua Bernhardt, *Interstate Commerce Commission: Its History, Activities and Organization* (Baltimore: Johns Hopkins University Press, 1923).

42. Christine Bauer-Ramazani, BU113: Critical Thinking and Communication in Business, "Major U.S. Regulatory Agencies," accessed March 15, 2015, http://academics.smcvt.edu/cbauer-ramazani/BU113/fed_agencies.htm.

43. Marver H. Bernstein, *Regulating Business by Independent Commission* (Princeton: Princeton University Press, 1955).

44. George J. Stigler, "The Theory of Economic Regulation," *Bell Journal of Economics and Management Science* 2, no. 1 (1971): 3; Richard A. Posner, "Theories of Economic Regulation," *Bell Journal of Economics and Management Science* 5, no. 2 (1974): 335.

45. "本文的中心论点是，法规监管会被业界所俘获，并且主要为其利益进行设计和执行的。确实有部分监管规则在被监管的行业中有不可否认的反向效应。一个简单的例子就是对行业产品（比如威士忌、扑克牌）征收差异性的重税。然而，这些法规都是非常特殊的，并且也可以被解释'有利'法规（我们称之为被俘获的法规）的同一套理论所解释。"Stigler, "The Theory of Economic Regulation," p. 3.

46. Daniel Carpenter and David A. Moss, "Introduction," pp. 5–8, and Carpenter, "Detecting and Measuring Capture," pp. 57–70, in Carpenter and Moss, eds., *Preventing Regulatory Capture: Special Interest Influence and How to Limit It* (New York: Cambridge University Press / The Tobin Project, 2014).

47. Carpenter and Moss, "Introduction," p. 9.

48. Ibid., p. 5. 卡彭特和莫斯写道："关键问题是，俘获的存在是否可以被抑制及被预防。我们认为证据所显示的答案是肯定的。"本卷的众多文章都展示了一些不放松监管而同时成功抑制"俘获"的例子，所用的方法各式各样："允许地方政府官员参与联邦公告和意见，创立能够看好监管者的消费者赋权项目，培养多元化的独立专家，机构内倡议制度化，并扩大信息与规制事务办公室的审查范围，包括机构的作为与不作为"（"Conclusion," p. 453, in Carpenter and Moss, *Preventing Regulatory Capture*）。（信息与规制事务办公室是由美国国会于1980年作为总统办公室的一部分创立。）本书中研究的一个案例是公共保险评议会的得克萨斯办公室，该机构创立于1991年，但其初始职能并不是一家监管机构（注意它完全独立于得克萨斯州保险部），而是作为监管者与被监管者协商时候的消费者代表。公共保险评议会在防止监管者被俘获方面有很多明显的成功案例，比如它通过游说成功禁止了一条允许计划管理人自行决定是否索赔（司法审查有限）的条款，以及撤消了某些要求消费者交付法庭仲裁的法律条文。可见 Daniel Schwarcz, "Preventing Capture through Consumer Empowerment Programs: Some Evidence from Insurance Regulation," pp. 365–96, in Carpenter and Moss, *Preventing Regulatory Capture*。

49. Benjamin N. Cardozo, "The Altruist in Politics"（commencement address, Columbia University, 1889）, https://www.gutenberg.org/files/1341/1341-h/1341-h.htm.

结论 案例与一般教训

1.《美国精神病学期刊》(*American Journal of Psychiatry*)已经发表了一篇社论,称"网瘾"应当作为一种疾病被收录于《精神疾病诊断与统计手册》(*Diagnostic and Statistical Manual of Mental Disorders*)中。可见 Jerald J. Block, "Issues for DSM-V: Internet Addiction," *American Journal of Psychiatry* 165, no. 3 (2008): 306–7. 韩国曾经对网瘾开展了重点研究,韩国高中生平均每周花 23 小时玩游戏。值得一提的是,韩国曾经培训了千余名治疗网瘾的辅导员,还包括医院和治疗中心,并且在学校也开展预防项目。中国相关的估计显示,大约有 13.7% 的青少年网民都符合"网络成瘾诊断标准"。

2. 举例来说,可参阅 Richard Hofstadter, *The Age of Reform: From Bryan to FDR* (New York: Random House, 1955); 罗斯福新政时期可以参见 William E. Leuchtenburg, *Franklin D. Roosevelt and the New Deal* (New York: Harper and Row, 1963)。

3. David E. Rosenbaum, "The Supreme Court: News Analysis; Presidents May Disagree, but Justices Are Generally Loyal to Them," *New York Times*, April 7, 1994. 艾森豪威尔曾公开表示,对厄尔·沃伦(Earl Warren)以及小威廉·布伦南(William J. Brennan Jr.)的任命是他犯过的"最重大的错误"之一。

4. Social Security Perspectives, "President #6: Richard M. Nixon (1969–1974)," May 8, 2011, http://socialsecurityperspectives.blogspot.com/2011/05/president-6-richard-m-nixon-1969-1974.html.

5. 布鲁诺·博卡拉(Bruno Boccara)在最近出版的一本新书中描述了精神力量如何参与生成国家故事,反过来这也影响了政治目标。可见 Boccara, *Socio-Analytic Dialogue: Incorporating Psychosocial Dynamics into Public Policies* (Lanham, MD: Lexington Books, 2014)。

6. 根据詹姆斯·帕特森(James T. Patterson)撰写的"牛津大学历史丛书"《美国史》(时间跨度为 1974~2001 年),里根"一遍又一遍"地说"政府并不是我们解决问题的救星,政府正是问题所在"。Patterson, *Restless Giant: The United States from Watergate to Bush v. Gore* (New York: Oxford University Press, 2005), p. 162. 我们最喜欢引用的版本应当来自 1986 年的一次新闻发布会:"英语中,最可怕的句子是:我来自政府,我是来帮助你们的。"对于这句话,还有许多其他版本。Ray Hennessey, "The 15 Ronald Reagan Quotes Every Business Leader Must Know," accessed January 16, 2015, http://www.entrepreneur.com/article/234547.

7. Elizabeth Warren and Amelia Warren Tyagi, *All Your Worth: The Ultimate Lifetime Money Plan* (New York: Simon and Schuster, 2005), p. 26.

8. Stephen Miller, "Income Subject to FICA Payroll Tax Increases in 2015," Society for Human Resource Management, October 23, 2014, accessed January 16, 2015, http://www.shrm.org/hrdisciplines/compensation/articles/ pages/fica-social-security-tax-2015.aspx.

9. US Census Bureau, "Historical Poverty Tables—People," table 3, "Poverty Status, by Age, Race, and Hispanic Origin: 1959 to 2013," accessed December 1, 2014, https://www.census.gov/hhes/www/poverty/data/historical/people.html.

10. Ke Bin Wu, "Sources of Income for Older Americans, 2012" (Washington, DC: AARP Public Policy Institute, December 2013), p. 4.

11. Ibid., p. 1.

12. See chapter 4, n. 10.

13. Robert J. Shiller, "Life-Cycle Personal Accounts Proposal for Social Security: An Evaluation of President Bush's Proposal," *Journal of Policy Modeling* 28, no. 4 (2006): 428.

14. Ibid., pp. 428–29.

15. Ibid., 模拟结果在第438页的表2中。

16. Congressional Budget Office, "Long Term Analysis of a Budget Proposal by Chairman Ryan," April 5, 2011, pp. 2–4, accessed December 1, 2014, http://www.cbo.gov/publication/22085. 在瑞安的计划中，美国医疗补助体系也将作为分类财政补贴拨给各州。他的预算平衡计划不仅需要削减联邦医疗保险体制和医疗补助体系上的花费，还包括从一些不详的渠道来增加政府收益。目前还不清楚通过哪些政策变化可以带来如此大的政府收入增长。关于最后一点可见Paul Krugman, "What's in the Ryan Plan?" *New York Times*, August 16, 2012; and "The Path to Prosperity," *Wikipedia*, accessed December 15, 2014,http://en.wikipedia.org/wiki/The_Path_to_Prosperity。

17. 在2013联邦财政年度，证券交易委员会的预算为1 417 514 000美元。US Securities and Exchange Commission, FY *2014 Congressional Budget Justification*, p. 16,http://www.sec.gov/about/reports/secfy14congbudgjust.pdf. Budget Request Tables: "FY 2014 Budget Request by Strategic Goal and Program." 在2013年1月，委员会监管的资产约为49.6万亿美元（见第93页）。

18. Halah Touryalai, "10 Wall Street Expenses That Make the SEC's Budget Look Pathetic," *Forbes,* February 17, 2011, accessed January 16, 2015,http:// www.forbes.com/fdc/welcome_mjx.shtml.同样也可以说，花旗集团在营销和广告上的开支已经超过了美国证券交易委员会的全部预算。

19. Vanguard, "See the Difference Low-Cost Mutual Funds Can Make," accessed January 7, 2015, https://investor.vanguard.com/mutual-funds/ low-cost.

20. Edward Wyatt, "Judge Blocks Citigroup Settlement With S.E.C.," *New York Times,* November 28, 2011, accessed June 10, 2015, http://www .nytimes.com/2011/11/29/business/judge-rejects-sec-accord-with-citi.html ?pagewanted=all.

21. Jed S. Rakoff, "The Financial Crisis: Why Have No High-Level Executives Been Prosecuted?" *New York Review of Books,* January 9, 2014.

22. Harry Markopolos, *No One Would Listen: A True Financial Thriller* (Hoboken, NJ: Wiley, 2010), Kindle location 587.

23. 这还涉及通过购买看跌期权减少损失（看跌期权允许他在股价跌破执行价格的时候卖出股票）；通过卖出看涨期权支付购买看跌期权的费用（看涨期权允许购买者在股价超过执行价格时从他处买入股票）。

24. Markopolos, *No One Would Listen,* Kindle locations 850–52.

25. David Kotz, *Investigation of Failure of the SEC to Uncover Bernard Madoff's Ponzi Scheme,* Report of Investigation Case No. OIG-509, United States Securities and Exchange Commission, Office of Inspector General (2011), pp. 61–77, accessed May 29, 2015, https://www.sec.gov/news/studies/ 2009/oig-509.pdf.

26. James B. Stewart, "How They Failed to Catch Madoff," *Fortune,* May 10, 2011. Accessed May 2, 2015. http://fortune.com/2011/05/10/how-they -failed-to-catch-madoff/.

27. Kotz, *Investigation of Failure of the SEC to Uncover Bernard Madoff's Ponzi Scheme,* p. 249.

28. Ibid., p. 247.

29. Ibid., p. 250. 马科波洛斯从他的角度生动地描述了这段对话。*No One Would Listen,* Kindle location 2585 and following. 同样可以参见舒赫对这件事情的证词: Kotz, *Investigation of Failure of the SEC to Uncover Bernard Madoff's Ponzi Scheme,* p. 251.

30. Lorena Mongelli, "The SEC Watchdog Who Missed Madoff," *New York Post,* January 7, 2009.

31. Jeffrey Toobin, "Annals of Law: Money Unlimited: How Chief Justice John Roberts Orchestrated the Citizens United Decision," *New Yorker,* May 21, 2012.

32. Cornell University Law School, Legal Information Institute, "Citizens United v. Federal Election Commission (08-205)," accessed January 16, 2015, http://www.law.cornell.edu/supct/cert/08-205. See also Toobin, "Annals of Law."

33. Toobin, "Annals of Law"; Oyez, "Citizens United v. Federal Election Commission," accessed March 18, 2005, http://www.oyez.org/cases/2000-2009/2008/2008_08_205.

34. Citizens United v. Federal Election Comm'n, 130 S. Ct. 876, 558 U.S. 310, 175 L. Ed. 2d 753 (2010).

35. Ibid.

36. Legal Institute, "Citizens United v. Federal Election Comm'n (No. 08-205)," accessed June 10, 2015, https://www.law.cornell.edu/supct/html/08-205.ZX.html.

37. Ibid.

38. Lawrence Lessig, *Republic Lost: How Money Corrupts Congress—And a Plan to Stop It* (New York: Hachette Book Group, 2011), p. 266.

39. Ibid., p. 268.

后记 欺骗均衡的显著性

1. 当然，许多人也并不接受这种"传统智慧"。在这方面有两大经典理论：托斯丹·凡勃伦（Thorstein Veblen）的《有闲阶级论》(*The Theory of the Leisure Class: An Economic Study of the Evolution of Institutions*)（New York: Macmillan, 1899），以及约翰·肯尼思·加尔布雷思的《富裕社会》(*The Affluent Society*)（Boston: Houghton Mifflin, 1958）。在更近一些的时候，在发表时间非常接近的两篇文章中，乔恩·汉森（Jon Hanson）和道格拉斯·凯萨（Donglas Kysar）认为偏离经济理性（尤其是像行为经济学中描述的那样）是对"操纵行为"的邀请。他们进一步讨论了这对法律的影响，并以烟草行业为例展开细节研究。Hanson and Kysar, "Taking Behavioralism

Seriously: The Problem of Market Manipulation," *New York University Law Review* 74, no. 3 (June 1999): 630–749, and "Taking Behavioralism Seriously: Some Evidence of Market Manipulation," *Harvard Law Review* 112, no. 7 (May 1999):1420–1572.

2. 德克·J·贝泽默（Dirk J. Bezemer）整理了一张似乎预测到2008年金融危机的人士的列表，详见"'No One Saw This Coming': Understanding Financial Crisis through Accounting Models," *Munich Personal RePEc Archive Paper* 15892 (June 2009): 9, table1,http://mpra.ub.uni-muenchen.de/15892/1/MPRA_paper_15892.pdf。遗憾的是，我们很难把口头和不精确的预测区分开来，并且这些预测给出的原因和认定的危机时间段千差万别。我在2005年写道："坏的结果可能是：最终经济下行（在股票市场和房产市场）将导致个人破产率大幅提高，可能会进一步发展为金融机构的破产潮。另一个长期的后果可能是消费者和企业信心下降，之后可能是全球经济衰退。"（第xiii页。）"热潮的一部分是那些被精心设计、用来欺骗人们的各种活动，专门利用一般投资者的思维误区进行欺诈。这样的行为通常是违反法律的，但是由于我们的司法程序非常缓慢，这些方案实施者或许能够在行骗多年后成功脱身。这也是投机泡沫发展过程的一部分。"（第76页。）Robert J. Shiller, *Irrational Exuberance*, 2nd ed. (Princeton: Princeton University Press, 2005).

3. 谷歌学术已经不提供按学科搜索的功能了，但是我们还是能够估算出包含"经济学"或者"金融学"字样的文章数量。在2014年12月15日中午12点22分（美国东部标准时间）的搜索结果为2 270 000条。当然，其中一定有很多重复的结果。这个数字与乔治所记得的、在谷歌学术还允许进行细分金融和经济学学科搜索时获得的结果大致相同。

4. Siddhartha Mukherjee, *The Emperor of All Maladies: A Biography of Cancer* (New York: Simon and Schuster, 2011).

5. 引自理查德·M·尼克松总统。"Remarks on Signing of the National Cancer Act of 1971," December 23, 1971, The American Presidency Project, accessed January 17, 2015, http://www.presidency.ucsb.edu/ws/?pid=3275.

6. Mukherjee, *Emperor of All Maladies,* pp. 173–77.

7. Stefano DellaVigna and Ulrike Malmendier, "Contract Design andSelf-Control: Theory and Evidence," *Quarterly Journal of Economics* 119, no. 2 (May 2004), p. 354.

8. Xavier Gabaix and David Laibson, "Shrouded Attributes, Consumer

Myopia, and Information Suppression in Competitive Markets," *Quarterly Journal of Economics* 121, no. 2 (May 2006): 505–40.

9. Robert E. Hall, "The Inkjet Aftermarket: An Economic Analysis" (prepared on behalf of Nu-kote International, Stanford University, August 8,1997), p. 2. 该比例是用墨盒销售除以新打印机销售进行的大致估算。

10. Gabaix and Laibson, "Shrouded Attributes, Consumer Myopia, and Information Suppression in Competitive Markets," p. 506, citing Hall.

11. Hall, "The Inkjet Aftermarket," pp. 21–22; Gabaix and Laibson, "Shrouded Attributes, Consumer Myopia, and Information Suppression in Competitive Markets," p. 507.

12. 在之后的一篇文章中，加贝克斯、莱布森和萨米特·阿加瓦尔、约翰·德瑞斯科尔合作，他们检验了人们在不同年龄段的金融能力差异。他们发现年轻人的金融能力很糟糕，因为缺乏经验；年长的人们金融能力同样糟糕，因为他们的技能开始退化。在这两者之间，有一段"理性时代"。但是那并不是这一文章的主要论点。他们的主要论点在于，不论处于哪个年龄段（尽管某些年龄段的能力优于另一些年龄段），我们都可能被那些试图利用我们的人欺骗。这的确是自由竞争市场的一个普遍问题，但是正如他们所表明的，对老年人来说，这个问题尤其严重。Agarwal, Driscoll, Gabaix, and Laibson, "The Age of Reason: Financial Decisions over the Life Cycle and Implications for Regulation," *Brookings Papers on Economic Activity* (Fall 2009): 51–101.

13. 当然，如果小猫闪电可以说话，那么这些口味就不可能再被隐藏了，正如每个两岁大婴儿的家长都知道的那样。

14. 举例来说，可见：Robert J. Shiller, "Do Stock Prices Move Too Much to Be Justified by Subsequent Changes in Dividends?" *American Economic Review* 71, no. 3 (June 1981): 421–36; and John Y. Campbell and Robert J. Shiller, "Cointegration and Tests of Present Value Models," *Journal of Political Economy* 95, no. 5 (October 1987): 1062–88.

15. J. Bradford De Long, Andrei Shleifer, Lawrence H. Summers, and Robert J. Waldmann, "Noise Trader Risk in Financial Markets," *Journal of Political Economy* 98, no. 4 (August 1990): 703–38.

16. 在其他版本的"两类人"金融模型中，缺乏信息的交易者可能被替换为一些有突发、紧急流动性需求的人们，这迫使他们不考虑预期未来收益就直接出售股票。这就解决了那些不能接受市场中存在缺乏信息交易者（或者更糟——存在非理性交易者）的金融学家所面临的问题。

17. De Long, Shleifer, Summers, and Waldmann, "Noise Trader Risk in Financial Markets."

18. formulas 21 and 25 in J. Bradford De Long, Andrei Shleifer, Lawrence H. Summers, and Robert J. Waldmann, "The Size and Incidence of the Losses from Noise Trading," *Journal of Finance* 44, no. 3 (1989): 688 and 690.

19. Gabaix and Laibson, "Shrouded Attributes, Consumer Myopia, and Information Suppression in Competitive Markets," p. 514.

20. 保罗·萨缪尔森是美国麻省理工学院的教授，他撰写了最前沿的教科书，并在"二战"后奠定了大多数标准经济学的基调。萨缪尔森认为"显示性偏好"是消费理论的核心。根据他们提出的一个公式，萨缪尔森写道："该结果的重要性无论如何强调都不过分（原文如此）。在这个简单的公式中，包含了消费者选择理论中几乎所有最有意义的经验结果。"Samuelson, *Foundations of Economic Analysis* (Cambridge, MA: Harvard University Press, 1947), p. 111. 同样可以看提出论点的这篇论文：Samuelson, "Consumption Theory in Terms of Revealed Preference," *Economica*, n.s., 15, no. 60 (November 1948): 243–53. 当然，事实上被"显示"出来的只有那些消费者感觉"有诱惑力"的口味。

参考文献

"200 West Street." *Wikipedia*. Accessed October 22, 2014. http://en.wikipedia.org/wiki/200_West_Street.

Abramson, John. *Overdosed America: The Broken Promise of American Medicine*. 3rd ed. New York: Harper Perennial, 2008.

Adrian, Tobias, and Hyun Song Shin. "Liquidity and Leverage." *Journal of Financial Intermediation* 19, no. 3 (July 2010): 418–37.

Agarwal, Sumit, John C. Driscoll, Xavier Gabaix, and David Laibson. "The Age of Reason: Financial Decisions over the Life Cycle and Implications for Regulation." *Brookings Papers on Economic Activity* (Fall 2009): 51–101.

Akerlof, George A., and Rachel E. Kranton. "Economics and Identity." *Quarterly Journal of Economics* 115, no. 3 (August 2000): 715–53.

———. *Identity Economics: How Our Identities Shape Our Work, Wages, and Well-Being*. Princeton: Princeton University Press, 2010.

Akerlof, George A., and Paul M. Romer. "Looting: The Economic Underworld of Bankruptcy for Profit." *Brookings Papers on Economic Activity* 2 (1993): 1–73.

Akerlof, George A., and Robert J. Shiller. *Animal Spirits: How Human Psychology Drives the Economy, and Why It Matters for Global Capitalism*. Princeton: Princeton University Press, 2009.

Alessi, Christopher, Roya Wolverson, and Mohammed Aly Sergie. "The Credit Rating Controversy." Council on Foreign Relations, Backgrounder. Updated October 22, 2013. Accessed November 8, 2014. http://www.cfr.org/financial-crises/credit-rating-controversy/p22328.

Alexander, Raquel Meyer, Stephen W. Mazza, and Susan Scholz. "Measuring

Rates of Return for Lobbying Expenditures: An Empirical Case Study of Tax Breaks for Multinational Corporations." *Journal of Law and Politics* 25, no. 401 (2009): 401–57.

American National Standards Institute. "About ANSI" and "ANSI: Historical Overview." Accessed March 14, 2015. http://www.ansi.org/about_ansi/overview/overview.aspx?menuid=1 and http://www.ansi.org/about_ansi/introduction/history.aspx?menuid=1.

American Psychological Association. *Stress in America: Paying with Our Health.* February 4, 2015. Last accessed March 29, 2015. http://www.apa.org/news/press/releases/stress/2014/stress-report.pdf.

Anders, George, and Constance Mitchell. "Junk King's Legacy: Milken Sales Pitch on High-Yield Bonds Is Contradicted by Data." *Wall Street Journal,* November 20, 1990.

Annear, Steve. "The 'Pavlov Poke' Shocks People Who Spend Too Much Time on Facebook: It's Meant to Condition Social Media 'Addicts' to Step Away from the Screen and Enjoy the Real World." *Boston Daily,* August 23, 2013. Accessed November 26, 2014. http://www .bostonmagazine.com/news/blog/2013/08/23/pavlov-poke-shocks-people -who-spend-too-much-time-on-facebook/.

Ansolabehere, Stephen, John M. de Figueiredo, and James M. Snyder. "Why Is There So Little Money in U.S. Politics?" *Journal of Economic Perspectives* 17, no. 1 (Winter 2003): 105–30.

Arrow, Kenneth J., and Gerard Debreu. "Existence of an Equilibrium for a Competitive Economy." *Econometrica* 22, no. 3 (July 1954): 265–90.

Arthur, Anthony. *Radical Innocent: Upton Sinclair.* New York: Random House, 2006. Kindle.

Asquith, Paul, David W. Mullins Jr., and Eric D. Wolff. "Original Issue High Yield Bonds: Aging Analyses of Defaults, Exchanges and Calls." *Journal of Finance* 44, no. 4 (1989): 923–52.

Associated Press. "Timeline of United Airlines' Bankruptcy." *USA Today,* February 1, 2006. Accessed November 9, 2014. http://usatoday30.usatoday

.com/travel/flights/2006-02-01-united-timeline_x.htm.

Auerbach, Oscar, et al. "Changes in the Bronchial Epithelium in Relation to Smoking and Cancer of the Lung: A Report of Progress." *New England Journal of Medicine* 256, no. 3 (January 17, 1957): 97–104.

Austen, Jane. *Pride and Prejudice*. New York: Modern Library, 1995.

Ayres, Ian. "Fair Driving: Gender and Race Discrimination in Retail Car Negotiations." *Harvard Law Review* 104, no. 4 (February 1991): 817–72.

Ayres, Ian, and Peter Siegelman. "Race and Gender Discrimination in Bargaining for a New Car." *American Economic Review* 85, no. 3 (June 1995): 304–21.

Babies "R" Us. "Baby Registry: Personal Registry Advisor." Accessed March 20, 2015. http://www.toysrus.com/shop/index.jsp?categoryId=11949069.

Baer, Justin, Chad Bray, and Jean Eaglesham. " 'Fab' Trader Liable in Fraud: Jury Finds Ex-Goldman Employee Tourre Misled Investors in Mortgage Security." *Wall Street Journal,* August 2, 2013. Accessed March 15, 2015. http://www.wsj.com/articles/SB10001424127887323681904578641843284450004.

Ball, Laurence, João Tovar Jalles, and Prakash Loungani. "Do Forecasters Believe in Okun's Law? An Assessment of Unemployment and Output Forecasts." *IMF Working Paper* 14/24 (February 2014).

Bardi, Jason. "Cigarette Pack Health Warning Labels in US Lag behind World: Internal Tobacco Company Documents Reveal Multinational Effort to Block Strong Warnings to Smokers." University of California at San Francisco, November 16, 2012. Accessed December 8, 2014. http://www.ucsf.edu/news/2012/11/13151/cigarette-pack-health-warning-labels-us-lag-behind-world.

Barenstein, Matias F. "Credit Cards and Consumption: An Urge to Splurge?" In "Essays on Household Consumption." PhD diss., University of California, Berkeley, 2004.

Bar-Gill, Oren, and Elizabeth Warren. "Making Credit Safer." *University of Pennsylvania Law Review* 157, no. 1 (November 2008): 1–101.

Barr, Donald R., and E. Todd Sherrill. "Mean and Variance of Truncated Normal

Distributions." *American Statistician* 53, no. 4 (November 1999): 357–61.

Bauer-Ramazani, Christine. BU113: Critical Thinking and Communication in Business, "Major U.S. Regulatory Agencies." Accessed March 15, 2015. http://academics.smcvt.edu/cbauer-ramazani/BU113/fed_agencies.htm.

Bekelman, Justin E., Yan Li, and Cary P. Gross. "Scope and Impact of Financial Conflicts of Interest in Biomedical Research: A Systematic Review." *Journal of the American Medical Association* 289, no. 4 (January 22, 2003): 454–65.

Beral, Valerie, Emily Banks, Gillian Reeves, and Diana Bull, on behalf of the Million Women Study Collaborators. "Breast Cancer and Hormone-Replacement Therapy in the Million Women Study." *Lancet* 362, no. 9382 (August 9, 2003): 419–27.

Bernhardt, Joshua. *The Interstate Commerce Commission: Its History, Activities and Organization.* Baltimore: Johns Hopkins University Press, 1923.

Bernheim, B. Douglas, and Antonio Rangel. "Addiction and Cue-Triggered Decision Processes." *American Economic Review* 94, no. 5 (December 2004): 1558–90.

Bernstein, Marver H. *Regulating Business by Independent Commission.* Princeton: Princeton University Press, 1955.

Berry, Tim. "On Average, How Much Do Stores Mark Up Products?" December 2, 2008. Accessed October 23, 2014. http://www.entrepreneur.com/answer/221767.

Bertrand, Marianne, Matilde Bombardini, and Francesco Trebbi. "Is It Whom You Know or What You Know? An Empirical Assessment of the Lobbying Process." *American Economic Review* 104, no. 12 (December 2014): 3885–3920.

Bezemer, Dirk J. " 'No One Saw This Coming' : Understanding Financial Crisis through Accounting Models." *Munich Personal RePEc Archive Paper* 15892 (June 2009). http://mpra.ub.uni-muenchen.de/15892/1/MPRA_paper_15892.pdf.

Black, Duncan. "On the Rationale of Group Decision-making." *Journal of Political Economy* 56, no. 1 (February 1948): 23–34.

Blanes i Vidal, Jordi, Mirko Draca, and Christian Fons-Rosen. "Revolving Door Lobbyists." *American Economic Review* 102, no. 7 (December 2012): 3731–48.

Blinder, Alan S. *After the Music Stopped: The Financial Crisis, the Response, and the Work Ahead.* New York: Penguin Press, 2013.

Block, Jerald. "Issues for DSM-V: Internet Addiction." *American Journal of Psychiatry* 165, no. 3 (2008): 306–7.

Bloomberg News. "Cuomo Announces Reform Agreements with 3 Credit Rating Agencies." June 2, 2008. http://www.bloomberg.com/apps/ news?pid=newsar chive&sid=a1N1TUVbL2bQ. ——— "United Airlines Financial Plan Gains Approval from Creditors." *New York Times,* December 31, 2005.

Board of Governors of the Federal Reserve. Current Release, Consumer Credit, table G-19, for August 2014, released on October 7, 2014. Accessed November 5, 2014. http://www.federalreserve.gov/releases/g19/current/.

Boccara, Bruno. *Socio-Analytic Dialogue: Incorporating Psychosocial Dynamics into Public Policies.* Lanham, MD: Lexington Books, 2014.

Bokhari, Sheharyar, Walter Torous, and William Wheaton. "Why Did Household Mortgage Leverage Rise from the Mid-1980s until the Great Recession?" Massachusetts Institute of Technology, Center for Real Estate, January 2013. Last accessed May 12, 2015. http://citeseerx.ist.psu.edu/ viewdoc/download ?doi=10.1.1.269.5704&rep=rep1&type=pdf.

Bombardier, Claire, et al. "Comparison of Upper Gastrointestinal Toxicity of Rofecoxib and Naproxen in Patients with Rheumatoid Arthritis." *New England Journal of Medicine* 343, no. 21 (November 23, 2000): 1520–28.

Bosworth, Steven, Tania Singer, and Dennis J. Snower. "Cooperation, Motivation and Social Balance." Paper presented at the American Economic Association Meeting, Boston, January 3, 2015.

Bounds, Gwendolyn. "Meet the Sticklers: New Demands Test Consumer Reports." *Wall Street Journal,* May 5, 2010. Accessed March 14, 2015. http://www.wsj.com/articles/SB10001424052748703866704575224093017379202#mod=todays_us_personal_journal.

Boyd, Roddy. *Fatal Risk: A Cautionary Tale of AIG's Corporate Suicide.* Hoboken, NJ: Wiley, 2011.

Brandt, Allan M. *The Cigarette Century: The Rise, Fall, and Deadly Persistence of the Product That Defined America.* New York: Basic Books, 2007.

"BRIDES Reveals Trends of Engaged American Couples with American Wedding Study." July 10, 2014. Accessed December 1, 2014. http://www.marketwired.com/press-release/brides-reveals-trends-of-engagedamerican-couples-with-american-wedding-study-1928460.htm.

Brown, Steve. "Office Market Outlook: Dallas." *National Real Estate Investor News,* June 1982, p. 46.

———. "City Review: Dallas." *National Real Estate Investor News,* October 1983, p. 127.

———. "City Review: Dallas." *National Real Estate Investor News,* October 1984, pp. 183, 192.

———. "City Review: Dallas." *National Real Estate Investor News,* June 1985, pp. 98–100.

Bruck, Connie. *The Predators' Ball: The Inside Story of Drexel Burnham and the Rise of the Junk Bond Raiders.* New York: Penguin Books, 1989.

Bruner, Jerome. *Acts of Meaning: Four Lectures on Mind and Culture.* Cambridge, MA: Harvard University Press, 1990.

Bureau of Economic Analysis. "Mortgage Interest Paid, Owner- and Tenant-Occupied Residential Housing." Accessed October 29, 2014. https://www.google.com/#q=BEA+mortgage+interest+payments+2010.

———. "National Income and Product Accounts." Table 2.3.5, "Personal Consumption Expenditures by Major Type of Product." Accessed November 15, 2014. http://www.bea.gov/iTable/iTable.cfm?ReqID=9&step=1#reqid =9&step=3&isuri=1&904=2010&903=65&906=a&905=2011&910= x&911=0.

Burrough, Bryan. "RJR Nabisco: An Epilogue." *New York Times,* March 12, 1999. http://www.nytimes.com/1999/03/12/opinion/rjr-nabisco-an-epilogue.html.

Burrough, Bryan, and John Helyar. *Barbarians at the Gate: The Fall of RJR Nabisco*. New York: Random House, 2010. Kindle.

Butler, Jeffrey Vincent. "Status and Confidence." In "Essays on Identity and Economics." PhD diss., University of California, Berkeley, 2008.

Calomiris, Charles W. "The Subprime Crisis: What's Old, What's New, and What's Next." Paper prepared for the Federal Reserve Bank of St. Louis Economic Symposium, "Maintaining Stability in a Changing Financial System," Jackson Hole, WY, August 2008.

Campbell, John Y., and Robert J. Shiller. "Cointegration and Tests of Present Value Models." *Journal of Political Economy* 95, no. 5 (October 1987): 1062–88.

Carbone, Danielle. "The Impact of the Dodd-Frank Act's Credit-Rating Agency Reform on Public Companies." *Corporate and Securities Law Advisor* 24, no. 9 (September 2010): 1–7. http://www.shearman.com/ ~/media/Files/ NewsInsights/Publications/2010/09/The-Impact-of-the -DoddFrank-Acts-Credit-Rating-A__/Files/View-full-article-The-Impact -of-the-DoddFrank-Ac__/FileAttachment/CM022211InsightsCarbone.pdf.

Cardozo, Benjamin N. "The Altruist in Politics." Commencement address, Columbia University, 1889. https://www.gutenberg.org/files/1341/1341-h/ 1341-h.htm.

Carpenter, Daniel, and David A. Moss, eds. *Preventing Regulatory Capture: Special Interest Influence and How to Limit It*. New York: Cambridge University Press / The Tobin Project, 2014.

Center for Responsive Politics. "Lobbying: Top Industries." Last accessed April 30, 2015. https://www.opensecrets.org/lobby/top.php?showYear=1998 &indexType=i.

———. "Lobbying Database." Accessed December 1, 2014. https://www. opensecrets.org/lobby/.

———. "Sen. Chuck Grassley." Accessed November 16, 2014. http://www. opensecrets.org/politicians/summary.php?cycle=2004&type=I&cid=n00001 758&newMem=N.

Center for Science in the Public Interest. "Alcohol Policies Project Fact Sheet: Federal Alcohol Tax Basics." Accessed December 13, 2014. http:// www.cspinet.org/booze/taxguide/Excisetaxbasics.pdf.

Centers for Disease Control and Prevention. "Cigarette Smoking in the United States: Current Cigarette Smoking among U.S. Adults 18 Years and Older." Accessed March 28, 2015. http://www.cdc.gov/tobacco/campaign/tips/resources/data/cigarette-smoking-in-united-states.html.

———. *Health, United States, 2013: With Special Feature on Prescription Drugs.* Accessed December 1, 2014. http://www.cdc.gov/nchs/data/hus/hus13 .pdf.

———. "Smoking and Tobacco Use: Fast Facts." Accessed December 9, 2014. http://www.cdc.gov/tobacco/data_statistics/fact_sheets/fast_facts/.

Centers for Disease Control and Prevention. "Smoking and Tobacco Use: Tobacco-Related Mortality." Accessed March 28, 2015. http://www.cdc.gov/tobacco/data_statistics/fact_sheets/health_effects/tobacco_related_mortality/.

——— "Trends in Current Cigarette Smoking among High School Students and Adults, United States, 1965–2011." November 14, 2013. Accessed December 9, 2014. http://www.cdc.gov/tobacco/data_statistics/tables/ trends/ cig_smoking/.

Chase, Stuart, and Frederick J. Schlink. *Your Money's Worth: A Study of the Waste of the Consumer's Dollar.* New York: Macmillan, 1927.

Chen, M. Keith, Venkat Lakshminarayanan, and Laurie R. Santos. "How Basic Are Behavioral Biases? Evidence from Capuchin Monkey Trading Behavior." *Journal of Political Economy* 114, no. 3 (June 2006): 517–37.

Chu, Jenny, Jonathan Faasse, and P. Raghavendra Rau. "Do Compensation Consultants Enable Higher CEO Pay? New Evidence from Recent Disclosure Rule Changes." September 23, 2014. Accessed May 27, 2015. http://papers.ssrn.com/sol3/Papers.cfm?abstract_id=2500054.

Cialdini, Robert B. *Influence: The Psychology of Persuasion.* New York: HarperCollins, 2007.

"Cinnabon." *Wikipedia.* Accessed October 22, 2014. http://en.wikipedia.org/

wiki/Cinnabon.

Cinnabon, Inc. "The Cinnabon Story." Accessed October 31, 2014. http://www.cinnabon.com/about-us.aspx.

Clarke, Sally H. "Unmanageable Risks: MacPherson v. Buick and the Emergence of a Mass Consumer Market." *Law and History Review* 23, no. 1 (2005): 1–52.

Clifford, Catherine, and Chris Isidore. "The Fall of IndyMac." Cable News Network, July 13, 2008. Accessed December 1, 2014. http://money.cnn.com/2008/07/12/news/companies/indymac_fdic/.

Coen Structured Advertising Expenditure Dataset. www.galbithink.org/ cs-ad-dataset.xls.

Cohan, William D. *Money and Power: How Goldman Sachs Came to Rule the World.* New York: Doubleday, 2011.

Cole, Robert J. "Pantry Pride Revlon Bid Raised by $1.75 a Share." *New York Times,* October 19, 1985. Accessed March 17, 2015. http://www.nytimes.com/ 1985/10/19/business/pantry-pride-revlon-bid-raised-by-1.75-a-share.html.

Collier, Paul. "The Cultural Foundations of Economic Failure: A Conceptual Toolkit." Mimeo. Oxford University, February 2015.

Congressional Budget Office. "Long Term Analysis of a Budget Proposal by Chairman Ryan." April 5, 2011. Accessed December 1, 2014. http://www.cbo.gov/publication/22085.

Connaughton, Jeff. *The Payoff: Why Wall Street Always Wins.* Westport, CT: Prospecta Press, 2012. Kindle.

Consumer Federation of America. "Membership." Accessed March 14, 2015. http://www.consumerfed.org/about-cfa/membership.

Cook, Philip J. *Paying the Tab: The Costs and Benefits of Alcohol Control.* Princeton: Princeton University Press, 2007.

Cornell University Law School, Legal Information Institute. "Citizens United v. Federal Election Commission (08-205)." Accessed January 16, 2015. http://www.law.cornell.edu/supct/cert/08-205.

Council of Economic Advisors. *Economic Report of the President 2007.* Accessed December 1, 2014. http://www.gpo.gov/fdsys/pkg/ERP-2007/ pdf/ERP-2007.pdf.

———. *Economic Report of the President 2013.* Accessed December 1, 2014. http://www.whitehouse.gov/sites/default/files/docs/erp2013/full_2013_economic_report_of_the_president.pdf.

Cowan, Alison Leigh. "F.D.I.C. Backs Deal by Milken." *New York Times,* March 10, 1992.

Crossley, Michele L. "Introducing Narrative Psychology." In *Narrative, Memory and Life Transitions,* edited by Christine Horrocks, Kate Milnes, Brian Roberts, and Dave Robinson, pp. 1–13. Huddersfield: University of Huddersfield Press, 2002.

Cruikshank, Jeffrey K., and Arthur W. Schultz. *The Man Who Sold America.* Boston: Harvard Business Review Press, 2010.

"A Crying Evil." *Los Angeles Times,* February 24, 1899.

Crystal, Graef S. *In Search of Excess: The Overcompensation of American Executives.* New York: W. W. Norton, 1991.

Curfman, Gregory D., Stephen Morrissey, and Jeffrey M. Drazen. "Expression of Concern: Bombardier et al., 'Comparison of Upper Gastrointestinal Toxicity of Rofecoxib and Naproxen in Patients with Rheumatoid Arthritis,' N Engl J Med 2000;343:1520–8." *New England Journal of Medicine* 353, no. 26 (December 29, 2005): 2813–14.

———. "Expression of Concern Reaffirmed." *New England Journal of Medicine* 354, no. 11 (March 16, 2006): 1190–93.

DealBook. "Goldman Settles with S.E.C. for $550 Million." *New York Times,* July 15, 2010.

De Figueiredo, John M., and Brian S. Silverman. "Academic Earmarks and the Returns to Lobbying." *Journal of Law and Economics* 49, no. 2 (2006): 597–625.

DeForge, Jeanette. "Ballot Question to Revoke Sales Tax on Alcohol Approved by Massachusetts Voters." *Republican,* November 3, 2010. Accessed

December 13, 2014. http://www.masslive.com/news/index.ssf/ 2010/11/ ballot_question_to_revoke_sale.html.

DellaVigna, Stefano, and Ulrike Malmendier. "Contract Design and Self-Control: Theory and Evidence." *Quarterly Journal of Economics* 119, no. 2 (May 2004): 353–402.

———. "Paying Not to Go to the Gym." *American Economic Review* 96, no. 3 (June 2006): 694–719.

De Long, J. Bradford, Andrei Shleifer, Lawrence H. Summers, and Robert J. Waldmann. "Noise Trader Risk in Financial Markets." *Journal of Political Economy* 98, no. 4 (August 1990): 703–38.

———. "The Size and Incidence of the Losses from Noise Trading." *Journal of Finance* 44, no. 3 (1989): 681–96.

Desmond, Matthew. "Eviction and the Reproduction of Urban Poverty." *American Journal of Sociology* 118, no. 1 (July 2012): 88–133.

Doll, Richard, and A. Bradford Hill. "Smoking and Carcinoma of the Lung: Preliminary Report." *British Medical Journal* 2, no. 4682 (September 30, 1950): 739–48.

Downs, Anthony. "An Economic Theory of Political Action in a Democracy." *Journal of Political Economy* 65, no. 2 (April 1957): 135–50.

"Drunk Driving Statistics." Accessed December 13, 2014. http://www.alcoholalert.com/drunk-driving-statistics.html.

Dubner, Stephen J., and Steven D. Levitt. "Keith Chen's Monkey Research." *New York Times,* June 5, 2005.

Duca, John V., John Muellbauer, and Anthony Murphy. "House Prices and Credit Constraints: Making Sense of the US Experience." *Economic Journal* 121 (May 2011): 533–51.

Eichenwald, Kurt. *A Conspiracy of Fools: A True Story.* New York: Random House, 2005.

———. "Wages Even Wall St. Can't Stomach." *New York Times,* April 3, 1989.

Ellis, Charles. *The Partnership: The Making of Goldman Sachs.* New York: Penguin Press, 2008.

Emergency Economic Stabilization Act of 2008, H.R. 1424. 110th US Congress. Accessed December 1, 2014. https://www.govtrack.us/congress/ bills/110/ hr1424/text.

Farrell, Greg. *Crash of the Titans: Greed, Hubris, the Fall of Merrill Lynch, and the Near-Collapse of Bank of America.* New York: Crown Business, 2010.

Farrell, Jason. "Return on Lobbying Overstated by Report." August 23, 2011.Accessed November 18, 2014. http://www.campaignfreedom. org/2011/08/23/return-on-lobbying-overstated-by-report/.

Feinberg, Richard A. "Credit Cards as Spending Facilitating Stimuli: A Conditioning Interpretation." *Journal of Consumer Research* 13, no. 3 (December 1986): 348–56.

Felsenfeld, Carl, and David L. Glass. *Banking Regulation in the United States.* 3rd ed. New York: Juris, 2011.

The Financial Crisis Inquiry Report: Final Report of the National Commission on the Causes of the Financial and Economic Crisis in the United States. Washington, DC: Government Printing Office, 2011. http://www.gpo.gov/ fdsys/pkg/GPO-FCIC/pdf/GPO-FCIC.pdf.

FINRA Investor Education Foundation. *Financial Capability in the United States: Report of Findings from the 2012 National Financial Capability Study.* May 2013. Last accessed May 14, 2015. http://www.usfinancialcapability .org/ downloads/NFCS_2012_Report_Natl_Findings.pdf.

FitzGerald, Garret A. "How Super Are the 'Super Aspirins'? New COX-2 Inhibitors May Elevate Cardiovascular Risk." University of Pennsylvania Health System Press Release, January 14, 1999.

Fowler, Mayhill. "Obama: No Surprise That Hard-Pressed Pennsylvanians Turn Bitter." *Huffington Post,* November 17, 2008, last accessed April 30, 2015, http://www.huffingtonpost.com/mayhill-fowler/obama-no-surprise -that-ha_ b_96188.html.

Fox, Stephen R. *The Mirror Makers: A History of American Advertising and Its Creators.* Urbana: University of Illinois Press, 1984.

Frank, Robert H., and Ben Bernanke. *Principles of Macroeconomics.* New York:

McGraw Hill, 2003.

Freifeld, Karen. "Fraud Claims Versus Goldman over Abacus CDO Are Dismissed." Reuters, May 14, 2013. Accessed March 15, 2015. http://www.reuters.com/article/2013/05/14/us-goldman-abacus-idUSBRE94D10120130514.

Freudenheim, Milt. "Market Place: A Windfall from Shifts to Medicare." *New York Times,* July 18, 2006. Accessed November 4, 2014. http://www.nytimes.com/2006/07/18/business/18place.html?_r=1&pagewanted=print.

Friedman, Milton, and Rose D. Friedman. *Free to Choose: A Personal Statement.* New York: Harcourt Brace Jovanovich, 1980.

Fugh-Berman, Adriane. "Prescription Tracking and Public Health." *Journal of General Internal Medicine* 23, no. 8 (August 2008): 1277–80. Published online May 13, 2008. Accessed May 24, 2015. http://www.ncbi.nlm.nih.gov/pmc/articles/PMC2517975/.

"The Future of Money Market Funds." September 24, 2012. http://www.winthropcm.com/TheFutureofMoneyMarketFunds.pdf.

Gabaix, Xavier, and David Laibson. "Shrouded Attributes, Consumer Myopia, and Information Suppression in Competitive Markets." *Quarterly Journal of Economics* 121, no. 2 (May 2006): 505–40.

Galbraith, John Kenneth. *The Affluent Society.* Boston: Houghton Mifflin, 1958.

———. *The Great Crash.* 50th anniversary ed. New York: Houghton Mifflin, 1988. Kindle.

Gerardi, Kristopher, Andreas Lehnert, Shane M. Sherlund, and Paul Willen. "Making Sense of the Subprime Crisis." *Brookings Papers on Economic Activity* (Fall 2008): 69–139.

Gerson, Elliot. "To Make America Great Again, We Need to Leave the Country." *Atlantic Monthly,* July 10, 2012. Accessed May 22, 2015. http://www.theatlantic.com/national/archive/2012/07/to-make-america-great-again-we-need-to-leave-the-country/259653/.

Gilbert, R. Alton. "Requiem for Regulation Q: What It Did and Why It Passed Away." *Federal Reserve Bank of St. Louis Review* (February 1986): 22–37.

Glickman, Lawrence B. *Buying Power: A History of Consumer Activism in America.* Chicago: University of Chicago Press, 2009.

Goldacre, Ben. *Bad Pharma: How Drug Companies Mislead Doctors and Harm Patients.* New York: Faber and Faber / Farrar, Straus and Giroux, 2012.

Goldberger, Paul. "The Shadow Building: The House That Goldman Built." *New Yorker,* May 17, 2010. Accessed October 22, 2014. http://www.newyorker.com/magazine/2010/05/17/shadow-building.

Goldman Sachs. *Annual Report 2005.* Accessed December 6, 2014. http://www.goldmansachs.com/investor-relations/financials/archived/annual-reports/2005-annual-report.html.

———. "Who We Are," "What We Do," and "Our Thinking." All accessed December 1, 2014. http://www.goldmansachs.com/index.html.

Graham, David J. Testimony for the Senate Finance Committee, November 18, 2004. http://www.finance.senate.gov/imo/media/doc/111804dgtest.pdf.

Graham, David J., D. Campen, R. Hui, M. Spence, and C. Cheetham. "Risk of Acute Myocardial Infarction and Sudden Cardiac Death in Patients Treated with Cyclo-oxygenase 2 Selective and Non-selective Non-steroidal Anti-inflammatory Drugs: Nested Case-Control Study." *Lancet* 365, no. 9458 (February 5–11, 2005): 475–81.

Grant, Bob. "Elsevier Published 6 Fake Journals." *The Scientist,* May 7, 2009. Accessed November 24, 2014. http://classic.the-scientist.com/blog/display/55679/.

Grant, Bridget F., et al. "The 12-Month Prevalence and Trends in DSM-IV Alcohol Abuse and Dependence: United States, 1991–1992 and 2001–2002." *Drug and Alcohol Dependence* 74, no. 3 (2004): 223–34.

Griffin, Keith. "Used Car Sales Figures from 2000 to 2014." Accessed December 1, 2014. http://usedcars.about.com/od/research/a/Used-Car-Sales-Figures-From-2000-To-2014.htm.

Grossman, Gene M., and Elhanan Helpman. *Special Interest Politics.* Cambridge, MA: MIT Press, 2001.

Grossman, Sanford J., and Oliver D. Hart. "Takeover Bids, the Free-Rider

Problem, and the Theory of the Corporation." *Bell Journal of Economics* 11, no. 1 (1980): 42–64.

*The Guardians, or Society for the Protection of Trade against Swindlers and Sharpers.*London, 1776. https://library.villanova.edu/Find/Record/1027765.

Hahn, Robert W., Robert E. Litan, and Jesse Gurman. "Bringing More Competition to Real Estate Brokerage." *Real Estate Law Journal* 34 (Summer 2006): 86–118.

Hall, Robert E. "The Inkjet Aftermarket: An Economic Analysis." Prepared on behalf of Nu-kote International. Stanford University, August 8, 1997.

Han, Song, Benjamin Keys, and Geng Li. "Credit Supply to Bankruptcy Filers: Evidence from Credit Card Mailings." U.S. Federal Reserve Board, Finance and Economics Discussion Paper Series Paper No. 2011-29, 2011.

Hanson, Jon D., and Douglas A. Kysar. "Taking Behavioralism Seriously: Some Evidence of Market Manipulation." *Harvard Law Review* 112, no. 7 (May 1999): 1420–1572.

———. "Taking Behavioralism Seriously: The Problem of Market Manipulation." *New York University Law Review* 74, no. 3 (June 1999): 630–749.

Harper, Christine. "Goldman's Tourre E-Mail Describes 'Frankenstein' Derivatives." Bloomberg Business, April 25, 2010. Accessed March 15, 2015. http://www.bloomberg.com/news/articles/2010-04-24/-frankenstein -derivatives-described-in-e-mail-by-goldman-s-fabrice-tourre.

Harper, Sean. http://truecostofcredit.com/400926. Website now closed.

"Harry Reid." *Wikipedia.* Accessed December 1, 2014. http://en.wikipedia.org/wiki/Harry_Reid.

Healey, James R. "Government Sells Last of Its GM Shares." *USA Today*, December 10, 2013.

Healy, David. *Pharmageddon.* Berkeley: University of California Press, 2012.

Hennessey, Ray. "The 15 Ronald Reagan Quotes Every Business Leader Must Know." Accessed January 16, 2015. http://www.entrepreneur.com/article/234547.

Hickman, W. Braddock. *Corporate Bond Quality and Investor Experience.*

Princeton: National Bureau of Economic Research and Princeton University Press, 1958.

Hindo, Brian, and Moira Herbst. "Personal Best Timeline, 1986: 'Greed Is Good.' " *BusinessWeek.* http://www.bloomberg.com/ss/06/08/personalbest_timeline/source/7.htm.

Hirschman, Elizabeth C. "Differences in Consumer Purchase Behavior by Credit Card Payment System." *Journal of Consumer Research* 6, no. 1 (June 1979): 58–66.

"History in Review: What Really Happened to the Shah of Iran." Accessed December 1, 2014. http://www.iransara.info/Iran%20what%20happened%20to%20Shah.htm.

Hochschild, Arlie Russell. *The Second Shift: Working Parents and the Revolution at Home.* New York: Viking, 1989.

Hoeflich, M. H. "Laidlaw v. Organ, Gulian C. Verplanck, and the Shaping of Early Nineteenth Century Contract Law: A Tale of a Case and a Commentary." *University of Illinois Law Review* (Winter 1991): 55–66.

Hofstadter, Richard. *The Age of Reform: From Bryan to FDR.* New York: Random House, 1955.

Hopkins, Claude. *My Life in Advertising and Scientific Advertising: Two Works by Claude C. Hopkins.* New York: McGraw Hill, 1997.

Horowitz, Joseph. *Dvořák in America: In Search of the New World.* Chicago: Cricket Books, 2003.

Huffman, David, and Matias Barenstein. "A Monthly Struggle for Self-Control? Hyperbolic Discounting, Mental Accounting, and the Fall in Consumption between Paydays." *Institute for the Study of Labor (IZA) Discussion Paper* 1430 (December 2005).

Interactive Advertising Bureau. *Internet Advertising Revenue Report: 2013 Full-Year Results.* Conducted by PricewaterhouseCoopers (PwC). Accessed March 7, 2015. http://www.iab.net/media/file/IAB_Internet_Advertising_Revenue_Report_FY_2013.pdf.

International Health, Racquet, and Sportsclub Association. "Industry Research."

Accessed October 22, 2014. http://www.ihrsa.org/industry-research/.

International Monetary Fund. *World Economic Outlook,* April 2012. Accessed December 1, 2014. http://www.imf.org/external/pubs/ft/weo/2012/01/.

Investment Company Institute. "2014 Investment Company Fact Book: Data Tables." Accessed January 1, 2015. http://www.icifactbook.org/fb_data.html.

Investopedia. "Definition of Capital." Accessed May 25, 2015. http://www.investopedia.com/terms/c/capital.asp.

Iowa Legislature. "Legislators." Accessed December 1, 2014. https://www.legis.iowa.gov/legislators/legislator/legislatorAllYears?personID=116.

Issenberg, Sasha. *The Victory Lab: The Secret Science of Winning Campaigns.* 1st paperback ed. New York: Crown / Random House, 2012.

Jensen, Michael C. "Takeovers: Their Causes and Consequences." *Journal of Economic Perspectives* 2, no. 1 (Winter 1988): 21–48.

Johnson, Simon, Rafael La Porta, Florencio López de Silanes, and Andrei Shleifer. "Tunneling." *American Economic Review* 90, no. 2 (May 2000): 22–27.

Joint Committee on Taxation. "Estimated Budget Effects of the Conference Agreement for H.R. 1836." May 26, 2001. Accessed December 1, 2014. https://www.jct.gov/publications.html?func=startdown&id=2001.

———. "Estimated Budget Effects of the Conference Agreement for H.R. 2, the 'Jobs and Growth Tax Relief Reconciliation Act of 2003.'" May 22, 2003. Accessed December 1, 2014. https://www.jct.gov/publications.html?func=startdown&id=1746.

Kaiser, Robert G. *So Damn Much Money: The Triumph of Lobbying and the Corrosion of American Government.* New York: Vintage Books / Random House, 2010.

Kansas Statutes Annotated (2009), chap. 34, "Grain and Forage," article 2, "Inspecting, Sampling, Storing, Weighing and Grading Grain; Terminal and Local Warehouses, 34-228: Warehouseman's License; Application; Financial Statement; Waiver; Qualifications; License Fee; Examination of Warehouse."

Accessed May 1, 2015. http://law.justia.com/codes/kansas/ 2011/Chapter34/Article2/34-228.html.

Kaplan, Greg, Giovanni Violante, and Justin Weidner. "The Wealthy Handto-Mouth." *Brookings Papers on Economic Activity* (Spring 2014): 77–138.

Kelley, Florence. *Notes of Sixty Years: The Autobiography of Florence Kelley.* Edited by Kathryn Kish Sklar. Chicago: Illinois Labor History Society, 1986.

Kelly, Kate. *Street Fighters: The Last 72 Hours of Bear Stearns, the Toughest Firm on Wall Street.* New York: Penguin, 2009.

Kessler, Glen. "Revisiting the Cost of the Bush Tax Cuts." *Washington Post*, May 10, 2011. http://www.washingtonpost.com/blogs/fact-checker/post/revisiting-the-cost-of-the-bush-tax-cuts/2011/05/09/AFxTFtbG_blog.html.

Keynes, John Maynard. "Economic Possibilities for Our Grandchildren." In *Essays in Persuasion,* pp. 358–73. London: Macmillan, 1931.

———. *The General Theory of Employment, Interest and Money.* New York: Harcourt Brace Jovanovich, 1964.

Knowledge@Wharton. "Goldman Sachs and Abacus 2007-AC1: A Look beyond the Numbers." April 28, 2010. Accessed March 15, 2015. http://knowledge.wharton.upenn.edu/article/goldman-sachs-and-abacus-2007-ac1-a-look-beyond-the-numbers/.

Kornbluth, Jesse. *Highly Confident: The Crime and Punishment of Michael Milken.* New York: William Morrow, 1992.

Kotler, Philip, and Gary Armstrong. *Principles of Marketing.* 14th ed. Upper Saddle River, NJ: Prentice Hall, 2010.

Kotz, David. *Investigation of Failure of the SEC to Uncover Bernard Madoff's Ponzi Scheme.* Report of Investigation Case No. OIG-509. US Securities and Exchange Commission, Office of Inspector General. 2011. Accessed May 29, 2015. https://www.sec.gov/news/studies/2009/oig-509.pdf.

Krasnova, Hanna, Helena Wenninger, Thomas Widjaja, and Peter Buxmann. "Envy on Facebook: A Hidden Threat to Users' Life Satisfaction?" *Wirtschaftsinformatik Proceedings* 2013. Paper 92. http://aisel.aisnet.org/wi2013/92.

Krugman, Paul. "What's in the Ryan Plan?" *New York Times,* August 16, 2012.

Krugman, Paul, and Robin Wells. *Microeconomics.* 2nd ed. New York: Worth Publishers, 2009.

Lakshminarayanan, Venkat, M. Keith Chen, and Laurie R. Santos. "Endowment Effect in Capuchin Monkeys." *Philosophical Transactions of the Royal Society B: Biological Sciences* 363, no. 1511 (December 2008): 3837–44.

Lattman, Peter. "To Perelman's Failed Revlon Deal, Add Rebuke from S.E.C." *New York Times Dealbook,* June 13, 2013. Accessed December 1, 2014. http://dealbook.nytimes.com/2013/06/13/s-e-c-charges-and-fines-revlon-for-misleading-shareholders/?_php=true&_type=blogs&_r=0.

LawInfo. "Legal Resource Library: What Is the U.C.C.?" Accessed March 15, 2015. http://resources.lawinfo.com/business-law/uniform-commercial-code/does-article-2-treat-merchants-the-same-as-no.html.

Legal Institute. "Citizens United v. Federal Election Comm'n (No. 08-205)." Accessed June 10, 2015. https://www.law.cornell.edu/supct/html/08-205.ZX.html.

Lemann, Nicholas. *The Big Test: The Secret History of the American Meritocracy.* 1st rev. paperback ed. New York: Farrar, Straus and Giroux, 2000.

Lemelson Center. "Edison Invents!" Copy in authors' files. Originally available at http://invention.smithsonian.org/centerpieces/edison/000_story_02.asp.

Lessig, Lawrence. *Republic Lost: How Money Corrupts Congress—And a Plan to Stop It.* New York: Hachette Book Group, 2011.

Leuchtenburg, William E. *Franklin D. Roosevelt and the New Deal.* New York: Harper and Row, 1963.

Lewis, Michael. *The Big Short: Inside the Doomsday Machine.* New York: W. W. Norton, 2010.

———. *Boomerang: Travels in the New Third World.* New York: W. W. Norton, 2011.

Lexchin, Joel, Lisa A. Bero, Benjamin Djulbegovic, and Otavio Clark. "Pharmaceutical Industry Sponsorship and Research Outcome and Quality: Systematic Review." *British Medical Journal* 326, no. 7400 (May 31, 2003):

1167–70.

Lieber, Ron, and Andrew Martin. "Overspending on Debit Cards Is a Boon for Banks." *New York Times,* September 8, 2009. Accessed May 2, 2015. http://www.nytimes.com/2009/09/09/your-money/credit-and-debit-cards/09debit.html?pagewanted=all&_r=0.

Linkins, Jason. "Wall Street Cash Rules Everything around the House Financial Services Committee, Apparently." *Huffington Post,* July 22, 2013. Accessed May 22, 2015. http://www.huffingtonpost.com/2013/07/22/wall-street-lobbyists_n_3635759.html.

"Little, Clarence Cook, Sc.D. (CTR Scientific Director, 1954–1971)." Accessed November 28, 2014. http://tobaccodocuments.org/profiles/little_clarence_cook.html.

Locke, John. *An Essay Concerning Human Understanding.* 30th edition. London: William Tegg, 1849.

Lupia, Arthur. "Busy Voters, Agenda Control, and the Power of Information." *American Political Science Review* 86, no. 2 (June 1992): 390–403.

Lusardi, Annamaria, Daniel Schneider, and Peter Tufano. "Financially Fragile Households: Evidence and Implications." *Brookings Papers on Economic Activity* (Spring 2011): 83–150.

Maddison, Angus. "Historical Statistics of the World Economy: Per Capita GDP." Accessed November 26, 2014. http://www.google.com/url?sa=t&rct=j&q=&esrc=s&source=web&cd=6&ved=0CEIQFjAF&url=http%3A%2F%2Fwww.ggdc.net%2Fmaddison%2FHistorical_Statistics%2Fhorizontal-file_02-2010.xls&ei=4t11VJfsG4uZNoG9gGA&usg=AFQjCNFFKKZ1UysTOutlY4NsZF9qwdu2Hg&bvm=bv.80642063,d.eXY.

———. "US Real Per Capita GDP from 1870–2001." September 24, 2012. Accessed December 1, 2014. http://socialdemocracy21stcentury.blogspot.com/2012/09/us-real-per-capita-gdp-from-18702001.html.

"Making Purchases with Credit Cards—The Best Credit Cards to Use." August 26, 2014. Accessed November 14, 2014. http://www.creditinfocenter.com/cards/crcd_buy.shtml#Question6.

Malamud, Bernard. "Nevada Gaming Tax: Estimating Resident Burden and Incidence." University of Nevada, Las Vegas, April 2006. Last accessed May 5, 2015. https://faculty.unlv.edu/bmalamud/estimating.gaming.burden.incidence.doc.

Mankiw, N. Gregory. *Principles of Economics.* New York: Harcourt, Brace, 1998.

Markopolos, Harry. *No One Would Listen: A True Financial Thriller.* Hoboken, NJ: Wiley, 2010. Kindle.

Mateyka, Peter, and Matthew Marlay. "Residential Duration by Race and Ethnicity: 2009." Paper presented at the Annual Meeting of the American Sociological Association, Las Vegas, 2011.

Maynard, Micheline. "United Air Wins Right to Default on Its Employee Pension Plans." *New York Times,* May 11, 2005.

McCubbins, Mathew D., and Arthur Lupia. *The Democratic Dilemma: Can Citizens Learn What They Really Need to Know?* New York: Cambridge University Press, 1998.

McDonald, Lawrence G., with Patrick Robinson. *A Colossal Failure of Common Sense: The Inside Story of the Collapse of Lehman Brothers.* New York: Crown Business, 2009.

McFadden, Robert D. "Charles Keating, 90, Key Figure in '80s Savings and Loan Crisis, Dies." *New York Times,* April 2, 2014. Accessed May 27, 2015. http://www.nytimes.com/2014/04/02/business/charles-keating-key-figure-in-the-1980s-savings-and-loan-crisis-dies-at-90.html?_r=0.

McLean, Bethany, and Peter Elkind. "The Guiltiest Guys in the Room." *Fortune,* July 5, 2006. Last accessed May 12, 2015. http://money.cnn.com/2006/05/29/news/enron_guiltyest/.

———. *The Smartest Guys in the Room: The Amazing Rise and Fall of Enron.* New York: Portfolio / Penguin Books, 2003.

Mead, Rebecca. *One Perfect Day: The Selling of the American Wedding.* New York: Penguin Books, 2007. Kindle.

Mérimée, Prosper. *Carmen and Other Stories.* Oxford: Oxford University Press, 1989.

Milgram, Stanley. *Obedience to Authority: An Experimental View.* New York: Harper & Row, 1974.

Miller, Jessica. "Ads Prove Grassley's Greener on His Side of the Ballot." *Waterloo–Cedar Falls Courier,* October 25, 2004. Accessed November 16, 2014. http://wcfcourier.com/news/metro/article_fdd73608-4f6d-54be-aa34-28f3417273e9.html.

Miller, Stephen. "Income Subject to FICA Payroll Tax Increases in 2015." Society for Human Resource Management, October 23, 2014. Accessed January 16, 2015. http://www.shrm.org/hrdisciplines/compensation/ articles/pages/fica-social-security-tax-2015.aspx.

Mitford, Jessica. *The American Way of Death Revisited.* New York: Knopf, 1998. Kindle.

MoJo News Team. "Full Transcript of the Mitt Romney Secret Video." *Mother Jones,* September 19, 2012. Accessed December 1, 2014. http://www.motherjones.com/politics/2012/09/full-transcript-mitt-romney-secret-video.

Mongelli, Lorena. "The SEC Watchdog Who Missed Madoff." *New York Post,* January 7, 2009.

Moody's. "Moody's History: A Century of Market Leadership." Accessed November 9, 2014. https://www.moodys.com/Pages/atc001.aspx.

Morello, John A. *Selling the President, 1920: Albert D. Lasker, Advertising and the Election of Warren G. Harding.* Westport, CT: Praeger, 2001. Kindle.

Morgenson, Gretchen, and Joshua A. Rosner. *Reckless Endangerment: How Outsized Ambition, Greed, and Corruption Led to Economic Armageddon.* New York: Times Books / Henry Holt, 2011.

Morris, Sue. "Small Runs for Senate." *Le Mars Daily Sentinel,* March 24, 2004.

Moss, Michael. *Sugar, Salt and Fat.* New York: Random House, 2013. Kindle.

Mothers against Drunk Driving. "History and Mission Statement." Accessed March 28, 2015. http://www.madd.org.

———. "Voices of Victims." Accessed December 13, 2014. http://www.madd.org/drunk-driving/voices-of-victims/.

Mouawad, Jad, and Christopher Drew. "Airline Industry at Its Safest since the

Dawn of the Jet Age." *New York Times,* February 11, 2013. http://www.nytimes.com/2013/02/12/business/2012-was-the-safest-year-for-airlines-globally-since-1945.html?pagewanted=all&_r=0.

Mozaffarian, Dariush, Tao Hao, Eric B. Rimm, Walter C. Willett, and Frank B. Hu. "Changes in Diet and Lifestyle and Long-Term Weight Gain in Women and Men." *New England Journal of Medicine* 364, no. 25 (June 23, 2011): 2392–2404. Accessed October 30, 2014. http://www.nejm.org/doi/full/10.1056/NEJMoa1014296?query=TOC#t=articleTop.

Mukherjee, Siddhartha. *The Emperor of All Maladies: A Biography of Cancer.* New York: Simon and Schuster, 2011.

Mulligan, Thomas S. "Spiegel Found Not Guilty of Looting S & L." *Los Angeles Times,* December 13, 1994. Accessed May 1, 2015. http://articles.latimes.com/1994-12-13/news/mn-8437_1_thomas-spiegel.

Nader, Ralph. *Unsafe at Any Speed: The Designed-In Dangers of the American Automobile.* New York: Grossman, 1965.

Nash, Nathaniel C. "Savings Institution Milked by Its Chief, Regulators Say." *New York Times,* November 1, 1989.

National Association of Realtors. "Code of Ethics." Accessed March 15, 2015. http://www.realtor.org/governance/governing.

National Bureau of Economic Research. "U.S. Business Cycle Expansions and Contractions." Accessed January 13, 2015. http://www.nber.org/cycles.html.

National Consumers League. "Our Issues: Outrage! End Child Labor in American Tobacco Fields." November 14, 2014. Accessed March 15, 2015. http://www.nclnet.org/outrage_end_child_labor_in_american_tobacco_fields.

National Institutes of Health, National Institute on Alcohol Abuse and Alcoholism. *Alcohol Use and Alcohol Use Disorders in the United States: Main Findings from the 2001–2002 National Epidemiologic Survey on Alcohol and Related Conditions (NESARC).* January 2006. Accessed November 12, 2014. http://pubs.niaaa.nih.gov/publications/NESARC_DRM/NESARCDRM.pdf.

———. *Surveillance Report #95: Apparent Per Capita Ethanol Consumption, United States, 1850–2010.* August 2012. http://pubs.niaaa.nih.gov/

publications/Surveillance95/CONS10.htm.

Nesi, Tom. *Poison Pills: The Untold Story of the Vioxx Scandal.* New York: Thomas Dunne Books, 2008.

Newhouse, Dave. *Old Bears: The Class of 1956 Reaches Its Fiftieth Reunion, Reflecting on the Happy Days and the Unhappy Days.* Berkeley: North Atlantic Books, 2007.

Newspaper Association of America. "The American Newspaper Media Industry Revenue Profile 2012." April 8, 2013. Accessed March 7, 2015. http://www.naa.org/trends-and-numbers/newspaper-revenue/newspaper-media-industry-revenue-profile-2012.aspx.

"A Nickel in the Slot." *Washington Post,* March 25, 1894.

"The 9 Steps to Financial Freedom." Accessed November 4, 2014. http://www.suzeorman.com/books-kits/books/the-9-steps-to-financial-freedom/.

Nixon, Richard M. "Remarks on Signing of the National Cancer Act of 1971." December 23, 1971. The American Presidency Project. Accessed January 17, 2015. http://www.presidency.ucsb.edu/ws/?pid=3275.

Nutt, David J., Leslie A. King, and Lawrence D. Phillips, on behalf of the Independent Scientific Committee on Drugs. "Drug Harms in the UK: A Multicriteria Decision Analysis." *Lancet* 376, no. 9752 (November 6–12, 2010): 1558–65.

Ogilvy, David. *Confessions of an Advertising Man.* New York: Atheneum, 1988.

———. *Ogilvy on Advertising.* New York: Random House / Vintage Books, 1985.

Oldie Lyrics. "Patti Page: How Much Is That Doggy in the Window?" Accessed November 5, 2014. http://www.oldielyrics.com/lyrics/patti_page/how_much_is_that_doggy_in_the_window.html.

Oreskes, Naomi, and Erik M. Conway. *Merchants of Doubt: How a Handful of Scientists Obscured the Truth on Issues from Tobacco Smoke to Global Warming.* New York: Bloomsbury, 2010.

Orman, Suze. *The 9 Steps to Financial Freedom: Practical and Spiritual Steps So You Can Stop Worrying.* 2nd paperback ed. New York: Crown / Random House, 2006.

O'Shea, James E. *The Daisy Chain: How Borrowed Billions Sank a Texas S & L.* New York: Pocket Books, 1991.

Owen, David. "The Pay Problem." *New Yorker,* October 12, 2009. Accessed March 12, 2015. http://www.newyorker.com/magazine/2009/10/12/the-pay-problem.

Oyez. "Citizens United v. Federal Election Commission." Accessed March 18, 2005. http://www.oyez.org/cases/2000-2009/2008/2008_08_205.

Packard, Vance. *The Hidden Persuaders: What Makes Us Buy, Believe—and Even Vote—the Way We Do.* Brooklyn: Ig Publishing, 2007. Original edition, New York: McKay, 1957.

Paltrow, Scot J. "Executive Life Seizure: The Costly Comeuppance of Fred Carr." *Los Angeles Times,* April 12, 1991. Accessed May 1, 2015. http://articles.latimes.com/1991-04-12/business/fi-342_1_executive-life.

Pareto, Vilfredo. *Manual of Political Economy: A Critical and Variorum Edition.* Edited by Aldo Montesano, Alberto Zanni, Luigino Bruni, John S. Chipman, and Michael McClure. Oxford: Oxford University Press, 2014.

"The Path to Prosperity." *Wikipedia.* Accessed December 15, 2014. http://en.wikipedia.org/wiki/The_Path_to_Prosperity.

Patterson, James T. *Restless Giant: The United States from Watergate to Bush v. Gore.* New York: Oxford University Press, 2005.

Patterson, Thom. "United Airlines Ends Coach Preboarding for Children." CNN, May 23, 2012. Accessed April 30, 2015. http://www.cnn.com/2012/05/23/travel/united-children-preboarding/.

Paulson, Henry M. *On the Brink: Inside the Race to Stop the Collapse of the Global Financial System.* New York: Business Plus, 2010.

Pear, Robert. "Bill to Let Medicare Negotiate Drug Prices Is Blocked." *New York Times,* April 18, 2007. Last accessed April 30, 2015. http://www.nytimes.com/2007/04/18/washington/18cnd-medicare.html?_r=0.

"The Personal Reminiscences of Albert Lasker." *American Heritage* 6, no. 1 (December 1954). Accessed May 21, 2015. http://www.americanheritage.com/content/personal-reminiscences-albert-lasker.

Piketty, Thomas. *Capital in the Twenty-First Century.* Cambridge, MA: Harvard University Press, 2014.

Pizzo, Stephen, Mary Fricker, and Paul Muolo. *Inside Job: The Looting of America's Savings and Loans.* New York: Harper Perennial, 1991.

"Poor Beer vs. Pure Beer." Advertisement reproduced in *Current Advertising* 12, no. 2 (August 1902): 31. Accessed June 13, 2015. https://books.google.com/books?id=Xo9RAAAAYAAJ&pg=RA1-PA31&lpg=RA1-PA31&dq=schlitz+beer+both+cost+you+alike,+yet+one+costs+the+maker+twice+as+much+as+the+other+one+is+good+and+good+for+you&source=bl&ots=5jCKe1yFqB&sig=-X5uwF5VqK6BicU41zneHyNRMmU&hl=en&sa=X&ei=1lp2VbPQEc6VyATjjoOYCA&ved=0CB4Q6AEwAA#v=onepage&q=schlitz%20beer%20both%20cost%20you%20alike%2C%20yet%20one%20costs%20the%20maker%20twice%20as%20much%20as%20the%20other%20one%20is%20good%20and%20good%20for%20you&f=false.

Posner, Richard. "Theories of Economic Regulation." *Bell Journal of Economics and Management Science* 5, no. 2 (1974): 335–58.

"Predictions of the Year 2000 from *The Ladies Home Journal* of December 1900." Accessed December 1, 2014. yorktownhistory.org/wp-content/archives/homepages/1900_predictions.htm.

Prelec, Drazen, and Duncan Simester. "Always Leave Home without It: A Further Investigation." *Marketing Letters* 12, no. 1 (2001): 5–12.

"The Propaganda for Reform." *Journal of the American Medical Association* 61, no. 18 (November 1, 1913): 1648.

"Public Health Cigarette Smoking Act." *Wikipedia.* Accessed March 28, 2015. http://en.wikipedia.org/wiki/Public_Health_Cigarette_Smoking_Act.

Rajan, Raghuram. *Fault Lines: How Hidden Fractures Still Threaten the World Economy.* Princeton: Princeton University Press, 2010.

Rakoff, Jed S. "The Financial Crisis: Why Have No High-Level Executives Been Prosecuted?" *New York Review of Books,* January 9, 2014.

Ramey, Garey, and Valerie A. Ramey. "The Rug Rat Race." *Brookings Papers on Economic Activity* (Spring 2010): 129–99.

Raymond, Nate, and Jonathan Stempel. "Big Fine Imposed on Ex-Goldman Trader Tourre in SEC Case." Reuters, March 12, 2014. Accessed March 15, 2015. http://www.reuters.com/article/2014/03/12/us-goldmansachs-sec-tourre-idUSBREA2B11220140312.

Reinhardt, Carmen M., and Kenneth Rogoff. *This Time Is Different: Eight Centuries of Financial Folly.* Princeton: Princeton University Press, 2009.

Reyes, Sonia. "Ocean Spray Rides Diet Wave." *Adweek,* February 6, 2006. Accessed November 18, 2014. http://www.adweek.com/news/advertising/ocean-spray-rides-diet-wave-83901.

Richert, Lindley B. "One Man's Junk Is Another's Bonanza in the Bond Market." *Wall Street Journal,* March 27, 1975.

Ring, Dan. "Massachusetts Senate Approves State Sales Tax Increase to 6.25 Percent as Part of $1 Billion Tax Hike." *Republican,* May 20, 2009. Accessed December 13, 2014. http://www.masslive.com/news/index.ssf/2009/05/massachusetts_senate_approves.html.

"Ripoff." *Wikipedia.* Accessed November 13, 2014. http://en.wikipedia.org/wiki/Ripoff.

Roberts, Steven V. "House Votes Funds Permitting Study on MX to Continue." *New York Times,* December 9, 1982.

Roman, Kenneth. *The King of Madison Avenue: David Ogilvy and the Making of Modern Advertising.* New York: Macmillan, 2009.

Rosenbaum, David E. "The Supreme Court: News Analysis; Presidents May Disagree, but Justices Are Generally Loyal to Them." *New York Times,* April 7, 1994.

Ru, Hong, and Antoinette Schoar. "Do Credit Card Companies Screen for Behavioral Biases?" Working paper, National Bureau of Economic Research, 2015.

Samuelson, Paul A. "Consumption Theory in Terms of Revealed Preference." *Economica,* n.s., 15, no. 60 (November 1948): 243–53.

———. *Foundations of Economic Analysis.* Cambridge, MA: Harvard University Press, 1947.

Schank, Roger C., and Robert P. Abelson. *Scripts, Plans, Goals, and Understanding: An Inquiry into Human Knowledge Structures.* Hillsdale, NJ: L. Erlbaum Associates, 1977.

Schüll, Natasha Dow. *Addiction by Design: Machine Gambling in Las Vegas.* Princeton: Princeton University Press, 2012.

SCImago Journal and Country Rank. "Journal Rankings." Accessed November 26, 2014. http://www.scimagojr.com/journalrank.php?country=US.

Seelye, Katharine Q., and Jeff Zeleny. "On the Defensive, Obama Calls His Words Ill-Chosen." *New York Times,* April 13, 2008.

Shapiro, Carl. "Consumer Information, Product Quality, and Seller Reputation." *Bell Journal of Economics* 13, no. 1 (1982): 20–35.

Shiller, Robert J. "Do Stock Prices Move Too Much to Be Justified by Subsequent Changes in Dividends?" *American Economic Review* 71, no. 3 (June 1981): 421–36.

———. *Irrational Exuberance.* Princeton: Princeton University Press, 2000; 2nd ed., 2005; 3rd ed., 2015.

———. "Life-Cycle Personal Accounts Proposal for Social Security: An Evaluation of President Bush's Proposal." *Journal of Policy Modeling* 28, no. 4 (2006): 427–44.

———. *Subprime Solution: How Today's Global Financial Crisis Happened and What to Do about It.* Princeton: Princeton University Press, 2008.

Shleifer, Andrei, and Lawrence H. Summers. "Breach of Trust in Hostile Takeovers." In *Corporate Takeovers: Causes and Consequences,* edited by Alan J. Auerbach, pp. 33–68. Chicago: University of Chicago Press, 1988.

Shleifer, Andrei, and Robert W. Vishny. "The Takeover Wave of the 1980s." *Science* 249, no. 4970 (1990): 745–49.

Sidel, Robin. "Credit Card Issuers Are Charging Higher." *Wall Street Journal,* October 12, 2014.

Siegel, Jeremy J., and Richard H. Thaler. "Anomalies: The Equity Premium Puzzle." *Journal of Economic Perspectives* 11, no. 1 (Winter 1997): 191–200.

Sinclair, Upton. *The Jungle.* Mineola, NY: Dover Thrift Editions, 2001; originally published 1906.

———. Letter to the *New York Times.* May 6, 1906.

Singh, Gurkirpal. "Recent Considerations in Nonsteroidal Anti-Inflammatory Drug Gastropathy." *American Journal of Medicine* 105, no. 1, supp. 2 (July 27, 1998): 31S–38S.

Skeel, David A., Jr. "Shaming in Corporate Law." *University of Pennsylvania Law Review* 149, no. 6 (June 2001): 1811–68.

Smith, Adam. *The Wealth of Nations.* New York: P. F. Collier, 1909. Originally published 1776.

Smith, Gary. *Standard Deviations: Flawed Assumptions, Tortured Data, and Other Ways to Lie with Statistics.* New York: Duckworth Overlook, 2014.

Snell, George D. "Clarence D. Little, 1888–1971: A Biographical Memoir by George D. Snell." Washington, DC: National Academy of Sciences, 1971.

Social Security Perspectives. "President #6: Richard M. Nixon (1969–1974)." May 8, 2011. http://socialsecurityperspectives.blogspot.com/2011/05/president-6-richard-m-nixon-1969-1974.html.

Solow, Robert M. "Technical Change and the Aggregate Production Function." *Review of Economics and Statistics* 39, no. 3 (August 1957): 312–20.

Sorkin, Andrew Ross. *Too Big to Fail: The Inside Story of How Wall Street and Washington Fought to Save the Financial System.* New York: Viking, 2009.

Stahre, Mandy, Jim Roeber, Dafna Kanny, Robert D. Brewer, and Xingyou Zhang. "Contribution of Excessive Alcohol Consumption to Deaths and Years of Potential Life Lost in the United States." *Preventing Chronic Disease* 11 (2014). Accessed March 28, 2014. http://www.cdc.gov/pcd/issues/2014/13_0293.htm.

"Statistics of the Presidential and Congressional Election of November 2, 2004." June 7, 2005. Accessed November 16, 2014. http://clerk.house.gov/member_info/electionInfo/2004election.pdf.

Stein, Benjamin. *A License to Steal: The Untold Story of Michael Milken and the Conspiracy to Bilk the Nation.* New York: Simon and Schuster, 1992.

Stern, Mark Joseph. "The FDA's New Cigarette Labels Go Up in Smoke." *Wall Street Journal,* September 9, 2012. Accessed March 28, 2015. http://www.wsj.com/articles/SB10000872396390443819404577633580009556096.

Stewart, James B. *Den of Thieves.* New York: Simon and Schuster, 1992.

———. "How They Failed to Catch Madoff," *Fortune,* May 10, 2011. Accessed May 2, 2015. http://fortune.com/2011/05/10/how-they-failed-to-catch-madoff/.

Stigler, George J. "The Theory of Economic Regulation." *Bell Journal of Economics and Management Science* 2, no. 1 (1971): 3–21.

Stock, James H., and Mark W. Watson. "Forecasting Output and Inflation: The Role of Asset Prices." *Journal of Economic Literature* 41 (2003): 788–829.

Stulz, René M. "Credit Default Swaps and the Credit Crisis." *Journal of Economic Perspectives* 24, no. 1 (Winter 2010): 73–92.

Sufrin, Carolyn B., and Joseph S. Ross. "Pharmaceutical Industry Marketing: Understanding Its Impact on Women's Health." *Obstetrical and Gynecological Survey* 63, no. 9 (2008): 585–96.

Tabarrok, Alex. "The Real Estate Commission Puzzle." April 12, 2013. Accessed December 1, 2014. http://marginalrevolution.com/marginalrevolution/2013/04/the-real-estate-commission-puzzle.html.

Tett, Gillian. *Fool's Gold: How the Bold Dream of a Small Tribe at J. P. Morgan Was Corrupted by Wall Street Greed.* New York: Free Press, 2009.

Thomas, Michael M. "Rated by Idiots." *Forbes,* September 16, 2008.

Thorberg, Fred Arne, and Michael Lyvers. "Attachment, Fear of Intimacy and Differentiation of Self among Clients in Substance Disorder Treatment Facilities." *Addictive Behaviors* 31, no. 4 (April 2006): 732–37.

Thoreau, Henry David. *Walden: Or, Life in the Woods.* New York: Houghton Mifflin, 1910. https://books.google.com/books/about/Walden.html?id=HVIXAAAAYAAJ.

Time Magazine. "Clarence Cook Little" : Cover Story, April 22, 1937.

"Tobacco Advertising." *Wikipedia.* Accessed December 8, 2014. http://en.wikipedia.org/wiki/Tobacco_advertising.

Tobacco Labelling Resource Center. "Australia: Health Warnings, 2012 to Present." Accessed March 28, 2015. http://www.tobaccolabels.ca/ countries/ australia/.

Tobias, Ronald B. *Twenty Master Plots: And How to Build Them.* 2nd paperback ed. Blue Ash, OH: F + W Media, 1993.

"Today Is Moving Day for Goldman Sachs." *New York Times,* April 1, 1957.

Toobin, Jeffrey. "Annals of Law: Money Unlimited: How Chief Justice John Roberts Orchestrated the Citizens United Decision." *New Yorker,* May 21, 2012.

Topol, Eric J. "Failing the Public Health—Rofecoxib, Merck, and the FDA." *New England Journal of Medicine* 351, no. 17 (October 21, 2004): 1707–9.

"Top Ten U.S. Banking Laws of the 20th Century." Accessed December 1, 2014. http://www.oswego.edu/~dighe/topten.htm.

Touryalai, Halah. "10 Wall Street Expenses That Make the SEC's Budget Look Pathetic." *Forbes,* February 17, 2011. Accessed January 16, 2015. http://www.forbes.com/fdc/welcome_mjx.shtml.

Tozzi, John. "Merchants Seek Lower Credit Card Interchange Fees." *Businessweek Archives,* October 6, 2009. Accessed May 2, 2015. http://www.bloomberg.com/bw/stories/2009-10-06/merchants-seek-lower -credit-card-interchange-fees.

Troise, Frank P. "The Capacity for Experiencing Intimacy in Wives of Alcoholics or Codependents." *Alcohol Treatment Quarterly* 9, no. 3 (October 2008): 39–55.

Underhill, Paco. *Why We Buy: The Science of Shopping.* New York: Simon and Schuster, 1999.

Underwriters Laboratories. "Our History" and "What We Do." Accessed March 3, 2015. http://ul.com/aboutul/history/ and http://ul.com/ aboutul/what-we-do/.

United Airlines. "Arriving at a Single Boarding Process." April 22, 2013. Accessed November 26, 2014. https://hub.united.com/en-us/news/ company-operations/pages/arriving-at-a-single-boarding-process.aspx.

Urban Institute and the Brookings Institution, Tax Policy Center. "State Alcohol

Excise Tax Rates 2014." Accessed December 13, 2014. http://www.taxpolicycenter.org/taxfacts/displayafact.cfm?Docid=349.

US Bureau of Financial Protection. "Loan Originator Compensation Requirements under the Truth in Lending Act" (Regulation Z), 12 CFR Part 1026, Docket No. CFPB—2012-0037, RIN 3170-AA132. Accessed November 11, 2014. http://files.consumerfinance.gov/f/201301_cfpb_final-rule_loan-originator-compensation.pdf.

US Census Bureau. "America's Families and Living Arrangements: 2013." Accessed December 1, 2014. https://www.census.gov/hhes/families/data/cps2013.html.

———. "Census Bureau Reports National Mover Rate Increases after a Record Low in 2011." December 10, 2012. Accessed December 1, 2014. https://www.census.gov/newsroom/releases/archives/mobility_of_the_population/cb12-240.html.

US Census Bureau. "Historical Census of Housing Tables." October 31, 2011. Accessed December 1, 2014. https://www.census.gov/hhes/www/housing/census/historic/units.html.

———. "Historical Poverty Tables—People." Table 3, "Poverty Status, by Age, Race, and Hispanic Origin: 1959 to 2013." Accessed December 1, 2014. https://www.census.gov/hhes/www/poverty/data/historical/people.html.

———. "Housing Vacancies and Homeownership, 2005." Accessed December 1, 2014. http://www.census.gov/housing/hvs/data/ann05ind.html.

———. *Statistical Abstracts of the United States, 2012*. Accessed December 1, 2014. https://www.census.gov/prod/www/statistical_abstract.html.

———. "World Population by Age and Sex." Accessed December 1, 2014. http://www.census.gov/cgi-bin/broker.

US Congress, Representative Henry A. Waxman. Memorandum to Democratic Members of the Government Reform Committee Re: The Marketing of Vioxx to Physicians, May 5, 2005, with accompanying documents. http://oversight-archive.waxman.house.gov/documents/20050505114932-41272.pdf.

US Department of Agriculture, Farm Service Administration. "Commodity

Operations: United States Warehouse Act." Accessed March 14, 2015. http://www.fsa.usda.gov/FSA/webapp?area=home&subject=coop&topic =was-ua.

US Department of Agriculture, Grain Inspection, Packing, and Stockyard Administration. "Explanatory Notes," table 5, "Inspection and Weighing Program Overview." Accessed May 1, 2015. http://www.obpa.usda.gov/exnotes/FY2014/20gipsa2014notes.pdf.

———. "Subpart M—United States Standards for Wheat." Accessed May 1, 2015. http://www.gipsa.usda.gov/fgis/standards/810wheat.pdf.

US Department of Transportation, National Highway Traffic Safety Administration. "Traffic Safety Facts, 2011: Alcohol Impaired Driving." December 2012. Accessed May 25, 2015. http://www-nrd.nhtsa.dot.gov/Pubs/811700.pdf.

US Department of the Treasury, Alcohol and Tobacco Tax and Trade Bureau, "Tax and Fee Rates." Accessed April 30, 2015. www.ttb.govtax_audit/atftaxes.shtml.

US Department of the Treasury. "Investment in AIG." Accessed March 11, 2015. http://www.treasury.gov/initiatives/financial-stability/TARP-Programs/aig/Pages/status.aspx.

US Food and Drug Administration. "About FDA: Commissioner's Page. Harvey Washington Wiley, MD." http://www.fda.gov/AboutFDA/CommissionersPage/ucm113692.htm.

———. "Tobacco Products: Final Rule 'Required Warnings for Cigarette Packages and Advertisements.'" Accessed March 28, 2015. http://www.fda.gov/TobaccoProducts/Labeling/Labeling/CigaretteWarningLabels/ucm259953.htm.

US Food and Drug Administration, Center for Drug Evaluation and Research (CDER). *Guidance for Industry Providing Clinical Evidence of Effectiveness for Human Drugs and Biological Products.* May 1998. Accessed December 1, 2014. http://www.fda.gov/downloads/Drugs/.../Guidances/ucm078749.pdf.

US Internal Revenue Service. "Tax Gap for Tax Year 2006: Overview." January 6, 2012. Accessed November 18, 2014. http://www.irs.gov/pub/irs-soi/

06rastg12overvw.pdf.

US Legal Inc. "U.S. Commercial Code." Accessed March 15, 2015. http://uniformcommercialcode.uslegal.com/.

US News and World Report. "U.S. News College Rankings." http://colleges.usnews.rankingsandreviews.com/best-colleges.

US Securities and Exchange Commission. *FY 2014 Congressional Budget Justification.* http://www.sec.gov/about/reports/secfy14congbudgjust.pdf.

———. "Goldman Sachs to Pay Record $550 Million to Settle SEC Charges Related to Subprime Mortgage CDO." July 15, 2010. Accessed March 15, 2015. http://www.sec.gov/news/press/2010/2010-123.htm.

US Senate, Committee on Homeland Security and Government Affairs, Permanent Subcommittee on Investigations. *Wall Street and the Financial Crisis: Anatomy of a Financial Collapse.* Majority and Minority Staff Report. April 13, 2011. http://www.hsgac.senate.gov//imo/media/doc/Financial_Crisis/FinancialCrisisReport.pdf?attempt=2.

US Surgeon General. *The Health Consequences of Smoking—50 Years of Progress.* 2014. Accessed March 6, 2015. http://www.surgeongeneral.gov/library/reports/50-years-of-progress/full-report.pdf.

———. *Smoking and Health: Report of the Advisory Committee to the Surgeon General of the Public Health Service.* 1964. Accessed November 28, 2014. http://www.surgeongeneral.gov/library/reports/.

———. *Smoking and Health: A Report of the Surgeon General.* 1979. Accessed November 28, 2014. http://www.surgeongeneral.gov/library/reports/.

Vaillant, George E. *Triumphs of Experience: The Men of the Harvard Grant Study.* Cambridge, MA: Harvard University Press, 2012.

van Amsterdam, Jan, A. Opperhuizen, M. Koeter, and Willem van den Brink. "Ranking the Harm of Alcohol, Tobacco and Illicit Drugs for the Individual and the Population." *European Addiction Research* 16 (2010): 202–7. DOI:10.1159/000317249.

Vanguard. "See the Difference Low-Cost Mutual Funds Can Make." Accessed January 7, 2015. https://investor.vanguard.com/mutual-funds/low-cost.

Veblen, Thorstein. *The Theory of the Leisure Class: An Economic Study of the Evolution of Institutions.* New York: Macmillan, 1899.

Velotta, Richard N. "Gaming Commission Rejects Slot Machines at Cash Registers." *Las Vegas Sun,* March 18, 2010. Last accessed May 12, 2015. http://lasvegassun.com/news/2010/mar/18/gaming-commission-rejects-slot-machines-cash-regis/?utm_source=twitterfeed&utm_medium=twitter.

Virtanen, Michael. "NY Attorney General Looks at Ratings Agencies." Associated Press, February 8, 2013. Accessed March 21, 2014. http://bigstory.ap.org/article/ny-attorney-general-looks-ratings-agencies-0.

Visser, Susanna N., Melissa L. Danielson, Rebecca H. Bitsko, Joseph R. Holbrook, Michael D. Kogan, Reem M. Ghandour, Ruth Perou, and Stephen J. Blumberg. "Trends in the Parent-Report of Health Care Provider-Diagnosed and Medicated Attention-Deficit / Hyperactivity Disorder: United States, 2003–2011." *Journal of the American Academy of Child and Adolescent Psychiatry* 53, no. 1 (January 2014): 34–46.

Warren, Carolyn. *Mortgage Rip-offs and Money Savers: An Industry Insider Explains How to Save Thousands on Your Mortgage and Re-Finance.* Hoboken, NJ: Wiley, 2007.

Warren, Elizabeth, and Amelia Warren Tyagi. *All Your Worth: The Ultimate Lifetime Money Plan.* New York: Simon and Schuster, 2005.

Watkins, John Elfreth, Jr. "What May Happen in the Next Hundred Years." *Ladies Home Journal,* December 1900. https://secure.flickr.com/photos/jonbrown17/2571144135/sizes/o/in/photostream/.

Watkins, Julian Lewis. *The 100 Greatest Advertisements, 1852–1958: Who Wrote Them and What They Did.* Chelmsford, MA: Courier, 2012.

Wessel, David. *In Fed We Trust: Ben Bernanke's War on the Great Panic.* New York: Crown Business, 2009.

White, Michelle J. "Bankruptcy Reform and Credit Cards." *Journal of Economic Perspectives* 21, no. 4 (Fall 2007): 175–200.

Wiley, Harvey W. *An Autobiography.* Indianapolis: Bobbs-Merrill, 1930.

Woodward, Susan E. *A Study of Closing Costs for FHA Mortgages.* Prepared for US Department of Housing and Urban Development, Office of Policy Development and Research, May 2008. http://www.urban.org/UploadedPDF/411682_fha_mortgages.pdf.

Woodward, Susan E., and Robert E. Hall. "Consumer Confusion in the Mortgage Market: Evidence of Less Than a Perfectly Transparent and Competitive Market." *American Economic Review* 100, no. 2 (May 2010): 511–15.

World Bank. "GDP Per Capita (Current US$)." Accessed November 26, 2014. http://data.worldbank.org/indicator/NY.GDP.PCAP.CD.

———. "Life Expectancy at Birth, Female (Years)." Accessed March 29, 2015. http://data.worldbank.org/indicator/SP.DYN.LE00.FE.IN/countries.

———. "Life Expectancy at Birth, Male (Years)." Accessed March 29, 2015. http://data.worldbank.org/indicator/SP.DYN.LE00.MA.IN/countries.

Wu, Ke Bin. "Sources of Income for Older Americans, 2012." Washington, DC: AARP Public Policy Institute, December 2013.

Wyatt, Edward. "Judge Blocks Citigroup Settlement With S.E.C." *New York Times,* November 28, 2011. Accessed June 10, 2015. http://www.nytimes.com/2011/11/29/business/judge-rejects-sec-accord-with-citi.html?pagewanted=all.

Wynder, Ernst L., and Evarts A. Graham. "Tobacco Smoking as a Possible Etiologic Factor in Bronchogenic Carcinoma Study of Six Hundred and Eighty-Four Proved Cases." *Journal of the American Medical Association* 143, no. 4 (May 27, 1950): 329–36.

Wynder, Ernst L., Evarts A. Graham, and Adele B. Croninger. "Experimental Production of Carcinoma with Cigarette Tar." *Cancer Research* 13, no. 12 (1953): 855–64.

Young, James Harvey. *The Toadstool Millionaires: A Social History of Patent Medicines in America before Federal Regulation.* Princeton: Princeton University Press, 1961.

Zacks Equity Research. "Strong U.S. Auto Sales for 2013." January 6, 2014. Accessed December 1, 2014. http://www.zacks.com/stock/news/118754/strong-us-auto-sales-for-2013.